Enrico Franceschini

Vivere
per scrivere

40 romanzieri
si raccontano

GLF Editori Laterza

© 2018, Gius. Laterza & Figli,
per la lingua italiana

www.laterza.it

Pubblicato in accordo con
MalaTesta Lit. Ag. Milano

© 1996, 2013,
Giangiacomo Feltrinelli Editore, Milano,
per il testo su Charles Bukowski

Prima edizione gennaio 2018

Edizione

1   2   3   4   5   6

Anno

2018 2019 2020 2021 2022 2023

Proprietà letteraria riservata
Gius. Laterza & Figli Spa, Bari-Roma

Questo libro è stampato
su carta amica delle foreste

Stampato da
SEDIT - Bari (Italy)
per conto della
Gius. Laterza & Figli Spa
ISBN 978-88-581-3041-4

Ci sono tre regole per scrivere un romanzo.
Purtroppo, nessuno sa quali siano.

William Somerset Maugham

Indice

Quaranta più uno   XI

Prologo. Charles Bukowski   3

IN ORDINE DI APPARIZIONE

Nick Hornby   11

Martin Amis   24

Ian McEwan   31

Frederick Forsyth   43

Zadie Smith   51

Julian Fellowes   57

P.D. James   60

James G. Ballard   64

J.K. Rowling   68

Hilary Mantel   75

Michel Faber   79

Sophie Kinsella   84

William Boyd   90

Hanif Kureishi   98

Alan Bennett   105

Howard Jacobson   113

Peter James   117

Paula Hawkins   121

Al Alvarez   125

Esther Freud   129

Annalena McAfee   134

Jonathan Coe   138

Irvine Welsh   145

John Banville   149

Roddy Doyle   152

Catherine Dunne   159

Sam Millar   163

Eugen O. Chirovici   167

Bret Easton Ellis   171

Clive Cussler   175

J.J. Abrams   179

Nathan Englander   183

Amos Oz   186

David Grossman   190

Abraham B. Yehoshua   200

Aleksandr Solgenitsyn   204

Anatolij Rybakov   208

Evgenij Evtushenko   213

Aleksandra Marinina   218

Epilogo. Una visita a casa Tolstoj   222

Ringraziamenti

Ho fatto le interviste qui raccolte tra il 1979 e il 2017. La mia gratitudine a Eugenio Scalfari, Ezio Mauro e Mario Calabresi, che mi hanno dato la possibilità, come corrispondente estero di «Repubblica», di conoscere questi straordinari scrittori.

Quaranta più uno

C'è chi scrive ancora a mano e chi è stregato dal computer, chi programma ogni pagina dall'inizio alla fine e chi avanza di getto senza sapere dove lo porterà la trama, chi frequenta i corsi di scrittura creativa e chi esce dalla scuola della vita, chi si fa ispirare dalla realtà e chi la deforma, chi lavora esclusivamente di fantasia e chi studia, imita o perlomeno usa come modello i grandi autori del passato.

Per scoprire che cos'è e come si scrive un romanzo, non c'è niente di meglio che interrogare uno scrittore. E di scrittori, grazie al mio lavoro di giornalista da oltre trent'anni in giro per il mondo, ho avuto la fortuna di incontrarne tanti. Nelle pagine che seguono, quaranta di loro parlano dei libri che scrivono e di quelli che amano, di come nasce una storia e del proprio metodo narrativo, dei propri maestri e dei propri consigli, rivelando i segreti del mestiere, aprendo le porte della propria officina, illuminando la forza misteriosa della letteratura.

Sono arrivato troppo tardi all'appuntamento per poter incontrare il quarantunesimo: ma la sua casa, ancora pervasa dallo spirito di chi l'abitava, è capace lo stesso di raccontare qualcosa sulla magica fonte da cui sprigiona la narrativa. Su cosa significa vivere per scrivere.

Vivere per scrivere

40 romanzieri si raccontano

Charles Bukowski

Suonai il campanello con trepidazione. Passò un minuto. Ne passò un altro. Le cicale cantavano, il sole picchiava, dalla casa non veniva alcun segno di vita. Poi, quando stavamo per andarcene, si sentì un rumore. Un istante dopo la porta si aprì e apparve un uomo di circa sessant'anni, in calzoncini da bagno. A parte quelli, era nudo dalla testa ai piedi. Non disse niente: si limitava a guardarci con diffidenza. La mia fu una domanda ridicola, poiché non avevo il minimo dubbio sulla sua identità.

«Are you Charles Bukowski?».

Rispose a sua volta con una domanda.

«Why?».

Era l'agosto del 1979[1]. Un mese prima eravamo partiti per l'America, Gionata, Piero ed io. Bologna-Bruxelles in treno, con un biglietto da diecimila lire, acquistato presso i falsari del movimento studentesco che aveva portato indiani metropolitani, cani sciolti e Autonomia Operaia all'onore delle cronache. Bruxelles-New York in volo charter, su una carretta con le ali della Capital Airlines. New York-San Francisco in Greyhound, il leggendario autobus con il levriero sulle fiancate che trasportava milioni di americani squattrinati da un capo all'altro degli Stati Uniti. San Francisco-Los Angeles in autostop lungo la costa del Pacifico, in omaggio al mito di *On the road*. Sul rudimentale cartello che tenevamo fra le mani, invece di «Los Angeles», avevamo scritto «Why not?»: gli automobilisti cominciavano a ridere passandoci accanto e subito dopo frenavano, per darci un passaggio.

---

[1] Charles Bukowski si è spento il 9 marzo 1994.

3

Oltre e più di Kerouac, c'era un altro mito americano nel nostro piccolo gruppo di amici bolognesi: Bukowski. Che cosa c'entrasse uno scrittore sporcaccione, ubriacone e nichilista con noi studenti più o meno rivoluzionari non mi era immediatamente comprensibile, ma non era certo l'unica eresia ideologica di un movimento che aveva tra i suoi slogan l'avvento di un comunismo 'giovane e felice'. Fatto sta che da quando alla libreria Feltrinelli sotto le Due Torri apparve il primo libro di Charles Bukowski, *Storie di ordinaria follia* (sottotitolo: *Erezioni eiaculazioni esibizioni*), tra noi e lo scrittore sporcaccione sbocciò un amore a prima vista. La copertina del libro, in cui l'autore era ritratto in compagnia di una battona e di una bottiglia, divenne il poster ufficioso della combriccola. Di giorno, passavamo ore in assemblee scoppiettanti come un teatrino dell'assurdo a discutere di esami collettivi e grande disordine sotto il cielo. Ma la sera ci ritrovavamo in un bar fuoriporta dall'insegna al neon, dall'atmosfera vagamente americana e con una barista oggetto non tanto oscuro dei nostri desideri, per bere «whisky con acqua», come faceva Bukowski, in alternativa alla birra, nei suoi romanzi apertamente autobiografici che divoravamo uno dopo l'altro: *Taccuino di un vecchio porco*, *Factotum*, *Post Office*. A quel punto nessuno di noi lo chiamava più Bukowski, bensì 'il vecchio Buk'. Cose che succedono, quando hai vent'anni. Dopo non succedono più.

Fu così che nell'estate del '79, presa la decisione di vedere da vicino il Sogno Americano, un terzetto di inseparabili compagni di studi, manifestazioni e bisbocce incluse tra gli obiettivi del viaggio una visita al vecchio Buk. Lo facevano in tanti, tra i suoi più affezionati lettori: lui stesso lo raccontava nei romanzi. Raccontava anche di non gradire quelle adoranti intrusioni, bersagliandole talvolta con spietati sarcasmi. Ma, venendo da lontano, ci augurammo di essere bene accolti.

Per essere accolti, bene o male, c'era tuttavia da superare un primo ostacolo: scoprire dove abitava il nostro eroe. In quanto giornalista free lance alle prime armi, le indagini toccarono a me. Riuscii a procurarmi il numero di telefono di Fernanda Pivano, l'americanista italiana per eccellenza, madre di tutti gli scrittori beat e dei loro discendenti. Rispose con gentilezza: chissà quante richieste analoghe riceveva. Incoraggiato, per cominciare le domandai l'indirizzo di un altro dei nostri idoli letterari dell'epoca, Henry Miller, l'autore di *Tropico del Cancro* e tanti altri romanzi. «Vive in una delle ultime case prima dell'oceano, a Pacific Palisades, un quartiere di Los Angeles, non so dirti di più», rispose. Quanto a Bukowski, tuttavia, non era in grado di aiutarci. Ma venne in nostro soccorso un articolo su «Repubblica» dedicato al successo dello scrittore sporcaccione: veniva citata la via di Los Angeles in cui si era appena trasferito, secondo l'articolista, grazie ai sostanziosi diritti d'autore ottenuti in Europa con i suoi libri, noti fino ad allora soltanto a un ristretto pubblico negli Usa. Avevamo il nome della strada, non il numero civico: con un po' di fortuna, andando a bussare di casa in casa, forse avremmo trovato ugualmente il nostro uomo.

Dunque, riassumendo: treno, aereo, Greyhound, autostop ed eccoci a Los Angeles. Compriamo una mappa della megalopoli californiana. Scopriamo che la via in cui abita Bukowski è a San Pedro, un quartiere nelle vicinanze del porto commerciale. Decidiamo di risparmiare sulle spese di alloggio, sulle quali peraltro fino a quel momento eravamo stati cauti, limitandoci a ostelli, alberghi a ore e stazioni dei bus: nella 'città degli angeli' dormiamo sulla spiaggia, in sacco a pelo, ma in compenso prendiamo una macchina a noleggio. Con quella, iniziamo le ricerche.

Arriviamo a San Pedro verso le tre di un infuocato pomeriggio. Sembra un quartiere della classe medio-bassa: casette in legno a uno o due piani, modesti giardinetti, panni stesi alle finestre, utilitarie parcheggiate in cortile. Suoniamo un campanello a caso, da qualche parte bisogna pure iniziare. Apre una donna in vestaglia. Nel nostro stentato inglese, chiediamo: «Buon giorno, sa per caso dove... dove... dove...».

Già, che cosa chiedere? Sa dove abita il vecchio Buk? Charles Bukowski. Lo scrittore. L'autore di romanzi con titoli come *Taccuino di un vecchio porco, Storie di ordinaria follia. Erezioni eiaculazioni esibizioni?*

No, così non funziona. Proviamo qualcos'altro. «Buon giorno, qui vicino dovrebbe vivere uno scrittore, ha più o meno sessant'anni, si chiama Bukowski, vive con una donna assai più giovane (Linda, la sua *girlfriend*: era scritto su «Repubblica» anche questo), per caso lo conosce?». La signora in vestaglia non lo conosce e si affretta a richiudere. Nell'abitazione a fianco, l'uomo che ci apre non lo ha mai sentito nominare. Nella successiva, un ragazzo neppure. Un'altra donna nemmeno ci apre, minacciando di chiamare la polizia se non filiamo. Un tizio risponde, dalla finestra del piano di sopra, che sicuramente non ci sono scrittori, a San Pedro. Una ragazza, anche carina, divertita dalla curiosa richiesta, scoppia a ridere, afferma di non sapere niente di Bukowski ma è disposta ad offrirci da bere. Lasciamo perdere, fedeli al nostro obiettivo. E così via.

Finché, dopo un'ora di infruttuose ricerche, quando cominciamo a temere che la missione impossibile si rivelerà appunto impossibile, un messicano si liscia i baffi e offre un barlume di speranza: «Sentite, non so nulla di scrittori, sessantenni o meno, in questa zona. Ma proprio qui di fronte è venuto a stare un vecchiaccio orrendo con la casa sempre piena di ragazze niente male. Se andate a trovarlo, chiedetegli qual è il suo segreto e poi me lo riferite».

Noi tre ci guardiamo negli occhi. Che sia il vecchio Buk? Quello che nei romanzi passa il tempo a bere e scopare, scopare e bere, esclusi i pomeriggi alle corse dei cavalli e le notti in cui batte sui tasti di una macchina per scrivere ascoltando musica classica alla radio?

Attraversiamo la strada. C'è un vialetto cinto da alberi da frutta: mele, pere, susine, cadute dai rami, marciscono al sole, nessuno si è preoccupato di raccoglierle. Buon indizio, Buk non sembra il tipo con l'hobby del pollice verde. L'erba del giardino, infatti, è alta, nessuno deve averla mai tagliata: vuoi vedere che abbiamo fatto centro? Sì, ci siamo, dal garage sbuca una Bmw nera: abbandonando la sua vecchia Volkswagen, Buk l'ha comprata grazie al recentemente acquisito benessere – pure questo era scritto sul giornale. È una casa a due piani, né grande, né piccola.

Da una finestra al pianterreno si intravede un manifesto affisso alla parete: è una gigantografia di Bukowski! È venuto il grande momento tanto atteso. Non resta che suonare il campanello.

«Sei Charles Bukowski?».

«Perché?».

«Perché siamo venuti dall'Italia per conoscere il nostro scrittore preferito».

Pausa.

Sorriso.

Un gran bel sorriso.

«Allora siete benvenuti».

Altra pausa.

«Ma prima di entrare, perché non andate a comprare un po' di birra? Io sono rimasto a secco».

Così, proprio come succede nei suoi romanzi. Lo svegliamo alle quattro del pomeriggio, ci apre in mutande e per prima cosa chiede della birra. La nostra automobilina a noleggio sfreccia per le vie deserte di San Pedro, fino a un supermarket: compriamo due confezioni da sei birre l'una, torniamo a razzo, suoniamo di nuovo il campanello sperando di non avere sognato o che la birra non fosse una scusa di Buk per svignarsela. Non è un sogno e non è fuggito. Apre, ci fa accomodare. Ha indossato una maglietta bianca a mezze maniche sopra il costume da bagno, che contiene a fatica il celebre stomaco dilatato dall'alcol. È proprio lui: il vecchio Buk, il ciccione butterato dagli occhi azzurri e dalle zampe d'elefante.

L'arredamento è confortevole senza essere elegante. Ci sistemiamo sui divani. Buk distribuisce le birre, ne prende una per sé e svuota mezza bottiglia con un lungo sorso. Ci offre da fumare delle sigarettine avvolte in carta colorata. Hanno uno strano sapore. «Qualcuno la piglia per marijuana, invece è roba indiana, si chiamano Sher Bidi», dice ridendo. Alle sue spalle una grande libreria; ma sugli scaffali soltanto copie dei suoi romanzi e dei suoi libri di poesia, anche le traduzioni, comprese quelle italiane. Ai suoi piedi ronfano un paio di grossi gatti. Lo sapevamo: a Buk sono simpatici i mici, mentre non sopporta i cani, memore di quelli che gli correvano dietro abbaiando, quando faceva il postino.

È tranquillo, cordiale, ospitale. Non gioca a recitare il personaggio del grande scrittore. Non ci delude. È esattamente come ci aspettavamo – o meglio come speravamo che fosse. La fama è arrivata così tardi che deve essergli passata perfino la voglia di vendicarsi. Restiamo tutti e quattro zitti a bere per un po'. «Scusate», dice Buk, «non so cosa dire». E ride, attaccando la seconda birra.

Gli chiediamo come vive, se ha molti amici. «Amici non ne ho e non ne ho mai avuti, mai saputo che significa questa parola. Di notte lavoro, scrivo, sto facendo una cosa per il cinema, pensate che a un certo punto volevano farmi fare addirittura l'attore! Di giorno dormo, al massimo faccio una gita fino all'oceano con Linda, la mia ragazza». E le donne? Gli spieghiamo in che modo l'abbiamo trovato, che cosa dice di lui il suo dirimpettaio. Ride di nuovo. Una bella risata. Buona. «Sì, qualche donna viene a trovarmi di tanto in tanto, ma sapete che gran casino sono le donne, vero?». Annuiamo, cercando di assumere un'aria vissuta; lui, generosamente, finge di prenderci sul serio.

Altre domande, fra le tante che abbiamo mentalmente compilato nel viaggio per arrivare fino a lui. Perché scrive? Per che cosa? «Scrivo perché è facile, molto facile, ormai, ci ho preso la mano. E poi perché mi pagano bene, adesso». A New York non avevamo trovato i suoi libri da nessuna parte. Invece alla City Lights, la storica libreria di Lawrence Ferlinghetti a San Francisco, al confine fra il *red light district*, il quartiere del sesso, e Chinatown, il suo ultimo romanzo, *Women*, aveva un posto d'onore in vetrina.

Sul *coffee table* su cui sono posate le bottiglie di birra (ora quasi tutte vuote, grazie a Buk), c'è un libro di fotografie su Hemingway. Gli domandiamo cosa pensa dell'autore di *Per chi suona la campana*. Apre il volume, lo sfoglia, come riflettendo. «In certe pagine mi piace. In altre no. Però sapeva scrivere. Era onesto». Gli diciamo del nostro tentativo, fallito, di incontrare Henry Miller a Pacific Palisades: le indagini presso la biblioteca di quartiere, l'ufficio postale e una galleria d'arte non hanno concluso nulla, tutti ci hanno detto che è troppo anziano e malato per ricevere visitatori. «Miller l'ho letto quasi tutto», risponde. «Mi piace quando scrive di sesso, delle sue avventure con le donne. Ma quando si mette a filosofeggiare diventa terribilmente noioso, insopportabile. Forse perché io non capisco un tubo di filosofia».

Il nostro inglese è decisamente approssimativo. Ogni tanto ci fa cadere in equivoci imbarazzanti (per noi: lui pare uno che non si imbarazza davanti a niente). Quando Buk racconta che ogni tanto va con Linda sull'oceano, il mio amico Gionata crede di avere colto la parola 'swim' e gli domanda se gli piace nuotare. «Nuotare?», replica sorpreso. «Per nulla. Detesto ogni forma di sport. Tranne le corse dei cavalli».

Ma le nostre domandine, ingenue e certo già sentite mille volte, non danno l'impressione di irritarlo. Le aspetta pigramente, paziente. E poi è talmente gentile da farci lui a sua volta qualche domanda. «Cosa fate voialtri nella vita?». Gionata e Piero rispondono che studiano per diventare avvocati. Da parte mia dico che sì, studio legge anch'io, ma intanto ho cominciato a fare il giornalista free lance, articoletti di sport più che altro, ma un giorno, avrei l'ambizione di scrivere... «Scrivere di che cosa?», incalza Buk, spiazzandomi. Mah. Non so. Della vita? Arrossisco per la mia imperdonabile banalità, eppure lui si limita a sorridere, senza tracce di sarcasmo. È proprio buono, il nostro eroe.

Gli diciamo che dovrebbe venire in Italia, nel nostro paese tanti giovani impazziscono per i suoi libri. «Ci verrò», annuncia. «Ho un appuntamento con la signora Inge Feltrinelli». Squilla il telefono nella stanza accanto. Buk si alza lentamente per andare a rispondere. Breve conversazione di cui non capiamo una parola. «Era Linda», ci informa al suo ritorno. L'interruzione arriva a proposito. La visita è durata abbastanza. Ce lo suggerisce diplomaticamente, non rimettendosi subito a sedere. «E dunque», dice accompagnandoci sulla porta di casa, «ora dove andrete?». A New York. E di lì in Italia. Ci stringiamo la mano, poi ci abbracciamo. «Comprate tutti i miei libri, mi raccomando», dice Buk a mo' di commiato, «ma non date a nessuno il mio indirizzo». Promettiamo solennemente di mantenere il segreto e, dopo un ultimo saluto dal giardino, rimontiamo in auto e partiamo. Ma ci fermiamo due isolati più in là. Scendiamo, balliamo attorno alla macchina. Siamo ubriachi: non di birra, però.

L'anno seguente tornai in America, questa volta da solo, per provare a restarci facendo il giornalista free lance da New York. Partii con una borsa, una macchina per scrivere portatile e due libri, *Il giovane Holden* di Salinger e *Donne* di Bukowski, nel frattempo pubblicato anche in Italia. Dopo qualche tempo nella Grande Mela, scovai in una libreria un'opera di Buk che non conoscevo: *Shakespeare Never Did This* (*Shakespeare non l'ha mai fatto*), ironico resoconto di un viaggio che lui e Linda avevano fatto in Europa su invito dei suoi editori francese e tedesco. Lo acquistai, ne tradussi come potevo un paio di pagine e le inviai per posta a «Il Male», settimanale di satira e altro, dove lavorava un mio amico. Qualche settimana più tardi, quando appresi che il mio pezzo era stato pubblicato, andai a festeggiare in un bar di Broadway. Non avevo scritto un vero articolo, bensì soltanto una traduzione zoppicante, ma la consideravo lo stesso la mia prima 'corrispondenza' dall'America. Ordinai whisky con acqua e brindai alla salute del vecchio Buk.

Nick Hornby

Se i grandi romanzi potessero incrociare i guantoni sul ring con le grandi opere della musica, della pittura, del cinema, il più delle volte, secondo Nick Hornby, vincerebbero i romanzi. «Il *Cenacolo* di Leonardo da Vinci contro *Delitto e castigo* di Dosto-evskij? Vince ai punti Dostoevskij in quindici riprese».

Diventato un grande scrittore grazie alle liste, di dischi pre-feriti e di ex fidanzate in *Alta fedeltà*, di memorabili partite di calcio in *Febbre a 90°*, era inevitabile che, prima o poi, Hornby producesse una lista di libri. *Una vita da lettore* è una raccolta di recensioni scritte per un mensile alternativo americano. È quin-di, a prima vista, un libro sui libri, l'elenco dei titoli di narrativa e saggistica da lui amati e consigliati. Ma è anche una passeggiata fra i libri: un modo per orientarsi fra classici e best seller, bio-grafie e poesia, erotismo e manuali fai-da-te, fra libri comprati e mai letti, libri che prima o poi bisognerà leggere ma non si ha ancora avuto la forza di cominciare, libri che ogni tanto è meglio mollare per andare a vedere una partita di pallone, libri in cui ci si vorrebbe perdere. La biblioteca ideale di uno scrittore, che è anche, inevitabilmente, la 'cucina' della sua arte. Con la consue-ta leggerezza e ironia, l'autore confida le sue preferenze, le sue antipatie e soprattutto restituisce una gioiosa e vitale voglia di leggere. Sostenendo che la letteratura è più forte di tutte le arti: i romanzi stendono al tappeto perfino il calcio, aggiunge quando ci incontriamo, pur essendo un tifoso sfegatato del football in generale e dell'Arsenal in particolare.

Dice proprio sul serio, signor Hornby?

«Oh sì! Mi capita di vedere una o due partite di calcio vera-mente buone a stagione, ma so di poter leggere un libro che mi piace, un buon libro o talvolta un grande libro, praticamente ogni settimana. Certo, un romanzo non può produrre l'esplosiva eccitazione di un gol. Ma non può nemmeno deprimerti come una brutta partita di calcio, perlomeno non intenzionalmente».

Come fa lei in questo libro, anche Hemingway usò la metafora della boxe, immaginando in che modo se la sarebbe cavata, sul ring, contro alcuni dei giganti letterari del passato, per esempio affrontando Tolstoj. Chi sono a suo parere i campioni del mondo del romanzo, nelle categorie pesi leggeri, pesi medi, pesi massimi?

«Dickens, credo, è il Mohammed Alì della narrativa. Non si tratta soltanto del 'peso' dei suoi libri, ma dell'energia, della vitalità, dell'ambizione che c'è dentro. Il mio campione dei massimi è lui. Anne Tyler è la mia preferita nei pesi medi, e naturalmente questo, come nella boxe, non significa che sia uno scrittore di minor valore, soltanto che tira pugni in una categoria differente. E Wodehouse, nessuno può tenergli testa tra i pesi leggeri».

Stiamo parlando di narrativa. Ma legge anche saggistica? Sceglie l'una o l'altra secondo il caso, l'umore o che cosa? E a suo parere è vero che un thriller va bene per un lungo viaggio in aereo o per una vacanza su una spiaggia, mentre un romanzo letterario necessita circostanze di lettura differenti e un libro di saggistica altre ancora?

«Col tempo mi sono reso conto che il cervello mi dice quello di cui ha voglia e bisogno, proprio come lo stomaco certe volte dice se vuole una banana o una bistecca. Così ogni tanto sono stufo di leggere narrativa perché ne ho fatta una abbuffata, e di colpo ho voglia di qualcosa di reale, o di istruirmi un po' su un particolare argomento. Quanto al resto, l'unico momento in cui riesco a leggere un libro grosso e serio è quando ho il tempo di farlo con continuità e tranquillità, in vacanza su una spiaggia. I thriller dovrebbero essere tenuti come lettura domestica, quando sei stanco morto dopo una giornata di lavoro».

Italo Calvino scrisse un bellissimo libro intitolato *Perché leggere i classici*. Perché leggerli, ammesso che secondo lei sia obbligatorio?

«Non penso affatto che sia obbligatorio. Da troppe parti ci sentiamo dire quel che 'dobbiamo' leggere e ciò distrugge il piacere della lettura. Io preferisco dire alla gente che leggere è divertente, è una godibile e coinvolgente alternativa alla televisione o al cinema. Mentre di solito i critici dei giornali raccomandano di leggere ciò che dovrebbe farci bene, come se la letteratura fosse cibo dietetico e il resto della cultura cioccolata. Se le cose stanno così, non c'è da sorprendersi che sia difficile persuadere la gente a comprare libri. Se uno 'vuole' leggere i classici, li legga. Ma se leggerli gli sembra un'agonia, ci rinunci».

Grandi libri, nel senso di lunghi, con centinaia e centinaia di pagine; e piccoli libri, nel senso di smilzi: è più facile leggere i primi quando si è giovani? Viene un momento, nella vita di un lettore, in cui si pensa: non ce la farò a rileggere un'altra volta *Guerra e pace* o a colmare la lacuna di non avere mai letto *Alla ricerca del tempo perduto*?

«Penso che la cosa più difficile sia leggere grossi libri quando uno lavora, ha dei figli, una famiglia. Forse, chissà, ridiventa facile quando si è più anziani, in pensione? Uno dei miei contrasti con i critici letterari è che, se vieni pagato per leggere, se leggere è il tuo mestiere, allora il tuo modo di leggere non dovrebbe interessare o insegnare niente a nessuno. Se per esempio sei un critico, e leggi un romanzone impegnativo alle undici del mattino per venti mattine consecutive, allora la tua esperienza di lettura è molto diversa da quella della maggior parte della gente, che lo leggerà di sera, a letto, in preda alla stanchezza, al ritmo di un paio di pagine a notte per cinquecento notti».

A proposito di riletture, una volta un letterato russo annotò nel suo diario: «Ho appena finito *Guerra e pace* per la quindicesima volta e ho finalmente compreso il significato della mia vita». Le è mai capitato un momento del genere?

«No, e francamente mi fido poco di chi dice che gli è capitato. Concordo con chi sostiene che le arti, compresa la letteratura, non ci aiutano a vivere meglio tanto quanto noi speriamo o vorremmo credere».

In *Come un romanzo* Daniel Pennac sostiene che il lettore non deve sentirsi in colpa se interrompe a metà un libro che non gli piace. Su questo è d'accordo?

«Assolutamente sì. Con tutto il resto è lecito non insistere, spegniamo la tivù, togliamo un disco, ma c'è questa idea assurda che un libro ci faccia bene soltanto se è noioso. Ci sono libri meravigliosi, capaci di ispirare e intrattenere, per ognuno di noi. Perciò, se il libro che hai in mano ti sembra una fatica improba, chiudilo, significa che non fa per te. E non vuol dire che sei uno stupido, se lo chiudi».

Lei ama i libri. Li amo anch'io. Ma come possiamo fare in modo che i nostri figli li amino allo stesso modo? Ed è verosimile aspettarsi che i figli apprezzino i libri che hanno commosso i loro padri, quando erano ragazzi? Ha senso aspettarsi che leggano *I tre moschettieri*, *L'isola del tesoro*, *Le avventure di Tom Sawyer*, come li abbiamo letti noi?

«Secondo me tutto appartiene a una determinata epoca storica. Non c'era nulla di permanente o universale in *Tom Sawyer* o in *L'isola del tesoro*, e la verità è che io e lei, quando li abbiamo letti, eravamo più vicini alla loro data di pubblicazione di quanto ci piacerebbe ammettere! Da allora sono trascorsi un bel po' di anni, ed è improbabile che quei libri abbiano ancora un significato per i ragazzi d'oggi. Recentemente è stato chiesto a un gruppo di scrittori inglesi di fare una lista dei dieci libri che ogni bambino dovrebbe leggere prima di finire le scuole, e il nostro poeta laureato, Andrew Motion, ha scelto titoli come *Ulisse* e *Don Chisciotte*. Beh, io credo che un simile approccio uccida la lettura. Dobbiamo insegnare ai ragazzi che leggere è un piacere, non un lavoro».

Parliamo di un altro dei suoi libri. È la notte di Capodanno. In cima a un grattacielo londinese, mentre tutti attorno brindano, bevono e festeggiano, un presentatore televisivo in profonda crisi professionale e coniugale contempla la città dall'alto, un attimo prima di buttarsi giù. Senonché, quando sta per compiere il passo decisivo, si accorge di non essere solo: vicino a lui c'è una ragazza-madre, senza lavoro, senza marito, senza speranze, in procinto di farla finita. Ma non è tutto: spuntano pure, in cima al grattacielo, una quindicenne in lacrime e un musicista fallito, anch'essi andati lì per suicidarsi. Forse sono un po' troppi per riuscirci, e infatti le loro tragedie individuali, grazie a questa paradossale situazione, assumono una vena imprevista, perfino umoristica: i quattro disperati fanno conoscenza, scoprono nuovi desideri, vengono gradualmente rimessi in piedi da una corrente di solidarietà reciproca. È la trama di *Non buttiamoci giù*. Il «Sunday Times» l'ha definita «lo scrittore migliore della sua generazione», cresciuta con lei, identificandosi nei suoi libri, nei suoi tic, nelle sue passioni: l'amore per la musica rock e per il calcio, da giovani, la ricerca dell'anima gemella e i problemi di mettere su famiglia, da adulti, lo spaesamento, i sogni e le paure della mezza età, in seguito. La sua opera è stata per gli inglesi e non solo per gli inglesi una sorta di autobiografia collettiva: ora, con questo libro, l'autobiografia accenna un metaforico salto nel vuoto? Vorrei chiederle, insomma, come mai ha scritto un romanzo sul suicidio: ma poi mi è venuto in mente che i precedenti sono fortemente basati sulle sue esperienze personali e ho quasi ritegno a porre la domanda.

«Non sono ancora morto, se è questo che vuole sapere: una volta tanto un mio romanzo non ha nulla di autobiografico. Avevo letto un paio di notizie sull'argomento: il fatto che certe notti dell'anno c'è un picco nel numero dei suicidi; e che ci sono luoghi, alcuni ponti per esempio, in cui molti vanno a togliersi la vita. Questo mi ha fatto pensare all'ipotesi di più persone che si incontrano, nello stesso momento, nello stesso posto, per suicidarsi».

E soltanto da lì è nato il romanzo?

«Riconosco che non è una risposta completa. Deve esserci un motivo più intimo, se ho pensato a un romanzo sul suicidio. Sebbene non fossi tentato dal commetterne uno, ero attratto dal tema. Mi attirava perché mi ha permesso di sviluppare la mia naturale inclinazione alla malinconia e al pessimismo, per poi tentare di redimerli con un guizzo di fiducia nella vita».

Lasciando perdere il suicidio, è mai stato male, nei guai, in crisi, come i personaggi della sua storia?

«Adesso sto benone, toccando ferro, ma non faccio fatica a identificarmi con quei personaggi. Ho un figlio disabile. So cosa significa temere di non riuscire a esprimere il proprio talento.

E so che chiunque può cadere in preda a un'incontrollabile depressione, di colpo, senza un motivo apparente».

Il titolo del romanzo, in italiano, ha un doppio senso: non buttiamoci giù dalla cima del grattacielo ma anche non intristiamoci troppo, non vediamo tutto nero. È questo secondo lei, il messaggio del libro?

«In effetti, in italiano il titolo dice tutto: potrei consigliare al mio editore di pubblicare solo quello, lui risparmierebbe sulla carta e i lettori risparmierebbero tempo. Scherzi a parte, l'idea è sforzarsi di vedere il bicchiere mezzo pieno, ricordarsi sempre di chi se la passa peggio, magari molto peggio. Il che non significa accontentarsi. Ma talvolta basta cambiare di un millimetro il proprio punto di vista per vedere la realtà in tutt'altro modo».

In testa al libro ha messo una spiritosa epigrafe che dice: «La cura dell'infelicità è la felicità». Nel primo capitolo c'è una battuta ironica sugli psicoanalisti. Andare dall'analista, per lei, è tempo perso?

«Al contrario, sono un sostenitore della psicoanalisi, ritengo che tutti ne ricaverebbero beneficio. Ma l'epigrafe riassume una brutale verità. Se gli psicologi potessero prescrivere ai loro pazienti una miscela di amore, salute e denaro, diciamo la ricetta della felicità, tutti gli infelici guarirebbero. Lo ripete sempre un mio amico. Psicologo».

Lei è il capostipite di un nuovo genere letterario: lo scrittore maschio che fa autoironica autocoscienza, come prima facevano soltanto o soprattutto le scrittrici per un pubblico esclusivamente femminile.

«Sono riluttante a parlare a nome della razza maschile, ma ammetto che questo è stato un po' il mio marchio di fabbrica, per così dire. Sarà che ho sempre preferito i romanzi scritti da donne a quelli scritti da uomini. Sarà che i tempi sono diventati maturi per cambiare qualcosa rispetto al modello del vecchio romanzo hemingwayano. Certo è che oggi autocoscienza e sensibilità non sono più prerogative esclusivamente femminili: né per chi scrive, né per chi legge, e a me sembra giusto».

Dopo le sue graduatorie su dischi e *girlfriends* in *Alta fedeltà*, ci si rivolge a lei per classifiche su un po' di tutto. Me ne fa una sui cinque libri migliori che ha letto negli ultimi tempi?

«Volentieri, ma nel mio elenco non troverete molti best seller. Comincio con *David Copperfield*, il classico di Dickens, che non avevo letto da ragazzo. Quindi le lettere di Checov. Poi *Mystic River*, il libro di Dennis Lehane da cui è tratto il film di Clint Eastwood. Poi *Hangover Square*, romanzo inglese degli anni Venti di Patrick Hamilton. E per finire *Padre e figlio*, memoria vittoriana di Edmund Gosse, la prova, per smentire quello che dicevamo prima, che l'autocoscienza maschile non è mica nata oggi».

Non le chiedo una classifica sul football, perché il suo Arsenal la fa soffrire abbastanza.

«Sì, ma crescendo le cose buone durano più a lungo, sicché godo ancora per l'eccezionale campionato della stagione passata. Confesso inoltre che, pur continuando ad andare a ogni partita dell'Arsenal, anche perché lo stadio è a due passi da casa mia, temo che il calcio susciterà sempre meno passioni. Non c'è più incertezza: due o tre ultramiliardari, come Abramovič e Berlusconi, hanno cambiato faccia al gioco del pallone, alterando i rapporti di forza con tutti i loro soldi. Da qualunque prospettiva lo si guardi, oggi il calcio sembra malato. Sta diventando un'altra cosa. Non so se tornerà mai più quello di prima».

Lasciamo stare il calcio, dunque, e occupiamoci di un altro suo libro ancora. Charlie lascia Elaine. Elaine, che di mestiere fa la giornalista, scrive una rubrica su un giornale intitolata *Bastardo*, in cui racconta a puntate tutti gli orrori della sua vita matrimoniale con Charlie, sotto e sopra le lenzuola. Visto il successo della rubrica, il giornale gliene mette accanto un'altra, in cui è un uomo a sparare a zero sulla sua ex moglie. La quale si chiama Helena e, a questo punto, va da Charlie per cercare qualcuno che capisca come si sente lei. Sembra una commedia romantica, ma lei preferisce chiamarla «a not romantic comedy», una commedia non romantica, sebbene gli ingredienti siano gli stessi: amore, ironia, disamore, nuovo amore. Si intitola *Tutti mi danno del bastardo* ed è un racconto il cui stile e i cui personaggi ricordano certe pagine di *Febbre a 90°*, *Alta fedeltà*, *Come diventare buoni*, per citare qualcuno dei suoi titoli di maggiore successo. Come sempre, ci sono il disincanto e la frustrazione, ma anche un filo di speranza che la vita, pur senza essere un letto di rose, offra lo stesso ragioni per sorridere e per continuare a innamorarsi. Da dove ha preso l'idea per questa storia? Niente di autobiografico neppure in questo caso?

«Fortunatamente no. Ce l'avevo da qualche tempo, in pratica ogni volta che prendo in mano un giornale e leggo un articolo su un matrimonio finito fra due celebrità, con tutta la spazzatura della loro relazione rovesciata in piazza. Così ho pensato che sarebbe stato interessante vedere le cose da una prospettiva diversa da quella dei giornali, dalla prospettiva appunto di chi si vede rovesciare in testa un sacco di spazzatura e non può farci nulla».

La morale del libro, allora, è: non sposare un giornalista?

«Potrebbe essere quella, ma in senso più ampio è una critica alla cultura del gossip che pervade la nostra società. Non solo il gossip dei giornali, scandalistici o meno, ma pure dei libri, perché a quanto pare ogni persona con una minima dose di notorietà si sente titolata a scrivere un libro sul suo matrimonio, rovistando tra le lenzuola, possibilmente».

Ma non c'è bisogno di avere un giornale o pubblicare un libro per fare del gossip, oggi chiunque può rendere pubblico tutto quello che vuole su chiunque altro attraverso Facebook.

«Assolutamente sì. E infatti il mio racconto è una critica di questa pervasiva invasione della privacy, enormemente incoraggiata dai social network. Oltretutto, poiché è noto che la stampa è in declino e cerca con ogni mezzo di arrestare l'emorragia di copie, deve alzare continuamente la posta nei confronti del web, Facebook e Twitter inclusi. Così il gossip diventa il facile terreno di sfida per richiamare l'attenzione dei lettori, e chi più ne ha, più ne metta».

Gossip a parte, a un certo punto il suo protagonista riflette che la vita non è il risultato di una serie di grandi scelte, bensì di tanti piccoli passi uno in fila all'altro, di cui capisci le conseguenze soltanto alla fine.

«Io la vedo così, ma la narrativa e il cinema d'oggi vanno nella direzione contraria, come se appunto la vita ci offrisse tante *sliding doors*, se giri a sinistra andrà in un modo, se giri a destra andrà nel modo opposto. Grandi momenti per grandi scelte. Invece a mio parere per la maggior parte delle persone è tutto più banale, più incerto, più oscuro, fai una cosa, poi un'altra, magari ti cacci nei guai senza prevederlo oppure al contrario una certa mossa ti apre prospettive inedite, fortunate. Non dico che siamo in mano al destino, anche la predeterminazione conta, ma esiste una casualità nell'esistenza che non bisogna trascurare. E, soprattutto, i grandi momenti drammatici accadono di rado nella vita reale».

La storia di Charlie ed Elaine è anche una riflessione sulla vita di coppia: le pare che oggi sia diventata più difficile, più complicata?

«Sicuramente. Ci sono più pressioni sui rapporti di coppia, in parte rappresentate ancora dai social network: vecchi amori sono ad appena un click di distanza, per non parlare della possibilità di nuovi amori, e questo comporta più tentazioni, c'è poco da fare. Ma io vedo anche una difficoltà più ampia: la nostra società digitale ha una capacità di concentrazione sempre più corta, dobbiamo continuamente saltare da un canale all'altro, da un sito all'altro, da un'email a un messaggino, da una sollecitazione alla successiva, e tutto deve essere breve, rapido, nuovo, altrimenti si ha l'impressione di annoiarsi. Ciò vale per l'intrattenimento, per il tempo libero, per il lavoro, ma influisce anche sul modo in cui vediamo i rapporti di coppia. Farli durare a lungo, sempre con la stessa persona, sembra un'antitesi dell'era in cui viviamo».

A proposito, non è del tutto chiaro, alla fine del suo racconto, se la nuova coppia che si è formata resterà insieme.

«Mi pare improbabile, visto che si sono messi insieme come risultato di due fallimenti, ma chi può dirlo?».

A giudizio di qualche critico inglese dovrebbe dirlo l'autore: ad alcuni non è piaciuto il suo finale aperto.

«Ma è la formula del racconto breve, da Checov in poi. Un testo in cui l'autore, se prolunga la sua presenza, può diventare invadente. La parola fine, in una short story, ce l'ha il lettore, con piena libertà di far proseguire la vicenda come meglio immagina».

È solo una coincidenza che il nome delle due protagoniste, Elaine e Helena, sia così simile?

«Mi piaceva l'eco che suscitano i loro due nomi, tutto qui».

Questo libro, in Inghilterra, è uscito inizialmente come ebook. Qual è il suo giudizio sui libri digitali e i libri di carta?

«Gli ebook offrono opportunità che erano negate alla carta, come appunto quella di pubblicare un singolo racconto breve, come questo, senza bisogno di aspettare di averne scritti otto o nove per raccoglierli in un volume o di allungarlo sino a farne un romanzo o almeno un romanzo breve, se invece senti che la sua dimensione è quella del racconto».

E, più in generale, preferisce lo schermo o la carta, per leggere un libro?

«Per ragioni anagrafiche, io appartengo alla vecchia scuola e per me non c'è niente come la carta. Mi pare che il libro di carta abbia numerosi vantaggi, hai una visione più netta dell'inizio e della fine, è maneggevole, non rischi di romperlo o scaricarne le batterie, puoi farci sopra tutti gli appunti e gli scarabocchi che vuoi, e poi insomma per me è un bellissimo oggetto. Io del resto non ho un Kindle, ho un iPad ma non lo uso per leggere libri o testi lunghi, e il motivo è duplice: da un lato sto già davanti a uno schermo molte ore, per scrivere, e non voglio starci anche per leggere; dall'altro l'iPad mi distrae, mi spinge a cercare altre cose, musica, informazioni, messaggi. Mentre se leggi un libro di carta, leggi un libro di carta, non puoi fare altro. Ma i miei figli sono abituati fin da piccoli a leggere solo su uno schermo e per la loro generazione è naturale leggere ebook».

I lettori sopra i quarant'anni dovrebbero fare un esercizio di memoria, e quelli sotto i quarant'anni un esercizio di immaginazione, prima di leggere un altro dei suoi libri: pensare a un tempo lontano, ma in fondo non poi così tanto, in cui la gente si riuniva la sera attorno a una fonte di luce e calore per ascoltare storie che il giorno dopo venivano ripetute, condivise, commentate, praticamente dall'intera nazione. Succedeva da noi come in Inghilterra negli anni Sessanta, e la fonte luminosa che agiva da calamita dell'attenzione nazionale era la televisione, all'epoca in cui esistevano soltanto un paio di canali, e passare le serate a guardarla era qualcosa di nuovo, moderno, eccitante, più o meno come stare adesso sui social network. In *Funny girl*, suo ritorno alla narrativa dopo anni trascorsi a scrivere sceneggiature, lei si sintonizza appunto sul tubo catodico e sulla cultura popolare di massa che ne era prodotta: un viaggio nostalgico nel nostro recente passato, con per protagonista la 'buffa ragazza' del titolo, per intendersi un incrocio tra una Franca Rame e una Franca Valeri anglosassoni, affascinante ex miss Blackpool che però sogna di far ridere nei panni di attrice comica e ci riesce, diventando il centro attorno a cui ruota un serial destinato ad avere successo praticamente fino ai giorni nostri. Stavolta ha scritto un esilarante romanzo su gioventù e invecchiamento, fama e fame, classismo e lavoro di squadra, ma soprattutto su quella stagione di meravigliosa creatività ed esuberanza che nel nostro paese eravamo soliti chiamare 'i favolosi anni Sessanta'. Si diceva qualcosa di simile anche da voi?

«Beh, da noi si parlava di Swinging London, ma l'epoca era la stessa. Gli anni Sessanta sono rimasti effettivamente nell'immaginario collettivo come un mito. Dalla musica alla poesia, dalla letteratura al cinema, dalla politica all'amore, hanno creato uno spartiacque, è l'era in cui comincia in un certo senso la modernità. E la televisione ne è stata il faro, perché era la cosa nuova, ancora più del rock. La gente è sempre andata a ballare e ad ascoltare altri che suonano, ma per la prima volta nella storia famiglie e amici si riunivano la sera attorno a un falò elettronico per seguire i racconti che ne uscivano».

Dovendo raccontarlo a un giovane odierno, si può paragonare l'effetto dirompente della tivù a quello scatenato oggi dal web?

«Sì, ma con una importante differenza. Davanti al web ci andiamo ognuno per conto proprio, magari chattando e comunicando con decine, centinaia, anche migliaia di amici, ma fisicamente soli. La tivù degli anni Sessanta, la tivù con uno o due canali in bianco e nero, veniva fruita collettivamente».

Lei che cosa ricorda dei suoi anni Sessanta?

«Ero bambino e poi, verso la fine del decennio, ragazzino. Ma ho ricordi precisi, che sono sicuramente simili a quelli di tanti della mia generazione. Ricordo i Beatles. Ricordo il primo mangiadischi per ascoltare le canzoni di questi quattro ragazzotti di Liverpool con i capelli a caschetto. Ricordo che si andava al cinema a vedere film western. Ricordo la finale dei Mondiali di calcio a Wembley nel '66, quelli vinti, per la prima e finora ahimè unica volta, dall'Inghilterra. E ricordo appunto la tivù, le serate a guardare la televisione insieme alla mia famiglia».

Nel suo libro si avverte una sorta di rimpianto per la cultura popolare di allora: era migliore, a suo parere, di quella di adesso?

«Era una cultura unificante, perché appunto non c'era altra scelta che guardare il primo o al massimo, quando arrivò, il secondo canale, e poiché era una novità li guardavano tutti. Oggi non mi pare che si possa più distinguere tra cultura popolare e cultura non popolare. I confini tra cultura cosiddetta 'alta' e 'bassa', di massa, sono saltati. La serie televisiva *True Detective* e l'ultimo romanzo di Ian McEwan vengono trattati allo stesso modo».

È un bene o un male?

«Per me è un bene, perché io non amo la cultura intenzionalmente astrusa, complicata, difficile. Il mio intento, quando scrivo, è farmi capire da tutti, se possibile. Anche per questo non mi piace la prosa elaborata, anzi cerco di scrivere in modo che non attiri l'attenzione sulla prosa, bensì sulla storia. Questione di gusti, naturalmente, non dico che sia questo l'unico modo giusto per scrivere».

Ma tra Dickens e Joyce, per fare un esempio, lei preferisce il primo?

«Indubbiamente».

Quale è il messaggio di Sophie Straw, la *Funny girl* del titolo?

«Non penso di scrivere romanzi con la chiara intenzione di inviare un messaggio. Sophie mi è stata ispirata da Rosamund Pike, l'attrice che ha poi fatto il film *L'amore bugiardo*, e che ho conosciuto quando aveva una parte in *An education*, di cui ho scritto la sceneggiatura. Rosamund diceva che sullo schermo voleva far ridere, ma il suo aspetto la costringeva a ruoli d'altro genere. L'idea di partenza del libro, in me, è nata così».

Dà l'impressione di essersi divertito a scriverlo.

«Mi sono divertito a rileggerlo, quando l'ho finito. Ma scriverlo è stata una tortura, perché ho dovuto fare un sacco di ricerche su un'epoca passata, perché è un romanzo corale con tanti personaggi e storie parallele, e perché si svolge attraverso decenni successivi».

C'entra la sua età nel desiderio di esplorare il passato, l'infanzia, forse anche quello che c'era prima di noi?

«Sì, c'entra, perché fin quando sei giovane sei concentrato su te stesso, poi quando superi i cinquant'anni cominci a pensare ai tuoi genitori, alle tue radici, ti fai domande che prima non ti ponevi. Gli autori di quei serial tivù degli anni Sessanta avevano trenta o quarant'anni, l'età dei miei genitori. Avevano vissuto la seconda guerra mondiale. Ed io, noi, la generazione dei *baby boomers*, siamo il risultato di quella generazione. Desideravo conoscerla meglio».

Il titolo è un omaggio al celebre film con Barbra Streisand?

«Naturalmente sì. Ma la mia *funny girl* non somiglia a Barbra. La mia è una giovane donna bella, piena di talento, per la quale il lavoro è la cosa più importante della vita, ma non certo la sola cosa importante».

Per concludere, ho letto da qualche parte che, tra un Oscar e il Booker Prize, il più famoso premio letterario britannico, lei preferirebbe vincere un Oscar. E tra l'Oscar e il Nobel per la letteratura?

«Di nuovo l'Oscar. Per la semplice ragione che so benissimo che mai e poi mai potrei vincere il Nobel, e che senso ha sperare di vincere qualcosa di irrealizzabile? È come se chiedessero a Francesco Totti: preferisci vincere il Nobel o la Champions League? Sono certo che risponderebbe: la Champions».

Martin Amis

Il salotto di Martin Amis, a Primrose Hill, una *rive gauche* londinese popolata di attori, scrittori, intellettuali, ha l'aspetto postmoderno e geometrico dei suoi romanzi: un divano rosso, una vecchia ottomana, poltrone sfondate, arazzi e quadri d'artista alle pareti, pile di libri ovunque, ma in perfetto ordine, non un granello di polvere, nemmeno una sedia fuori posto. Il gulag sovietico, argomento del suo romanzo *La casa degli incontri*, sembra lontano anni luce. «Ma sembrava ancora più lontano dal luogo dove l'ho scritto, una fattoria affacciata all'oceano, in Uruguay[1]», dice l'autore di *L'informazione*, *Cane giallo* e tanti altri best seller internazionali. «In uno scenario così bello, dovevo fare uno sforzo ancora maggiore per calarmi ogni giorno nei panni di una vittima del terrore staliniano». Lo sforzo è servito: la critica inglese e americana lo ha definito il suo migliore romanzo.

Da dove nasce questa storia?

«Da un altro libro, *Koba il Terribile*, il saggio-biografia che ho scritto su Stalin, per il quale avevo raccolto e letto una mole immensa di materiale. Per la precisione nasce da tre paginette dello splendido studio sul gulag di Anne Applebaum, in cui l'autrice descrive appunto la 'casa degli incontri'. Mi aveva colpito come una strana confluenza di contraddizioni: da un lato un sistema di schiavitù, dall'altro il diritto per così dire rivoluzionario e leninista in base al quale chiunque, perfino i dannati del gulag, aveva diritto a un intimo incontro con la propria moglie, una volta ogni tanto. Dopodiché il dannato tornava all'inferno e sua

---

[1] L'Uruguay è la terra della sua seconda moglie, la pittrice Isabel Fonseca.

moglie intraprendeva un viaggio di sei settimane attraverso la Siberia per tornare a casa».

E l'idea di trasformare questo tema in fantasia narrativa, quale fu?

«Una visione, di due fratelli, rinchiusi nel medesimo campo, innamorati della stessa donna. Basta molto meno, a un romanziere, per immaginare un romanzo».

Ha letto, naturalmente, *Arcipelago Gulag* di Solgenitsyn?

«L'ho letto molti anni fa, con commozione e senso d'orrore, così come *Una giornata di Ivan Denisovič*, che mi è piaciuto ancora di più come opera letteraria. E poi, sul gulag, ho letto *I racconti della Kolyma* di Šalamov, forse il libro più poetico e impressionante su questo argomento, che in certe pagine conduce alle lacrime, in altre al riso o sulla soglia della follia».

Poco fa, parlando del gulag sovietico, lo ha definito «un sistema di schiavitù». È così che voleva presentarlo nel suo romanzo?

«Sì, anche se la mia storia è ambientata, come *Una giornata di Ivan Denisovič*, dopo la seconda guerra mondiale, e l'orrore del gulag era inferiore a prima della guerra, agli inizi, al 'grande terrore' staliniano. Ma si trattava pur sempre di uno schiavismo orchestrato e diretto dallo Stato. Quelli che criticano la prigione di Guantanamo dicendo che è il sistema schiavistico dell'America non sanno di cosa parlano. Non sanno che cosa è stato il gulag».

Negli ultimi anni i suoi scritti riflettono un disgustato fascino per il comunismo sovietico, per l'Urss.

«È vero. Secondo lo storico Martin Malia, è difficile immaginare il livello di orrore e dinamismo raggiunti dall'esperimento sovietico. 'Sistema totalitario' è una definizione insufficiente. L'Urss creò un nuovo tipo di essere umano, una specie ambiziosa, arrogante, irreale».

Questa curiosità per l'Urss deriva anche dalla storia privata della sua famiglia?

«Sì. Mio padre[2] era comunista. Avrei sempre voluto chieder-

---

[2] Lo scrittore Kingsley Amis.

gli come era stato possibile che quella intollerabile utopia avesse qualcosa in comune con uno spirito libertario, sovversivo, pieno di umorismo, come il suo. Mio padre è morto nel 1995, e non abbiamo mai fatto veramente quel discorso. Ora lo faccio tra me e me, nei libri».

Lei non è mai stato comunista?

«No. Ero di sinistra, e lo rimango. Ma l'egualitarismo non mi convince come ricetta della felicità. Credo di più nella giustizia, che è un'altra cosa, da coniugare sempre con la libertà».

Uno dei protagonisti del suo romanzo torna in Siberia per ritrovare l'incubo che vi ha lasciato. Il messaggio è che non si può sfuggire al proprio destino?

«È più semplice e più assoluto di così. Il messaggio è che non ci si può lasciare mai nulla di davvero importante dietro le spalle».

Il gulag sovietico, secondo lei, si può mettere sullo stesso piano dell'Olocausto?

«Credo di no. Nell'Olocausto c'è una perversione speciale: l'intento di distruggere un popolo, di compiere un genocidio. Anche Stalin ha fatto passare per il gulag qualcuna delle popolazioni dell'Urss, triturandole, ma non necessariamente con il medesimo intento maligno di Hitler. Bisogna anche dire che la commemorazione dell'Olocausto, la sua comprensione, è oggi un valore ampiamente condiviso, perlomeno in Occidente. Non è la stessa cosa per il gulag sovietico. Se ne sa di meno, se ne parla di meno, lo si indaga di meno. Perciò ho voluto aggiungere il mio piccolo contributo alla materia».

La responsabilità è anche della Russia odierna, che non ha fatto certo molto per commemorare gli orrori del suo gulag, a differenza di quanto ha fatto la Germania con l'Olocausto.

«Certamente. Sotto Putin, del resto, la popolarità di Stalin come grande leader nazionalista è risalita alle stelle. Se l'America desidera tanto essere amata, e questo è spesso causa di molti guai nel resto del pianeta, la Russia preferisce essere temuta. Sotto Stalin, indubbiamente lo era. Putin ha cercato di fare di nuovo paura, e in parte c'è riuscito».

Lo spettro del comunismo, tuttavia, non si aggira più per il mondo. Lei negli ultimi tempi ha denunciato con veemenza, in saggi, lezioni universitarie, polemiche, un altro spettro: quello del terrorismo islamico, del fanatismo religioso.

«È uno spettro ancora in via di evoluzione. Io credo che in futuro non sarà più solo e tanto un estremismo islamico, religioso, bensì un estremismo fine a se stesso, animato in fondo da sentimenti simili a quelli che stavano dietro alle forme più estreme di terrore di matrice nazista o comunista: l'ossessione con un'astratta purezza, una visione romanticizzata della violenza e del sacrificio, un anelito di immortalità, il desiderio di sentirsi motore della storia. È un fenomeno che avrà ancora molte convulsioni, purtroppo, prima di fare il suo corso e, mi auguro, esaurirsi».

Ma lei è ottimista o pessimista sul futuro?

«Riguardo al terrorismo religioso o come lo si voglia definire, nel lungo termine sono ottimista: è qualcosa che ci può ferire, ma non rappresenta una minaccia in grado di distruggere la nostra civiltà. Riguardo al resto, non c'è molto da essere ottimisti, temo: se penso ai miei figli più piccoli, il loro futuro è molto più denso di incertezze e preoccupazioni, a cominciare da quelle sul cambiamento climatico, di quello che avevo davanti io alla loro età, nell'era dorata del miracolo economico successivo alla seconda guerra mondiale».

In un altro romanzo, *Lionel Asbo*, lei racconta un'Inghilterra che i turisti stranieri non vedono mai. Comincia appena fuori dal luccicante centro di Londra: è un paese di casette fatiscenti e orrendi caseggiati, popolato da uomini dal cranio rasato e dal viso pallido, in giaccone scuro e jeans da quattro soldi, con muscoli vistosi, stomaco dilatato, un feroce pitbull al guinzaglio, e da smunte ragazze-madri, famiglie con dieci figli a carico dello Stato, tre generazioni di perdenti, dai nonni ai nipoti, riuniti sotto lo stesso tetto. Gente che legge avidamente i tabloid scandalistici e sogna di diventare come le celebrità che ne riempiono le pagine: calciatori milionari, starlette su vertiginosi tacchi a spillo, personaggi dei reality show televisivi. Nel libro, queste due realtà, i miserabili delle periferie e i vip del gossip più trash, si incontrano, anzi si fondono in una cosa sola, quando il protagonista, un delinquentello ignorante e violento, vince alla lotteria 140 milioni di sterline, qualcosa come 160 milioni di euro, diventando lui stesso una celebrità da tabloid. Così, dopo essersi dedicato a storia (*Koba il Terribile*) e terrorismo (*Il secondo aereo*), dopo un amarcord sugli anni Settanta (*La vedova incinta*), è tornato a occuparsi del presente con una satira dolceamara della società che lo ha fatto paragonare dalla critica inglese a Swift, Dickens e al Burgess di *Arancia meccanica*. E con un messaggio politico: Asbo, soprannome del protagonista, è l'acronimo di *Anti-Social Behaviour Order*, la legge voluta da Tony Blair a fine anni Novanta per combattere i comportamenti antisociali, la piccola, sporca violenza quotidiana che, appena fuori dal centro di Londra, avvelena l'Inghilterra. Da dove le è venuta l'ispirazione per questa storia?

«Ho cominciato a pensarci un paio d'anni fa e scriverla è stato più facile del previsto, come se la covassi dentro di me da molto più tempo. In effetti l'ho avuta sotto gli occhi per più di un decennio, leggendo la cronaca nera e la cronaca rosa dei nostri giornali».

Il sottotitolo del libro è *Stato dell'Inghilterra*, come se fosse un rapporto sociologico: e la sua Inghilterra non ne esce per niente bene.

«Volevo scrivere una metafora dell'Inghilterra d'oggi, concentrato di frivolezza, volgarità, spaventose sperequazioni economiche. Un paese dominato dal culto della celebrità effimera, dalla rincorsa di un successo foderato di cattivo gusto. Da un lato una povertà endemica, un circolo vizioso da cui è quasi impossibile uscire, dall'altro una ricchezza pacchiana, esagerata, che finisce per diventare ridicola».

È un ritratto feroce del suo paese, ma con una luce di speranza: accanto a Lionel, il cattivo idiota, c'è suo nipote Des, un ragazzo povero, buono, intelligente.

«Il mio romanzo racconta l'Inghilterra odierna, ma non tutto in essa fa orrore, e attraverso Des ho cercato di esprimere l'affetto che sento per il mio paese, le possibilità che si annidano anche nelle situazioni più disperate».

Un giornale di Londra ha paragonato Des a Oliver Twist e lei a Dickens.

«Come Oliver Twist, Des riesce a redimersi: non vuole restare nella periferia misera e ignorante, ma la sua aspirazione non è nemmeno la celebrità trash da tabloid. E il grimaldello che gli permette di evadere verso un mondo migliore è la lettura, lo studio, insomma l'istruzione. Quando Blair andò al potere nel '97, disse che il suo programma aveva solo tre parole: 'Istruzione, istruzione, istruzione'. Continuo a credere che sia l'unica soluzione per risollevare la nostra società, per renderla più sana e più giusta».

E Dickens?

«Dickens di solito riserva ai cattivi le sue parti migliori: sono i suoi personaggi più riusciti. I suoi buoni sono immersi in un sentimentalismo che, con gli occhi di oggi, può suonare esagerato, stucchevole. Anche i miei cattivi non sono male, ma con Des ho fatto del mio meglio, stando bene attento tuttavia a non cadere nel sentimentale. Ne sono soddisfatto. In ogni modo è vero che questo libro è anche un omaggio a Dickens: dai nomi di certi personaggi ad altri particolari, segnalo la mia ammirazione per un nostro grande maestro».

Pensa che il suo romanzo possa fare per Londra quello che Tom Wolfe ha fatto per New York con *Il falò delle vanità*?

«Penso di sì, sono entrambi la storia di una grande città, dei suoi vizi, delle sue virtù. Solo che Wolfe basa i suoi romanzi su una meticolosa ricerca sul campo, su un realismo da cronista, mentre io non faccio alcuna ricerca, vado a orecchio, invento tutto».

In definitiva è un libro sui 'nuovi barbari' che minacciano la nostra civiltà?

«I barbari non sono più alla porta, ai confini, sono già entrati, sono tra noi. Beninteso, non sono un nostalgico del passato, non penso che si possa tornare alla vecchia, cara Inghilterra, che peraltro non era certo perfetta come qualcuno vorrebbe farci credere. La nostra civiltà non si difende rimpiangendo il buon tempo antico, bensì costruendo un futuro migliore, andando avanti, non indietro».

E cosa pensa della legge Asbo? È servita a fermare i comportamenti antisociali?

«La tesi di Blair era che la piccola criminalità, la piccola violenza, dagli schiamazzi in strada a chi urina lungo i muri, dalle risse all'ubriachezza molesta fuori dai pub, servissero a sviluppare una criminalità e una violenza più grandi, più gravi. La legge che puniva tali comportamenti ha avuto un certo effetto nel ridurli. Ma quei comportamenti sono il risultato di vasti problemi sociali: non basta reprimerli, non basta una legge per cambiare un paese».

Lionel Asbo è dedicato al suo amico Christopher Hitchens, il grande giornalista, saggista, intellettuale scomparso precocemente nel 2011. Quanto le manca?

«Immensamente. Penso a lui ogni giorno. Mi consolo riflettendo che ha avuto una vita di un'intensità meravigliosa, più intensa della mia: era un'ispirazione e un modello da vivo, lo rimane anche ora che non c'è più. Ma sono molto triste, la sua morte ha scavato una fossa profonda dentro di me».

Ian McEwan

«Qualche volta, alla presentazione di un mio libro, temo che si faccia avanti uno sconosciuto e mi spari», confessa Ian McEwan. È un incubo che nasce in parte dalle coraggiose e controverse posizioni pubbliche assunte da uno scrittore che è fra gli intellettuali più ascoltati d'Inghilterra: i suoi attacchi al fondamentalismo islamico – «creatore di una società che aborrisco» –, all'estremismo religioso in senso più ampio – «non mi piacciono le visioni medievali in cui Dio salva i suoi seguaci e condanna gli altri» – o alla Brexit – «dobbiamo aspettare che muoiano un milione e mezzo di anziani, poi torneremo a votare e vinceranno i sì all'Europa». Ma l'autore di romanzi best seller tradotti in decine di lingue come *Espiazione*, *Sabato*, *Amsterdam*, vincitore del Booker Prize in Gran Bretagna e di premi altrettanto prestigiosi all'estero, suscita polemiche anche con i suoi libri. L'ultimo, *Nel guscio*, è raccontato da un punto di vista insolito, improbabile, decisamente surreale: quello di un feto dentro la pancia della madre, un bambino non ancora nato, ma che già ascolta e comprende tutto come farebbe un adulto.

Non pensa che, in un mondo che negli ultimi mesi ha visto la Brexit, Trump, il terrorismo, ora anche un terribile incendio in un grattacielo di povera gente a Londra, quel feto potrebbe avere la tentazione di non uscire dal ventre materno?

«Senta, la vita deve andare avanti. Quindi contiamo che continuino a nascere bambini, in modo che il progetto umano possa proseguire, giusto? Tuttavia ha dannatamente ragione, sono tempi difficili questi. Il mio paese è in uno stato di confusione e di depressione. Ciò che riempie le nostre menti, e ancora non ci siamo ripresi, è naturalmente il grande incendio della torre di Notting Hill, che riporta alla mente orrendi ricordi dell'11 settembre 2001, però con una differenza. Naturalmente questo è stato un incendio e non un attentato terroristico, però l'11 settembre le Torri Gemelle erano luoghi di lavoro e dentro c'erano soprattutto adulti. Invece il grattacielo di Londra era pieno di famiglie, di bambini con i loro genitori. Sono state scene che mi hanno straziato il cuore, ma che hanno suscitato anche importantissimi interrogativi riguardanti il divario della nostra società: come trattiamo chi non ha nulla? Come si è allargato il divario tra ricchi e poveri? E quindi eccoci in preda a degli esami di coscienza molto approfonditi, indipendentemente dalla Brexit».

Ecco, la Brexit: che cosa ne pensa? È una cosa che ha sciocato gli inglesi, ma anche noi italiani, noi europei continentali, che pensavamo: gli inglesi sono il popolo che ci ha salvati dal nazismo, il popolo che ha liberato l'Europa, sono parte della nostra storia, ci dispiace perdervi.

«Beh, se vi abbiamo salvato dai nazisti, adesso tocca a voi salvare noi dalla Brexit. Siamo in una situazione di confusione incredibile. Ci sono fazioni opposte in parlamento. C'è chi vuole una Brexit molto dura: uscire dall'unione politica ma anche dal mercato comune e dall'unione doganale; altri preferiscono una Brexit più morbida. Altri ancora, ringalluzziti dal risultato delle recenti elezioni britanniche e dall'ascesa del laburista Jeremy Corbyn, vorrebbero restare nell'Unione in tutto e per tutto. Ma nessuna di queste fazioni ha la maggioranza in parlamento. Quindi siamo di fronte a un futuro di grandissima incertezza. Non sappiamo quanto a lungo potrà sopravvivere la premier Theresa May. Nessuno può fare previsioni, ma a mio modo di vedere la Brexit è stata un errore mostruoso, non avremmo mai dovuto indire un referendum, è stato indetto soltanto per una resa dei conti all'interno del partito conservatore. Molti che hanno votato per uscire dalla UE non hanno capito quale fosse davvero la posta in gioco. Io spero che Italia, Francia e Germania, come ha già detto il presidente francese Macron, ci invitino a rimanere. Che ci diciate: ripensateci, guardate che le porte sono ancora aperte, vi faremo un paio di concessioni extra ma voi, *please*, tornate indietro. Altrimenti, se ciò non accadrà, vedo la Brexit come una forma di idiozia collettiva. Forse il più grande errore di politica estera del Regno Unito dalla guerra in Iraq e come politica interna credo che non abbiamo mai fatto un errore del genere. E vorrei aggiungere che secondo me l'Unione Europea, con tutti i suoi difetti, sia uno dei progetti più nobili nella storia dell'umanità. Paesi che un tempo si facevano la guerra si uniscono: non ha precedenti. Mi addolora enormemente che abbiamo preso questa decisione».

Si sente uno scrittore inglese o europeo o entrambe le cose?

«Come tutti penso che la mia identità sia fatta di cerchi concentrici: la mia famiglia, la mia città, Londra, l'Inghilterra, la Gran Bretagna, l'Europa, il mondo. Il cambiamento climatico ci lega tutti, siamo parte dello stesso pianeta, è sempre utile ricordarcelo. Non molto tempo fa, in macchina con un amico in Slovenia, abbiamo preso la svolta sbagliata e a un certo punto siamo finiti in Austria: e io ho sentito un senso di euforia. Siamo finiti in un altro paese senza nemmeno rendercene conto! E ho provato orgoglio per il fatto che nei paesi del gruppo di Schengen non ci sono frontiere. Io mi sento profondamente europeo. Mi piace arrivare in un aeroporto ed entrare dalla parte che dice: cittadini dell'Unione Europea».

Lasciamo la politica e occupiamoci di letteratura.

«Ne sono sollevato».

Da dove le è venuta l'idea di scrivere un romanzo dal punto di vista di un feto?

«Un giorno ero seduto con mia nuora, che era incinta di otto mesi, e parlavamo del bambino che doveva arrivare, come se lui ancora non ci fosse. Più tardi, quella notte, scrivendo sul quaderno su cui prendo i miei appunti, mi sono detto: ma quell'essere ha già tutte le qualità di un bambino, eppure è ancora dentro la sua mamma. Parlavamo della sua identità – 'che bambino sarà questo qui?' –, non sapevamo nemmeno se sarebbe stato un maschietto o una femminuccia, e così ho pensato: forse qui c'è un'ideuzza per me. Il giorno dopo, a una riunione noiosissima, di colpo una frase mi ha attraversato la mente, come un dono. La frase era questa: eccomi qui, a testa in giù, dentro una donna. E ho capito che era l'incipit, la prima riga di un nuovo romanzo. Chi era la madre, quali erano le circostanze, non ne avevo la minima idea, però ho sentito di avere la premessa di una storia da narrare. Al tempo stesso stavo preparando una lezione su Amleto e mi sono detto che quel bambino avrebbe potuto anche essere Amleto sul punto di rinascere, o Shakespeare sul punto di rinascere. E quindi i primi tentativi di scrivere questo romanzo sono stati di cercare di rendere il linguaggio del feto/bambino un po' anacronistico, con qualcosa di poetico, il ritmo dei versi di Shakespeare. Scrivere un romanzo secondo me è sempre un atto di scoperta. Ti viene una specie di idea, e da quella te ne viene un'altra, e sono finito con un libro che non potevo assolutamente prevedere».

Si è preparato scientificamente su cosa è un feto, quando nasce l'intelligenza, e così via, oppure no?

«Assolutamente no. Di solito mi piace studiare e documentarmi, scrivere romanzi è come farsi un'istruzione permanente, ma per una volta mi sono preso una vacanza, non c'era nulla da studiare perché la mia storia non era radicata nella realtà. Ero tornato nel mondo surreale dei miei primi racconti brevi e mi sono perfino sentito un po' più giovane. Magari non un feto, ma un ventiduenne, che so. Quanto a esperienza sull'argomento, a parte che io stesso sono stato un feto, è stato quando ho aiutato mia moglie a partorire il nostro secondo figlio, che si è presentato sulla scena molto rapidamente, in un momento in cui non c'erano levatrici nelle vicinanze, e credo che quello sia stato uno degli eventi più straordinari della mia vita. L'ho preso, l'ho sollevato, l'ho messo sulla pancia della sua mamma, e mi sono reso conto, cosa che poi è rimasta in me durante la stesura del romanzo, di che miracolo al tempo stesso straordinario e ordinario accade quando una persona viene fuori da un'altra persona, come nelle matrioske, le bamboline russe infilate una dentro l'altra. In quell'attimo non ci sono religioni, fedi, convinzioni, c'è una pura identità. Il feto è come una voce senza bagaglio che esce dalle tenebre. Tutto il resto gli arriverà addosso dopo, mentre al momento della nascita c'è una purezza assoluta, come un libro bianco».

Che tipo è il feto del suo romanzo?

«Uno molto informato e curioso, che sa più o meno tutto quello che so io, che si interroga sul significato dell'esistenza e che, a dispetto dei molti problemi che abbiamo citato prima, preferisce nascere che non nascere. La sua conclusione è che la vita è la ricerca di un senso, e se lo cerchiamo, il senso della vita, meritiamo quella coscienza di cui ci ha dotati l'evoluzione della nostra specie».

I libri, i romanzi, ci salvano la vita, ci aiutano a vivere?

«È difficile avere le prove che sia così. Ma esistono dati scientifici secondo cui coloro che leggono romanzi sono molto più sensibili alle emozioni altrui rispetto alle persone che non lo fanno. Il problema è che questo ragionamento si può rovesciare: chi legge romanzi è sensibile o chi è sensibile legge romanzi, come la questione dell'uovo e della gallina? Scrivere e leggere romanzi, per me, fa parte della nostra ricerca su cosa significhi essere umani. Perché nel romanzo c'è tutto ciò che significa vivere associati ad altri. Eppure Hitler adorava Wagner e le guardie dei lager ascoltavano Schubert, quando la Germania è scesa alla suprema barbarie della civiltà umana, pur essendo la società forse più colta e raffinata della terra. Quindi può esserci qualche dubbio sulla capacità dell'arte di renderci sensibili. Un poeta ha detto che la poesia non fa succedere proprio niente. Io credo invece che la poesia faccia succedere qualcosa. Ma occorre più di un romanzo per riscattarci».

Quali sono i romanzi e gli autori che ama di più?

«All'inizio c'era un manipolo di scrittori che per così dire mi hanno svegliato. Come se mi avessero infilato un dito fra le costole e mi avessero detto: su, hai vent'anni, è ora che cominci a pensare. Uno di questi era Franz Kafka. Un altro è stato Italo Calvino. Un altro Thomas Mann. Un altro ancora è stato uno scrittore inglese che non credo sia molto letto in Italia, William Golding. Sono tutti autori che contrastavano l'idea del realismo che distingueva all'epoca il romanzo britannico. Per esempio quando ho letto *La metamorfosi* di Kafka, che comincia come tutti sanno con 'Gregor Samsa, svegliandosi una mattina da sogni agitati, si trovò trasformato, nel suo letto, in un enorme insetto', mi è piaciuta da morire l'audacia di questa prima frase e di come prosegue, con Gregor Samsa scarafaggio, con tutte le otto zampine, che pensa: oddio sono in ritardo per andare al lavoro. Distruzione di tutto ciò che è reale o realistico, gioco di prestigio e ritorno completo nel mondo della realtà. Questo è stato ciò che mi ha risvegliato. La stessa cosa ho ritrovato poi nelle opere di Calvino, come *Le cosmicomiche* o *Il barone rampante*. Che giocosità quando Palomar sta nel suo giardino e mentre la moglie gli parla lui pensa: 'È un pezzo che siamo sposati, è come il canto degli uccelli, non occorre neanche che io ascolti', e diventa, quel parlare, il canto degli uccelli».

Misto di surreale e reale, diceva a proposito di Kafka: come in questo suo ultimo romanzo, *Nel guscio*?

«Esattamente. Sono partito da una surreale metamorfosi, l'idea di un feto che ragiona come un adulto, sperando poi, con un mio gioco di prestigio, di poterlo portare in una situazione reale. È il campo dei miei primi racconti, come ho ricordato prima, ma poi, negli ultimi vent'anni, mi sono sentito attirato dall'esigenza di raccontare il reale, una sorta di lealtà verso un certo tipo di verità, non la mia verità, bensì la verità condivisa. Ho pensato che raccontare una vita, nel nostro tempo, nel nostro mondo, in uno stato di modernità, per citare Saul Bellow, mi è sembrato che fosse il mio dovere».

E che cosa c'era dietro questo senso del dovere?

«Interesse per la scienza, la musica, la storia, la politica. Ho cominciato a pensare che il mondo reale, fatto di queste cose, fosse più straordinario di qualsiasi cosa io potessi inventare. Nel 1963 Philip Roth disse che il romanziere non aveva più bisogno di inventare niente, perché la realtà prevaricava la fantasia. E vale anche oggi: può un romanziere competere con le invenzioni di Trump?».

Ha parlato di Kafka, Calvino, Mann, Golding. Posso chiederle che cosa pensa di qualche altro romanziere?

«Purché non siano amici miei».

Non credo, sono tutti morti.

«Allora va bene».

Robert Louis Stevenson?

«A casa parliamo della Scozia, mia moglie è per l'indipendenza, io no, il matrimonio è sopravvissuto. In Gran Bretagna non ci sono scrittori 'britannici': ci sono scrittori inglesi, gallesi, scozzesi. Eppure quando chiedo a mia moglie di nominarmi uno scrittore britannico, invariabilmente risponde: Stevenson. Che era scozzese. In fondo ha ragione lei: lui scrive in rappresentanza della Gran Bretagna, non della sola Scozia. È uno scrittore che dobbiamo tutti invidiare perché ha ideato situazioni immaginarie che sono entrate nella cultura condivisa. Tutti parlano dell'*Isola del tesoro* anche senza averlo letto. Quando un romanziere si è insinuato nella nostra vita al punto che ci pare di conoscere le sue opere anche se non le abbiamo lette, siamo di fronte a un caso di grandezza storica».

Dickens?

«Lui pure ha riorganizzato l'arredo della nostra mente, anche per chi non ha letto nulla di suo. E ha fatto ancora di più: ha inventato il Natale, perlomeno per noi inglesi. Natale non c'era da noi, non in quella forma, finché Dickens non ne ha scritto. I miei preferiti, tra i suoi libri, sono *Il nostro comune amico*, *Tempi difficili*. Ecco, se avessi una riserva nei confronti di Dickens, sarebbe che l'elemento farsesco è un po' sovraccarico, indigesto. Mi strema con la sua energia verbale. Ogni tanto vorrei dirgli: calmati, rilassati, bevi un bicchier d'acqua anziché fare i fuochi d'artificio di continuo».

Tolstoj o Dostoevskij? Qual è il suo preferito?

«Devo per forza scegliere?».

Sono diversi.

«Sì, sono diversi. Anche il formaggio e la carta sono diversi e a me piacciono tutti e due, che devo fare? Quello che mi ha colpito per primo è stato Dostoevskij. *Memorie dal sottosuolo* è formidabile. Ma se mi metti una pistola alla tempia e mi chiedi qual è il mio romanzo preferito in assoluto, rispondo: *Anna*

Karenina. La vita non è perfetta e nemmeno *Anna Karenina* lo è, ma è un libro così spazioso che ci entra tutto. E se mi chiedi qual è il secondo, dico *Madame Bovary*. Ma torniamo ad *Anna Karenina*. Ai romanzieri piace l'infelicità, pensano che la felicità sia una gran noia dal punto di vista letterario. E Tolstoj invece riesce a darci la felicità di una giovane coppia nei primi mesi di matrimonio per quasi centocinquanta pagine! È un pezzo di una bravura straordinaria. E che cosa mette fine a questa felicità? Un vecchio amico di lui va a stare da loro, il marito comincia ad essere geloso, teme che fra la moglie e l'amico nasca qualcosa, e scoppia la prima, grande lite. I preparativi delle nozze, il ricevimento in campagna, l'arrivo dell'amico. È una delle cose più perfette che ho mai letto».

È così bello ascoltarla parlare di letteratura che vorrei chiedere il suo parere su tutti gli scrittori del mondo. Ma siccome non c'è tempo, mi limito a due. Hemingway?

«Adoro i suoi racconti. Tutti sanno che per i giovani scrittori Hemingway è un modello disastroso perché pensi che tutte quelle frasi congiunte da una serie di 'e' siano facili da scrivere, e invece sono di una difficoltà pazzesca. Lui fa una cosa che fanno tutti i grandi scrittori: non è importante solo la frase, contano anche i buchi, gli spazi vuoti fra una frase e l'altra, quelli sono come la scatola del cambio di un'automobile. C'è per esempio un racconto di poche pagine, *Gatto sotto la pioggia*, che per me è uno dei più bei racconti mai scritti. Ti ruba il cuore. Una coppia di sposi. La donna si annoia. Guarda fuori dalla finestra. Vede un micetto, che si ripara sotto un tavolino, e la donna convince un cameriere ad andare a salvare il gattino. E la storia finisce con il cameriere che bussa alla porta, con il gattino fra le braccia, ma già si capisce che non è lo stesso gatto. Probabilmente il racconto tratta del desiderio di un figlio, o di qualcosa di irrisolto fra i due sposi. Ma lo scrittore non lo dice, ci lascia in sospeso. Questo è Hemingway al suo meglio. Con quelle semplicissime frasi legate fra loro dalla congiunzione 'e' lui riesce a fare questo miracolo».

Infine, invece del nome di uno scrittore, le dico il nome di un libro: l'*Ulisse*.

«Beh, è come la vita. Ha pagine di bellezza sublime, e altre di una noia abissale. Tutta la parte sulla grammatica, per esempio. Io adoro l'*Ulisse*, però penso che la cosa migliore che Joyce abbia mai scritto sia un racconto lungo, o romanzo breve, pubblicato in una raccolta di racconti e per questo motivo non ha mai avuto un'esistenza indipendente. Parlo di *I morti...*».

Che è diventato anche un film di John Huston.

«Sì, l'ultimo film diretto da Huston, una bellissima trasposizione cinematografica, molto fedele al testo. Infatti se mi chiedi quale sia la mia trasposizione cinematografica preferita di un lavoro letterario direi proprio *The Dead* di John Huston. Il racconto di Joyce contiene, nelle ultime cinquanta pagine, a mio modo di vedere, forse la prosa più sublime mai scritta. Gabriel e sua moglie tornano da una festa; lì la moglie ha sentito una canzone che le fa tornare in mente un ragazzino di cui era innamorata quando era giovane, cinquant'anni prima. Quel ragazzo ormai è morto, era già malato di tubercolosi quando le cantò quella canzone, una specie di serenata. Lei dice: 'Credo che sia morto per amor mio'. Gabriel deve cercare di tenere a bada la sua gelosia. La donna si addormenta, lui guarda il suo volto e pensa: 'non è più il volto della donna che ho sposato tanto tempo fa e presto sarà anche morta'. E comincia a pensare ai morti, sente un rumore alla finestra, del tutto improbabile perché secondo Joyce sarebbe provocato da un fiocco di neve. Lui guarda la neve, che cade a terra lentamente e si scioglie. Questa immagine rappresenta tutti noi, che cadiamo, uno dopo l'altro, come fiocchi di neve, perché moriamo».

Che poetica, straordinaria lezione di letteratura. Ma lei come scrive, in che modo nasce un suo libro?

«Eh, questo è un segreto. È difficile dirlo, perché non succede sempre nello stesso modo. Ho già detto come è nato nella mia mente *Nel guscio*, ma è stato molto diverso dalla genesi del libro precedente, *La ballata di Adam Henry*: una donna giudice mi ha raccontato una storia. Era talmente gravida di senso che ancora prima che lei avesse terminato di raccontare avevo capito che mi aveva regalato il mio nuovo romanzo. A volte si tratta di una passione, qualcosa nella scienza, o nella storia, o qualcosa che riguarda la musica. *Chesil Beach* è nato perché mi sono chiesto come sarebbero le prime sei ore di un matrimonio se la coppia fosse fatta di due vergini, molto timidi, che però amassero tipi di musica completamente diversi. E quindi la musica diventerebbe la rappresentazione di tutto ciò che uno non comprende dell'altra. A lui piace il rock, lei è una violinista, suona in un quartetto d'archi, non capisce le canzoni che invece lui ama. Altre volte entro in uno stato di stupore utile, proficuo. E mi metto in attesa che capiti qualche cosa. Ecco, questo è il modo più difficile di cominciare un libro, perché ci possono volere settimane. Altre volte ancora l'ingrediente della creatività è proprio la pazienza. E poi c'è un altro elemento, che è l'esitazione. Quando hai una buona idea, esita, esita sempre, perché l'idea che ti sembra buona magari a due mesi di distanza non è più così buona. All'inizio, preso dall'euforia, forse fai uno sprint e parti nella direzione sbagliata. Quindi cerco di fare virtù dell'esitazione e dico con orgoglio che sono bravissimo a non scrivere. Probabilmente sono più bravo a non scrivere che a scrivere».

Però sono curioso di entrare un po' di più nel suo laboratorio. Come scrive? A penna o col computer?

«Come quasi ogni scrittore, sono molto superstizioso, nonostante la mia passione per la scienza. Tengo in modo particolare ai ferri del mestiere, quindi uso sempre un taccuino formato A4 di colore verde, le pagine devono essere rigate ma senza margini e scrivo soltanto con una penna nera. E lì lascio libertà alla mia mano. A me piacciono moltissimo i computer, però non c'è nulla di così libero come una mano e una penna, è come se il cervello pensasse direttamente sulla pagina, come se il cervello avesse una mano. Un mio amico, un neuroscienziato, ha detto che una cosa magnifica della mente è che ha... una mente. Non puoi controllare tutto ciò che pensi. Ci sono associazioni di pensiero che non puoi prevedere. Quindi il viaggio della mano è come un viaggio a piedi, per me. E delle volte capita che ti torna alla mente qualcosa che hai pensato un sacco di tempo prima, è rimasta nella tua memoria ma non nella tua coscienza. Tante volte ho pensato di avere avuto una buona idea ma sono stato troppo pigro per scriverla. Che cosa posso dire: tutto quello che mi è rimasto è l'idea di avere avuto una buona idea, ma è un guscio vuoto, perché non me la ricordo più. Quindi bisogna sempre scrivere, questo è il mio punto di partenza. All'eroina di *Espiazione* ho attribuito una riflessione sulla scrittura che è mia: ci sono persone che parlano di telepatia, eppure attraverso delle linee, dei tratti su una pagina, riusciamo effettivamente a trasferire i nostri pensieri nella mente di un'altra persona. È un miracolo, come la nascita dei figli: il miracolo della scrittura. Spremendoti le meningi, puoi trasmettere quello che c'è nella tua mente dentro la mente di un altro: non è straordinario? Anche questa è telepatia. E parte tutto dalle libere associazioni che si creano fra la mano e la penna».

Qualcuno ha detto che il piacere, nello scrivere, sta nella preparazione, non nell'esecuzione: è d'accordo?

«C'è qualcosa di vero in questo. Io ho due fonti di piacere quando scrivo. Una è la sorpresa: ti siedi alle dieci di mattina e due ore dopo hai fra le mani qualcosa che non avresti mai previsto, un personaggio, o anche solo un aggettivo. È la scoperta di qualcosa che non sapevi, fino al momento in cui l'hai scritto. L'altro piacere è molto più difficile e più raro. Scrivi un passo e sei talmente assorbito che cessi di esistere, non hai più identità, scompari. Questo stato può durare dieci minuti, un'ora, ma non per sempre. È qualcosa che si avvicina molto al sesso. Una delle vette del piacere. Un momento in cui dimentichi te stesso, chi sei. Mi capita due o tre volte l'anno: ah, già, chi c'è, sono qui, io? Mi piacerebbe che succedesse tutti i giorni ma è molto difficile».

L'ultima domanda: che consiglio darebbe a chi vuole scrivere un romanzo?

«Di non scrivere un romanzo. Di non cominciare da quello. È una perdita di tempo. Partite da un racconto. Leggete *Gatto sotto la pioggia* di Hemingway, che vi ho raccontato prima. La cosa migliore di un racconto è che può fare schifo ma ci sprechi qualche giorno o al massimo una settimana. Invece se scrivi un romanzo magari ci metti anni e poi scopri che fa schifo, ed è tempo sprecato. Toglietevi di mente tutte le voci degli altri scrittori che vi impediscono di essere voi stessi. Oppure scrivete delle imitazioni dei vostri scrittori preferiti. Ma usate il racconto per trovare voi stessi. E quando vi siete trovati scrivete un romanzo, ma un romanzo breve, 130 pagine, non una di più. Poi sedetevi. E aspettate».

Frederick Forsyth

Il suo nome non è Bond, James Bond. Eppure, come lo 007 letterario e cinematografico, anche lui ha fatto l'agente segreto. Anzi: segretissimo, perché è riuscito a tenere nascosta questa sua seconda professione per tutta la vita, mentre svolgeva con successo la prima, quella di scrittore di thriller di spionaggio. Adesso sarebbe facile dire che il re della spy story, o almeno uno dei re di questo genere, si è ispirato a se stesso per le avventure che raccontava nei suoi libri. Ma nel caso di Frederick Forsyth sarebbe una mezza verità, o una mezza bugia. Una mezza bugia, perché i suoi romanzi sono sempre ispirati alla realtà, che si tratti del piano per assassinare il presidente francese de Gaulle, di un golpe orchestrato in Africa da una banda di mercenari, o della lotta al terrorismo di Al Qaeda. Una mezza verità, perché da quando Flaubert disse «Madame Bovary sono io» è chiaro che ogni romanziere parla di sé, o anche di sé, tanto più in questo caso, se si scopre che il re dei romanzi di spionaggio è stato una spia. A rivelarlo è lui stesso con il suo ultimo libro, *L'outsider*, pubblicato in contemporanea in una trentina di lingue. Un libro che non è un romanzo, bensì un'autobiografia, ma in cui le avventure abbondano lo stesso: quelle della vita dell'autore, finalmente raccontata senza reticenze. 'Ultimo' libro ha un doppio senso, come tutto, probabilmente, in un uomo abituato a fare il doppio gioco (due professioni, due mogli – seppure una alla volta –, due case, due macchine, due passioni: il volo e i viaggi, ma non, paradossalmente, lo scrivere, a sentire lui). Ultimo pubblicato, dopo una ventina fra romanzi, novelle e raccolte di racconti. E ultimo in assoluto: «Non ne scriverò più», confida seduto davanti a una tazza di tè in un albergo di Marylebone, il quartiere in cui risiede quando è a Londra. Il fisico da James Bond ce l'ha, nonostante i suoi 77 anni. Non resta che chiedergli qualcosa di più sui suoi segreti: la vita segreta da 007, il segreto per scrivere un best seller mondiale dietro l'altro, il segreto per ritirarsi al momento giusto.

Pensa di avere avuto una vita avventurosa, signor Forsyth?

«Beh, nel corso della mia esistenza sono sfuggito per un pelo alla collera di un trafficante d'armi ad Amburgo, sono stato mitragliato da un Mig durante la guerra civile nigeriana, sono atterrato in Guinea Bissau durante un golpe, sono stato arrestato dalla Stasi, inseguito dai combattenti nordirlandesi dell'Ira, sospettato dagli israeliani e portato a letto da un'affascinante agente cecoslovacca. Eppure non è che da piccolo sognassi una vita di avventure».

Che cosa sognava?

«Sognavo di volare e di girare il mondo e ho soddisfatto entrambi i sogni. Mi sono arruolato nella Raf e ho imparato a volare: era la strada più corta per farlo, non avendo i mezzi per comprarmi un Boeing. E poi mi sono per così dire arruolato nel giornalismo, prima nell'agenzia di stampa Reuters, quindi alla Bbc, con il preciso obiettivo di diventare un *foreign correspondent*, un corrispondente dall'estero, e il mondo l'ho girato perfino più di quanto immaginassi».

Non sognava anche di diventare uno scrittore?

«No. Non mi è mai neanche lontanamente passato per la testa. Stavo bene a fare l'inviato per la Bbc, ma a un certo punto sono rimasto senza lavoro. Avevo bisogno di soldi, un amico mi ha suggerito di provare a romanzare qualcuna delle cose che avevo visto come reporter. Ero appena stato in Francia, dove de Gaulle era sfuggito a un attentato. Così in 35 giorni ho buttato giù il manoscritto del *Giorno dello sciacallo*, il mio primo romanzo. Ma non pensavo che sarebbe stato pubblicato, tantomeno che diventasse un successo internazionale. Oggi so che hai una chance su 100 che pubblichino il tuo manoscritto, una su 1.000 che il libro vada bene, diventi un best seller. Si dice che la fortuna aiuta gli audaci, no? Ho avuto il coraggio dell'incoscienza e la fortuna evidentemente mi ha premiato».

Facciamo un passo indietro. Come le è capitato, tra giornalismo e romanzi, di diventare un agente del servizio segreto britannico?

«Ero tornato a Londra dalla Nigeria, da dove avevo scritto per la Reuters sulla guerra civile. Per caso ero diventato amico del presidente nigeriano di turno, quello che aveva preso temporaneamente il potere. Un giorno, in un pub, vicino a Piccadilly Circus, mi si avvicina un tizio e cominciamo a parlare. Me lo ritrovo davanti il giorno dopo, stesso pub, offre da bere. Dopo un po' mi dice: 'Non abbiamo nessuno in Africa che possa darci notizie sulla Nigeria'. Così sono stato assoldato».

E come veniva retribuito?

«L'ho sempre fatto gratuitamente».

Per patriottismo?

«Non credo».

Per amore del rischio? Per giocare a fare lo 007?

«Nemmeno. Le dico la verità: non c'è una ragione specifica. Come molte decisioni della mia vita, anche questa l'ho presa d'istinto. Mi pareva di non poter dire di no. Ma quella prima volta speravo di poter influire sul governo britannico con le mie informazioni. Speravo che ci sarebbe stato un intervento militare del nostro paese per evitare ulteriori sofferenze alla popolazione. Ma naturalmente non andò così».

Come andò?

«Tornai in Nigeria e cominciai a mandare informazioni. Le scrivevo con inchiostro simpatico su un foglio, sopra il quale scrivevo poi una seconda volta una serie di banalità, una specie di lettera a un amico. E poi chiedevo a un prete in partenza per Londra di spedirla a un certo indirizzo che mi era stato dato, quando fosse arrivato in Inghilterra».

Non c'erano sistemi più rapidi per comunicare?

«Macché. Gli articoli si trasmettevano con il telex e non c'erano nemmeno telefoni che funzionassero, tranne i pochi sotto il controllo del regime».

Non è strano che i servizi segreti usassero un giornalista invece dei propri agenti?

«Niente affatto. Gli agenti segreti hanno sempre bisogno di una copertura. Devono fingere di essere qualcun altro. Ebbene, non c'è copertura migliore della verità. Ero un giornalista in missione in Nigeria. Insospettabile».

Ma a un certo punto qualcuno sospettò di lei.

«Sì, un tedesco mise in giro la voce che lavoravo per i servizi segreti di Sua Maestà. Fortunatamente dopo un po' scomparve. Non ho mai ben saputo come. Forse i servizi di Sua Maestà ritennero di dovermi dare una mano».

Gliel'hanno data almeno un'altra volta, a Berlino Est.

«Ci ero andato per raccogliere informazioni per il mio secondo romanzo, *I mastini della guerra*. Volevo sapere di più sul traffico di armi e un amico mi aveva messo in contatto con un mercante di questo tipo. Finsi di essere un sudafricano che voleva acquistare mitra ed esplosivi. Ma evidentemente il mercante s'insospettì perché una sera ricevetti una telefonata nella mia camera d'albergo: 'Freddie, vattene, scappa più in fretta che puoi, vogliono farti la pelle'. E io fuggii senza neanche portarmi dietro la valigia».

Di chi era quella voce al telefono?

«Dell'MI6, suppongo. Il servizio di spionaggio britannico. Certo era qualcuno che mi conosceva. E che mi voleva bene. Forse decisero di restituirmi i favori che gli avevo fatto».

Quella volta il nemico voleva entrarle in camera da letto. Ma in almeno una circostanza le si infilò letteralmente sotto le coperte.

«Dentro il sacco a pelo, per la precisione. Ero a Praga e sapevo di essere pedinato dalla polizia cecoslovacca. Conobbi una bella ragazza in una birreria, me la portai dietro facendo di tutto per dileguarmi. Finimmo fuori città, davanti a un lago, sotto un cielo di stelle. Facemmo l'amore tutta la notte. A un certo punto, sentendomi al sicuro, ridacchiai che l'agente addetto al mio pedinamento doveva essersi perso nella foresta. 'Non proprio', rispose la ragazza, 'è qui sdraiato al tuo fianco'».

Quale è stata la sua missione di spionaggio più pericolosa?

«Mi chiesero di consegnare un plico a un informatore della Germania Est, a Dresda. Ci andai con la scusa di partecipare a una fiera di prodotti agricoli. L'MI6 aveva nascosto il plico in un apposito ripiano sotto il cofano della mia auto. Fu un lungo viaggio attraverso l'Europa. L'appuntamento con il 'colonnello', chiamiamolo così, era in una stazione di servizio. Andammo alla toilette, io chiuso in un gabinetto, lui in quello vicino. Feci passare il plico sotto la parete divisoria. Uscii, rimontai in macchina e accelerai per tornare a Berlino. Ma a una stazione di servizio successiva mi vidi venire incontro un'auto con agenti in borghese. La Stasi. Pensai che sapessero tutto e che mi avrebbero arrestato. 'Cosa fa qui, perché si è fermato?', domandarono. Ebbi un colpo di genio e dissi che non riuscivo a fare ripartire la macchina, potevano darci un'occhiata loro, visto che i tedeschi sono i migliori meccanici del mondo? Il complimento piacque, l'auto naturalmente ripartì e riuscii a tornare a Berlino senza problemi. Nel libro di memorie, quando racconto questo episodio, chiedo al lettore quale sia la gioia più grande della vita. Beh, per me fu passare sano e salvo il Checkpoint Charlie e rientrare in Germania Ovest».

E la sua missione più importante?

«Penso che fu in Sudafrica, nei primi anni Novanta, poco prima che cadesse il regime dell'apartheid. A Londra si aspettavano che Mandela avrebbe vinto le elezioni e sarebbe diventato presidente: lo accettavano. Ma erano preoccupati di quello che sarebbe accaduto alle sei bombe atomiche di cui disponeva il Sudafrica. Gliele aveva date Israele, in cambio della stretta collaborazione che esisteva allora fra i due paesi. Io c'ero stato tante volte come giornalista. Così ci tornai, ufficialmente per un safari, insieme ai miei figli. Alloggiavo nello stesso albergo di Pik Botha, l'allora ministro degli Esteri del governo dell'apartheid. Lo avvicinai durante una partita a golf. Intendevo fargli qualche domanda ma non ce ne fu bisogno. Sapeva benissimo chi fossi e perché fossi lì. 'Le atomiche le abbiamo distrutte, può dire a Londra di stare tranquilli', mi disse. E poi se ne andò ridacchiando a mettere la pallina in buca».

È vero, come scrive nel libro, che per tanti anni ha avuto come portafortuna un proiettile al collo?

«Sì. Mi aveva sfiorato i capelli, durante un golpe in Guinea, e si era conficcato sul muro alle mie spalle. Andai a estrarlo con un coltellino, tornato a Londra ne feci un amuleto sperando che mi avrebbe protetto da altre pallottole. Beh, è servito».

Ora non lo porta più?

«L'ho messo via quando ho smesso di collaborare con i servizi segreti. E di andare a fare ricerche per i miei libri in posti troppo pericolosi. L'ultimo è stato Mogadiscio, per vedere da vicino i signori della guerra somali. Ero con una guardia del corpo, un ex veterano delle Sas, ma ci siamo avvicinati un po' troppo. Dopo di allora, mia moglie mi ha detto di scegliere: o lei o i viaggi di ricerca. Ho scelto lei. Anche perché ormai mi restava solo da scrivere questo libro di memorie».

Perché lo spionaggio britannico ha la reputazione di essere il migliore del mondo?

«Perché l'impero britannico è stato per secoli la prima superpotenza mondiale e ha avuto bisogno di agenti segreti negli immensi territori che controllava».

E come sono quelli che lei ha conosciuto?

«Completamente diversi da James Bond, ovviamente. Lo 007 cinematografico fa di tutto per farsi notare: mette lo smoking, beve Martini, guida un'Aston Martin, ha al fianco donne da favola. Gli agenti veri fanno di tutto per passare inosservati. Sono tipi anonimi, che nessuno si volterebbe a guardare».

È proprio sicuro che questo sarà il suo ultimo libro?

«Sicurissimo. Scrivere è una fatica, anche se io scrivo in fretta. Produco un romanzo di 400 pagine in 40 giorni, dieci pagine al giorno, grazie al fatto che prima passo mesi a fare ricerche e quando comincio a scrivere so tutto quello che accadrà in ogni capitolo, anzi in ogni pagina. L'ho fatto per guadagnare e ho guadagnato più di quanto mi serve. Ora voglio riposarmi e godermela. Mi limiterò a tenere la mia rubrica settimanale sul 'Daily Express' e a scrivere articoli di tanto in tanto per altre pubblicazioni. In fondo mi sono sempre sentito più giornalista che scrittore».

E pure più giornalista che agente segreto?

«Certamente!».

Eppure, quando Jurij Andropov fu nominato segretario generale del Pcus all'inizio degli anni Ottanta, si sparse la voce che per meglio comprendere l'Occidente l'ex capo del Kgb leggesse romanzi di spionaggio. Uno dei suoi autori preferiti, si diceva a Mosca, era proprio lei: al punto che Andropov aveva ordinato agli agenti del Kgb di studiare i suoi libri come un testo da manuale. Vero? Falso? Non si è mai saputo con certezza. Ma l'indiscrezione, perlomeno, era credibile. Non a caso i suoi romanzi si basano sempre sulla realtà. Contengono informazioni che, se non sono autentiche, lo sembrano. Rivelano complotti che spesso sono il frutto delle indiscrezioni dei suoi molti amici nel mondo dell'intelligence. Da quando pubblicò *Il giorno dello sciacallo*, nel 1970, tutti i suoi libri sono diventati best seller internazionali. Prendiamone un altro, altrettanto famoso. Da dove nacque l'idea del *Quarto protocollo*?

«Da una cena con un amico. Il mio commensale stava dicendo che tutti i prodotti all'inizio sono enormi e costosi, ma col tempo diventano piccoli e più economici. Sicché posso dire che *Il quarto protocollo* è stato un libro profetico».

I suoi thriller hanno un metodo?

«Parto sempre da una domanda. Cosa succederebbe se...? E quando trovo una risposta, mi pongo un secondo quesito: sarebbe possibile, verosimile? Quindi comincia la fase di ricerca: leggo tutto quello che trovo sull'argomento, interrogo gli esperti, provo a raccogliere materiale anche inedito, fonti riservate, attraverso le mie conoscenze».

Un esempio?

«Il romanzo che scrissi dopo l'attacco all'America dell'11 settembre 2001, *Il vendicatore*. Sapevo che la Cia dava la caccia a criminali di guerra serbi. E sapevo che, per eliminare Osama bin Laden, erano stati esaminati piani spregiudicati, l'uso di intermediari, mercenari, sicari. La mia idea è stata collegare le due cose: un serbo ricercato e la caccia a bin Laden».

Come scrive?

«Per prima cosa c'è un'idea di poche righe. Quindi preparo una scaletta più articolata della storia che ho in mente: qualche appunto, un po' di nomi, il senso della trama. Poi butto giù una sinossi, all'incirca una pagina dattiloscritta, in cui riassumo la vicenda dall'inizio alla conclusione. Infine scrivo una pagina in cui racconto cosa accade in ogni capitolo. A quel punto sono pronto per iniziare la scrittura vera e propria. È un modo di procedere ordinato, metodico, da sceneggiatura cinematografica».

Ci sono delle regole, dei consigli?

«Se nella paginetta in cui sintetizzo un capitolo ho scritto che a un certo punto il protagonista farà a pugni con un avversario, nella stesura del capitolo quella scazzottata dovrà essere lunga una pagina intera o una pagina e mezza, dovrà sembrare realistica, dovrà avere colpi di scena in grado di non suonare stereotipati o già visti e di tenere viva l'attenzione del lettore. Insomma una rissa autentica, non messa lì tanto per riempire una pagina. E la stessa regola si applica a ogni altro momento della narrazione: un inseguimento in auto, una sparatoria, una scena d'amore, un killer che prende la mira aspettando di sparare al suo bersaglio. Perché un thriller funzioni serve tutto questo: la trama che avvince, personaggi seducenti e scene drammatiche».

Come definirebbe il thriller?

«Una forma di intrattenimento piuttosto popolare. Raramente i critici lo prendono sul serio. Forse hanno ragione loro. Qualche volta, un autore di questo genere entra nel pantheon dei grandi scrittori: Graham Greene, Hammett, Chandler, Simenon, per fare dei nomi. Di solito, tuttavia, succede quando sono morti: da vivi non ricevono altrettanta considerazione. Per me, *La spia che venne dal freddo* di John le Carré è un grande romanzo, l'equivalente di un classico. Un giorno forse lo dirà anche la critica».

Lei che posto ha nel pantheon degli autori di thriller? Che merito hanno i suoi romanzi?

«Sono un buon intrattenimento e questo è già molto. Ma se un merito ce l'hanno, se hanno un loro segno distintivo e particolare, il mio marchio di fabbrica è il realismo. I miei romanzi parlano del mondo delle spie e degli intrighi in maniera credibile. Non hanno nulla a che fare con gli 007 da fumetto, tipo il James Bond di Fleming. Descrivono gente vera, in situazioni che sono o potrebbero essere autentiche».

Situazioni di cui Frederick Forsyth sa indubbiamente qualcosa.

Zadie Smith

Se dici 'NW', a Londra capiscono subito cosa intendi: è il codice postale della zona Nord-Ovest (North West) della città. Ma c'è Nord-Ovest e Nord-Ovest: tutto dipende dalla cifra che viene dopo le due lettere. Hampstead, NW3 è il quartiere degli *champagne socialists*, come a Londra chiamano i radical chic: quelli di sinistra, intellettuali, ma con i soldi. Kilburn, NW6 è un quartiere popolare, abitato prevalentemente da immigrati irlandesi e afrocaraibici. *NW*, senza numeri di seguito, è anche il titolo del quarto romanzo di Zadie Smith, scrittrice anglogiamaicana considerata la stella letteraria della sua generazione in Gran Bretagna e non solo. A NW, Zadie ci è nata e cresciuta. A NW è ambientato pure il suo primo romanzo, *Denti bianchi*, scritto a 25 anni e diventato istantaneamente un best seller mondiale, cambiandole la vita. Da NW passano anche in qualche modo i due romanzi successivi e il quartiere ovviamente è il protagonista del quarto, come si capisce fin dal titolo. E a NW Zadie Smith abita tuttora, avendo comprato una casa in una stradina di un'area non tanto tempo fa degradata e pericolosa che sta gradualmente vivendo una *gentrification*, come si dice in gergo, si sta cioè imborghesendo. I dintorni in realtà non hanno nulla di borghese. L'esterno della casa può trarre in inganno: all'insegna dell'*understatement* inglese, dentro è assai più spaziosa, luminosa e attraente di come appare da fuori. Dalla finestra dello studio in cui Zadie lavora, al primo piano, invaso di libri e carte (sulla scrivania una guida dello Zambia, una biografia di Fred Astaire, una pila di altri libri, una foto di Virginia Woolf, una stampata di un saggio pieno di correzioni che sta finendo di sistemare e un computer portatile), si vede il giardino di sotto, in cui spiccano due belle palme, non proprio il tipo di albero che uno si aspetta a queste latitudini. «C'è anche un ulivo», dice lei, indicandolo, seduta alla poltroncina da lavoro con in testa il caratteristico fazzoletto diventato il suo distintivo, maglietta, jeans e scarpe basse, neanche un filo di trucco o un gioiello, senza tuttavia riuscire a nascondere una smagliante bellezza da top model. Molto mediterraneo, osservo: mi riferisco al giardino, non al suo aspetto, ovviamente. «Ma non li ho piantati io quegli alberi, ho trovato tutto così quando abbiamo comprato casa, dieci anni fa». Il plurale allude al marito, Nick Laird, scrittore e poeta irlandese; ora la famiglia include anche i loro due figli, di cinque e due anni, in questo momento al piano di sotto con la nanny.

Domando se è vero che è nata in una *council house*, gli alloggi popolari che lo Stato britannico assegna ai poveri, che molti a Londra considerano una specie di inferno. «Se si sporge dalla finestra, la vede», risponde. Il suo tragitto personale per arrivare al comfort che ora la circonda è stato lungo. Quello geografico si potrebbe attraversare in due minuti.

Dicono che da piccola volesse ballare il tip tap, diventare un'attrice, fare la cantante jazz, prima di sentire la chiamata della letteratura: come ha fatto tanta creatività a sprizzare fuori da un luogo che l'immaginario collettivo associa con droga, piccola criminalità e ragazze-madri?

«C'è molta più creatività nelle *council houses* che nelle case della classe medio-alta. Magari è creatività che non porta al successo, ma i miei compagni di giochi e di scuola erano tutti ragazzini dotati di fantasia e sogni. Quelli delle famiglie borghesi di Londra in genere aspirano a fare l'avvocato o il banchiere, e di solito finiscono per riuscirci. Non il massimo della creatività, mi pare».

Pare anche a me. Comunque come ha fatto, lei, a uscire da una *council house* e approdare a Cambridge, la più prestigiosa università d'Inghilterra e la seconda migliore del mondo?

«Studiando, credo. E forse grazie alla fortuna di un po' di talento».

Innato? Da dove le è venuto l'amore per i libri?

«Dai genitori. Mio padre, inglese, smise di andare a scuola a dodici anni ma adorava leggere, comprava tanti libri di seconda mano. E anche mia madre leggeva. A casa i libri non sono mai mancati. Mentre ricordo un compagno di classe, più agiato, figlio di assicuratori: a casa sua non ce n'era neanche uno».

È bastato leggerne tanti per essere ammessa a Cambridge?

«Devo essergli piaciuta nel colloquio selettivo. In matematica avevo un B[1]. In lettere prendevo voti molto più buoni. Hanno scommesso su di me».

E non hanno perso.

«Devo molto all'insegnante di lettere del liceo. Era laureato in letteratura al King's College di Cambridge, lo stesso a cui mi sono poi iscritta io, ed è venuto a insegnare in una scuola media di un quartiere operaio, a ragazzini di colore come me. Era un idealista. Nessuno dei compagni di studi che si sono laureati a Cambridge con me è andato a insegnare in una scuola».

I tempi sono cambiati. Oggi comanda il dio denaro. Com'era Cambridge, quando la frequentò lei?

«Era ancora gratis, intanto, ora costa 9.000 sterline[2] l'anno. Ciononostante ero l'unica ragazza nera del mio anno».

In questo, i tempi non sono tanto cambiati: pure a Oxford, l'anno scorso, c'era un solo nuovo iscritto nero. Il classismo britannico.

«Anni dopo la laurea, quando ero già affermata come scrittrice, sono stata invitata a tenere un discorso in una scuola privata di Londra, qui vicino. Era la prima volta che mettevo piede in una scuola privata. Tutto quello spazio, i campi per il rugby, gli allievi in uniforme. Mi arrabbiai così tanto che quasi non riuscii a parlare».

Manderà i suoi figli alle scuole private?

«No. Non per una scelta morale, ma perché penso che ad andarci perderebbero più di quello che guadagnerebbero».

Ma questa è anche una società meritocratica e lei ne è la prova vivente. Ho sentito dire che non ha mai riletto *Denti bianchi* e non rilegge volentieri i suoi libri.

---

[1] Equivalente al nostro 6,5/7.
[2] Circa 10.000 euro.

«Credo che pochi scrittori lo facciano. Vedi soltanto i difetti, le ingenuità, un altro te, qualcuno che non sei più».

Neanche Fellini voleva mai rivedere i propri film.

«Penso che nemmeno i musicisti riascoltino tutto il tempo la propria musica».

Fare un centro sensazionale con il primo libro a 25 anni può anche risultare una maledizione: ha sofferto un 'blocco dello scrittore', dopo *Denti bianchi*?

Scuote la testa. Accavalla le gambe. «Più che una mancanza di ispirazione su che cosa scrivere, un problema a trovare la forma giusta. Penso che il romanzo sia arrivato a un punto molto avanzato della propria esistenza. Molto è già stato fatto, in questo campo, e molto di buono. Non ho niente contro chi vuole continuare a scrivere secondo modelli già sperimentati. Ma a me non interessa. Oggi si pubblicano un sacco di libri inutili, non necessari. Perciò sono lenta a scrivere narrativa. Ho un paio di romanzi in fase di gestazione ma sarà ancora molto lunga, devo scegliere a quale dare la precedenza. Vado più veloce con la saggistica».

Ha scritto libri di successo proprio sulla morale del romanzo e sulla scrittura. Ha insegnato e insegna lei stessa scrittura creativa all'università. Com'era Harvard?

«Bellissima. Ma costa sessantamila dollari di iscrizione l'anno. Non ci va gente come ero io a vent'anni. O meglio, qualcuno sì, con le borse di studio: Harvard è così ricca che può permettersi di finanziare i meritevoli senza soldi. Non per nulla ci ha studiato Barack Obama, che non veniva certo da una famiglia ricca. Altre università americane non possono. Insegnare a Harvard, in ogni modo, mi ha curato dal mito di Harvard. È una torre d'avorio. Un piccolo mondo chiuso su se stesso».

Vedere un mito da vicino ti aiuta sempre a smontarlo: andare in Russia come giornalista mi avrebbe curato dal mito del comunismo, se ce l'avessi avuto.

«Ci sono stata anch'io, in Russia. Nel 1989. Con un programma di scambio scolastico. Le scuole di élite andavano in Francia o in Spagna. La nostra ci spedì per un mese a Mosca. Rimasi scioccata. La famiglia che mi ospitava era sconvolta quando vide che ero nera. La gente mi chiedeva se venivo dalla giungla. C'era un razzismo che non mi sarei mai aspettata. I compagni di classe russi bevevano vodka nella ricreazione, erano già mezzi alcolizzati. E avevano il mito della Thatcher e dei ristoranti McDonald's, che noi detestavamo. Quando li invitai a Londra e li portai in un supermarket, si misero a piangere davanti a tutta quella abbondanza».

Dovrebbe scriverci una storia, sul suo mese in Russia.

«Dovrei, ha ragione, è un'idea. Non pensavo più alla Russia da tanto tempo».

Adesso insegna alla New York University.

«Ci passo sei mesi o più all'anno. Abito in un appartamentino dell'università vicino a Washington Square Park».

Meglio New York o Londra?

«Adoro New York e la vita che faccio lì. È meno carica di ricordi e di responsabilità. Ma nei nostri piani ci sarebbe di vivere a Roma, anzi di tornare a viverci. Io e mio marito ci abbiamo passato due anni, prima che nascessero i figli. La scusa era che volevamo imparare l'italiano e un po' l'abbiamo imparato. Ma la ragione vera è che è la città più bella del mondo. Non me ne frega niente se rimani bloccato nel traffico e impazzisci per farti cambiare il telefono: è bellissima lo stesso. Se non ora, ci andrò a stare da vecchia. Ho tanti amici italiani. Abitavamo al quartiere Monti. Ci tornerei domani».

Parliamo di scrittori. Dico Dickens, e Zadie cosa pensa?

«La mia infanzia. Un grande, ovviamente, ma non lo rileggerei adesso».

Evelyn Waugh?

«Divertente e arguto, ma con idee pericolose. Se voglio ridere, preferisco Wodehouse».

Jane Austen?

«La regina del romanzo ben confezionato. Ma il suo mondo è troppo stabile».

Non ama più i classici?

«Forse li ho letti troppo all'università. Ma l'anno scorso ho letto per la prima volta *Delitto e castigo* di Dostoevskij. Il mio prediletto, fra i russi, tuttavia è Tolstoj».

Virginia Woolf, di cui ha la foto davanti agli occhi?

«Confesso che mi piace tutto quello che scrive, saggi, biografie, lettere, tranne i suoi romanzi».

Joyce?

«Meglio i *Racconti di Dublino* che l'*Ulisse*, per conto mio».

I contemporanei inglesi, Amis, Hornby, Coe?

Fa segno di sì, li legge, ma non sembra proprio entusiasta. «Michel Faber», dice dopo averci riflettuto un po', indicando uno dei libri nella pila sulla sua scrivania: è l'autore di *Il petalo cremisi e il bianco*, best seller dallo stile innovativo. Ma è uno scrittore che non scrive tanto. «Sì, è uno *slow writer*, uno scrittore lento, come me. Prima o poi scommetto che scriverà un altro grande libro come il *Petalo*».

Il suo autore della vita?

Ci pensa su. Ci ripensa. «Nabokov». Autore della vita quando lei era più giovane, precisa. All'epoca in cui divorava anche Milton, Shakespeare e la Bibbia.

Italiani?

«Elena Ferrante, molto brava».

L'ultima domanda è sulla Giamaica: che effetto le fa l'isola dei suoi avi?

«La prima volta che ci andai, da bambina, fu uno shock. Ero povera, ma non me ne ero mai resa conto, mi consideravo *middle class*. Davanti alla casa natia di mia madre in Giamaica capii da dove venivo, compresi che ero povera davvero. Adesso mi piace da pazzi, è un luogo incredibilmente bello. E le mie radici giamaicane sono sempre più forti, ora che mio padre è morto: i miei avevano divorziato quando ero ragazzina, mia madre si è messa con un giamaicano, è come avere di colpo due genitori neri. La Giamaica mi piace anche per questo, perché c'è gente come me, che mi somiglia, oltre a una fantastica energia nell'aria».

Deve averne importata un po' a NW, di quella energia.

Julian Fellowes

Quando Julian Alexander Kitchener-Fellowes, barone di West Stafford, membro della Camera dei Lord, entra nella brasserie alla moda di Chelsea in cui lo aspetta un giornalista, il capocameriere si sprofonda in un inchino, aiuta l'ospite a liberarsi del cappotto e lo accompagna al miglior tavolo. «Questo posto mi piaceva anche prima che venisse restaurato», dice Lord Fellowes davanti a una tazza di tè con un velo di latte. «Ma lo preferisco ora. Il personale della precedente gestione era terribilmente scortese. E la scortesia è un difetto insopportabile, non trova?». Come esordio sembra appropriato per l'autore di *Downton Abbey*, la miniserie tivù che ha conquistato il mondo riproponendo il classico dramma *upstairs*, *downstairs*: aristocrazia al piano di sopra, servitù a quello di sotto. L'impressione, tuttavia, è fuorviante. Il sessantaseienne scrittore inglese ha acquisito il titolo nobiliare solo nel 2011, per meriti artistici; e se nella sua splendida magione nel Dorset non mancano domestici, i soldi per comprarla li ha guadagnati di recente. «Il successo è arrivato tardi», ammette con candore, «e non mi aspetto che duri per sempre». Al momento, è difficile crederlo: dopo *Downton Abbey*, venduto in cento paesi, sono usciti *Doctor Thorne* (dal romanzo di Anthony Trollope), *School of Rock* (un musical nel West End), *Belgravia* (romanzo a puntate stile Dickens su telefonino) e non mancano altri progetti.

Qual è il segreto di tanta creatività, Lord Fellowes?

«Francamente, lo ignoro. Sono stato un uomo fortunato».

Il primo colpo di fortuna fu incontrare Robert Altman?

«Indubbiamente. Avevo 52 anni. Ero l'autore di dodici sceneggiature, tutte respinte. Pareva improbabile che il regista di

Mash e *Nashville* accettasse il mio copione per *Gosford Park*, il suo nuovo film in costume vittoriano. Invece lo prese, contro il parere degli studios. La svolta della mia carriera».

Con quel film vinse l'Oscar 2001 per la miglior sceneggiatura: che effetto le fece Hollywood?

«Un déjà-vu. C'ero già stato, per due anni, nella mia incarnazione precedente: come attore. Non andò molto bene. Mai mi sarei immaginato di tornarci con una statuetta in mano. Dopodiché *Gosford Park* è diventato l'ispirazione per *Downton Abbey*. Ha cambiato la mia vita».

Cosa significa arrivare tardi al successo?

«Resti con i piedi per terra. Ringrazi la sorte. Tanti scrittori di talento non hanno mai l'occasione giusta».

Pensava che *Downton Abbey* sarebbe piaciuto così tanto?

«Non lo pensava nessuno. Il *period drama* era considerato un genere morto. Invece era morto perché nessuno osava più proporlo».

Che cosa risponde a chi accusa *Downton Abbey* di snobismo?

«Che narra in eguale misura la vita degli aristocratici e quella della servitù, mentre nei romanzi o nei film del passato i servi non si vedevano, erano figure sullo sfondo – e questo era effettivamente snobismo. Più tardi, in era politicamente corretta, i servi dovevano essere tutti buoni e i padroni tutti cattivi. In *Downton Abbey*, invece, gli uni e gli altri sono persone normali, migliori o peggiori a seconda delle circostanze».

Conosce bene nobiltà e servitù dalla nascita?

«È un mondo che conosco solo per sentito dire, attraverso una prozia nobildonna. Mio padre aveva lontane origini aristocratiche, ha fatto il diplomatico, perciò sono nato al Cairo. Mia madre veniva dalla classe media. Tra le famiglie dei miei ci fu un po' di ruggine, all'inizio, per la differenza di classe».

L'Inghilterra è ancora classista?

«Un po' sì. Personalmente ritengo l'ineguaglianza un male tollerabile solo se riequilibrata dalla mobilità sociale».

Preferisce scrivere per il teatro, il cinema o la televisione?

«A teatro occorre uno sforzo per convincersi che due sedie sul palcoscenico non sono una finzione. Ho scritto e diretto film, quello a cui sono più affezionato è *Un giorno per sbaglio*, ma oggi prediligo la tivù. Gran parte del cinema, specie con grosso budget, si rivolge ai giovanissimi. La tivù invece parla agli adulti. E uno sceneggiato a puntate dà più tempo per sviluppare una vicenda».

Scriverà altri romanzi dopo *Un passato imperfetto*?

«Mi piacerebbe, ma adesso non ho il tempo».

Però ha tempo di scrivere su smartphone?

«È divertente. Con una applicazione interattiva per telefonino si fanno cose che Dickens non poteva permettersi. In fondo, *Belgravia* trasferisce gli ingredienti del feuilleton dell'Ottocento sul web. La rivoluzione digitale non ha ucciso la letteratura. Basta adeguarsi al mezzo».

È proprio finito, *Downton Abbey*?

«È possibile che ne faremo un film. Forse anche un musical».

Lei che attore era?

«Discreto. Ebbi una particina in un film di 007, ho condiviso un set con Catherine Deneuve, per un po' mi riconoscevano i tassisti. Ma negli anni Settanta andavano di moda gli attori inglesi alla Michael Caine e Alan Bates, con un aspetto da figli del popolo. Con il mio fisico, io beccavo sempre la parte del conte o del maggiordomo».

In *Downton Abbey* si sentirebbe più a suo agio come conte o maggiordomo? Al piano di sopra o al piano di sotto?

«All'incirca a metà delle scale».

P.D. James

Un equivoco mi ha condotto all'indirizzo sbagliato. La strada ha lo stesso nome di quella in cui dovevo andare, il numero civico è identico, eppure nel sontuoso palazzo londinese di quattro piani con telecamere a circuito chiuso e guardie di sicurezza a cui suono il campanello non abita, come risponde seccato un buttafuori con accento slavo, «nessuna Lady James». Quando più tardi racconto l'episodio all'indirizzo giusto, seduto su un divanetto a fiori, accanto alla baronessa Phillys Dorothy James, universalmente nota con le sole iniziali di P.D. James, la scrittrice scoppia a ridere[1]. «Ho avuto un discreto successo, ma non abbastanza da vivere nella magione di un oligarca, probabilmente russo», dice. Poi si fa seria: «Di sicuro, lei è stato filmato o fotografato, quando ha suonato il campanello. Non crederanno che sia andato lì per sbaglio. Penseranno che c'è sotto un complotto. L'avranno seguita fin qui, e quando uscirà, ricominceranno a pedinarla». È come ritrovarsi nella trama di uno dei suoi gialli. La 'Signora Omicidi', come qualcuno la chiama, ne ha scritti una ventina in quasi mezzo secolo, tutti diventati best seller internazionali: ha venduto un milione e mezzo di copie soltanto in Italia. Alla bella età di 89 anni ha pubblicato un nuovo thriller: *La paziente privata*. La storia comincia con una giornalista che decide di sottoporsi a chirurgia plastica per farsi togliere una cicatrice che fino a quel momento ha portato sul volto come un minaccioso memento. Ma dalla clinica immersa nella campagna del Dorset in cui va a farsi operare non uscirà viva, come l'autrice rivela fin dalle prime righe.

---

[1] P.D. James è deceduta il 27 novembre 2014.

Come le è venuto in mente di ambientare un romanzo nel mondo della chirurgia estetica?

«Volevo un ambiente medico, volevo un chirurgo e volevo una piccola clinica nel Dorset: la chirurgia plastica mi è sembrata la soluzione giusta. Però non so se uno scrittore può dire come gli vengono in mente le idee per i suoi libri. Non lo sa nemmeno l'autore con assoluta certezza».

Cosa pensa della moderna ossessione per la chirurgia estetica?

«Io non mi ci sottoporrei mai, questo è certo. La ricerca di un'eterna giovinezza e un'eterna bellezza è vana. Tuttavia il mio non è un giudizio morale: se una donna o un uomo vogliono rifarsi la faccia o il corpo, e spendere così i loro soldi, non ho niente in contrario».

Se non dà giudizi, c'è un messaggio in questa vicenda? Oppure voleva solo raccontare una storia?

«È una buona domanda. Non mi propongo di educare il lettore o spingerlo a fare determinate considerazioni. Eppure, ragionandoci ora, direi che questo libro esplora l'amore in tutte le sue varianti: l'amore ossessivo del chirurgo per la casa del Dorset, l'amore protettivo di un fratello per una sorella, l'amore lesbico tra due donne, l'amore dell'ispettore Adam Dalgliesh, mio personaggio ricorrente, ancora una volta incaricato delle indagini, per Emma, la donna che vorrebbe sposare».

Che cos'è dunque l'amore? Come lo definirebbe?

«Il sentimento più importante che un essere umano possa provare. È un profondo affetto disinteressato: amare davvero significa essere altruisti, non pretendere niente in cambio».

Finalmente ha fatto innamorare sul serio anche il suo ispettore, che nei romanzi del passato appariva piuttosto solitario. Dalgliesh è un poeta, ama la letteratura: non è poco realistico, come poliziotto?

«Sì. Ma tutti noi abbiamo in mente degli stereotipi su talune professioni, e una è appunto il poliziotto, che immaginiamo fatto in un certo modo. Ebbene, io ho lavorato per lungo tempo al Ministero degli Interni e posso dirle che tra gli alti gradi di Scotland Yard ci sono ufficiali di polizia di grande intelligenza, menti sofisticate, come è necessario che siano, per potersi misurare con una realtà sempre più complessa. Quindi il fatto che il mio ispettore ami la poesia è in fondo credibile. A mio avviso ne fa un personaggio meno scontato».

Quali sono, signora James, le regole per scrivere un buon thriller?

«La prima è scriverlo bene, ossia scrivere bene. Poi occorrono una trama forte, personaggi attraenti e uno scenario avvincente, combinando tutto ciò in una costruzione ben oliata. L'aspirazione, per me, è avere come modello Jane Austen per la trama, Graham Greene per lo stile ed Evelyn Waugh per i dialoghi. Che sono poi tre scrittori che ho amato molto e da cui sono stata molto influenzata».

Che opinione ha, invece, di un'altra grande 'Signora Omicidi' inglese, Agatha Christie?

«Non la metterei in una categoria molto alta come scrittrice, ma era bravissima a costruire un puzzle perfetto. Le sue trame non erano per niente realistiche, l'assassinio o la sua soluzione erano il risultato di coincidenze davvero eccezionali, ma era lo stesso grande intrattenimento. E poi ha creato un paio di personaggi di lunga vita e grande fascino, come Poirot e Miss Marple. Dei due, io prediligo la seconda».

Lei non ha mai pensato di creare una protagonista femminile per i suoi gialli?

«Se cominciassi a scriverli ora ci penserei di certo. Ma quando esordii, a fine anni Cinquanta, non c'erano donne nella polizia o tra i detective privati, non sarebbe stato credibile. Così ho iniziato a scrivere di poliziotti uomini e mi sono abituata a continuare con loro».

Il suo parere su un altro grande nome del romanzo giallo, Georges Simenon?

«Lui sì che è stato un grande scrittore. Un romanziere molto interessante. Le sue ambientazioni, in particolare, sono fantastiche».

E cosa pensa di Raymond Chandler?

«Sono una sua grande ammiratrice. Chandler, così come Hammett, sono stati tra i capofila di una scuola di detective story molto diversa da quella inglese classica. La polizia non era vista come l'eroe della situazione, ma spesso era un antagonista. I giallisti americani erano inoltre più critici verso la società di quanto lo fossero i loro colleghi inglesi del tempo. Hanno svolto, anche per questo, un ruolo importante».

Qual è il suo metodo di lavoro?

«Parto da un'idea, di solito da una località, e traccio uno schizzo della trama. Quindi faccio ricerche per circa un anno. Poi comincio a scrivere, a mano, la prima stesura, che detto alla mia fedele segretaria, che la stampa. E alla fine correggo e riscrivo sul dattiloscritto. In genere scrivo, sempre a mano, di primo mattino».

Dopo che la regina l'ha nominata un pari del regno, lei fa parte della Camera dei Lord: ci va spesso?

«Vorrei andarci di più. Cerco di non perdermi i voti importanti o quelli su questioni che mi interessano. La politica non mi dispiace, almeno lì dentro».

Avrà incontrato, alla Camera dei Lord, la baronessa Thatcher.

«Ogni tanto. Le ho stretto la mano, ma non stava troppo bene, non abbiamo parlato. La Thatcher quando era primo ministro ha commesso errori, ma ha cambiato l'Inghilterra. Ha avuto la fortuna di andare al potere al momento giusto».

E Tony Blair?

«Ha un grande fascino. Suscitava enormi aspettative. Ma ci ha portati in guerra sulla base di prove errate, poiché l'Iraq non aveva armi di distruzione di massa. E cosa c'è di peggio, per un leader, che portare il proprio paese in guerra per le ragioni sbagliate?».

Come vede oggi il suo paese?

«È molto cambiato rispetto a com'era quando io ero giovane. In parte per il meglio: c'era una miseria terribile, ricordo bambini che sgomitavano per un pezzo di pane. Ma oggi l'Inghilterra è meno gentile, meno unita e anche meno libera di un tempo, soffocata dall'ossessione per il politicamente corretto. Per uno scrittore, tuttavia, rimane piena di stimoli. Puoi imbatterti in un'idea per un romanzo a ogni angolo. Come è capitato anche a lei, poco fa, suonando il campanello sbagliato».

James G. Ballard

Uno sbadiglio ci seppellirà. Almeno a dar retta a James Graham Ballard, uno dei padri della fantascienza e della fantapolitica, che nei suoi romanzi si è divertito spesso a predire il mondo di domani e più di una volta ci ha preso. «Anche lei, naturalmente, è venuto fin qui per chiedermi come sarà il futuro, non è vero?», attacca scuotendo i lunghi capelli bianchi, già dall'aspetto simile a un profeta. «Ebbene, glielo riassumo in una parola: noioso. Il futuro del pianeta, almeno da noi in Occidente, sarà di una noia mortale». Gli si obietta che viviamo nella società dello spettacolo, dell'informazione 24 ore su 24, degli sms e di Internet e della tivù con centinaia di canali e che, insomma, il mondo odierno sembra capace di intrattenere e intrattenersi come mai era accaduto nei secoli precedenti. Ma Ballard scuote la testa: «Sì, viviamo schiavi dell'intrattenimento, ma non sappiamo cosa farcene. Passiamo da un canale all'altro, da una moda all'altra, da una vacanza di tre giorni alla successiva, e non c'è più niente che ci meravigli o ci entusiasmi. La verità è che quando abbiamo un po' di tempo libero l'unica cosa che ormai noi occidentali facciamo volentieri, quasi come automi, è lo shopping. Ecco cos'è e cosa sarà sempre di più il nostro pianeta: una comunità che compra cose di cui non ha bisogno, che può avere tutto ciò che è possibile immaginare per divertirsi ma si annoia a morte, perché ha perso il gusto della vita».

Nato a Shanghai nel 1930, prigioniero dei giapponesi dopo l'attacco di Pearl Harbor, laureato in medicina a Cambridge dopo la guerra, Ballard è autore di oltre venti romanzi e centinaia di racconti. Due dei più noti, *Crash* e *L'impero del sole*, hanno originato film di successo, firmati rispettivamente da David Cronenberg e Steven Spielberg. Poi è stato pubblicato *Millennium People*, una parabola a metà strada tra l'orwelliana finzione di *1984* e la cruda realtà successiva agli attentati dell'11 settembre 2001. In Italia è uscita una trilogia che raccoglie i suoi racconti, novelle, romanzi brevi (*Tutti i racconti, 1956-1996*). Da tempo, dopo aver girovagato per mezzo mondo, Ballard si è stabilito a Shepperton, una cittadina a sud degli sterminati sobborghi di Londra[1]. «È un buon posto per scrivere», dice, «e per capire come va il mondo».

E come va, visto da qui?

«Qui vicino passa la M25, il grande anello di circonvallazione esterna di Londra. Tutto attorno a questa superstrada c'è un agglomerato suburbano fatto di anonime villette e squallidi condomini di finto lusso, supermercati e centri commerciali, stazioni di benzina e cinema multisale, lavanderie a gettone e rosticcerie cinesi. La nuova Inghilterra è tutta qui, una realtà che non è più né città né campagna, una società usa-e-getta dove le relazioni personali non contano più, perché si sceglie un amico, un amante, una moglie come si sceglie una vacanza tutto compreso di cinque giorni in qualche località esotica di cui non capirai nulla, prima di ributtarsi nel folle tran-tran quotidiano...».

E lei in questa realtà trova l'ispirazione?

«Io ho sempre cercato l'ispirazione nella vita di tutti i giorni, in un mondo fatto di autostrade, supermercati, stazioni ferroviarie. Il mondo in cui vive la gente normale. Alcuni mi definiscono uno scrittore di fantascienza. Io non sono del tutto d'accordo, perché i miei romanzi mi sembrano più veristi, realisti, di quelli di tanti cosiddetti classici, come Kingsley Amis o Evelyn Waugh, che raccontavano un mondo elitario, assolutamente sconosciuto all'uomo della strada».

Cos'è per lei la fantascienza?

«Non mi è mai piaciuta la fantascienza all'americana, quella che esplora nuove galassie in un distante futuro. Ho sempre pensato che il pianeta da esplorare è la Terra, e che gli alieni, i mostri, siamo noi, gli uomini d'oggi. Lo spazio in cui cerco di entrare con i miei romanzi e racconti è uno spazio psicologico, quello siderale non mi interessa».

---

[1] James G. Ballard è deceduto il 19 aprile 2009.

Un tema ricorrente delle sue opere è la catastrofe, naturale o provocata dall'uomo. Perché?

«Perché la cronaca passa da una catastrofe all'altra. Provi a rileggere i titoli di prima pagina del suo giornale dell'ultimo anno: guerre, incidenti, sciagure, disastri continui. È sempre stato così, soltanto negli ultimi secoli di relativa pace e benessere in Occidente ce ne siamo un po' dimenticati. Quando arrivai a Londra dall'Estremo Oriente, da ragazzo, molti mi dicevano: che vita strana, avventurosa e pericolosa che hai avuto in Asia! Ma non era stata per niente strana. In Asia, nel Terzo Mondo, cioè nella maggior parte della Terra e per la maggior parte della popolazione mondiale, la vita è un susseguirsi di guerre, fame, malattie, inondazioni. La gente ci è abituata, fanno parte dell'esistenza. Le catastrofi non sono solo un tema ricorrente dei miei romanzi, sono un tema ricorrente della vita di questo mondo».

Come anche l'America ha avuto modo di ricordare, l'11 settembre 2001.

«Un giorno terribile per tutto il pianeta, che ha rovesciato la sua solidarietà sull'America. Ma con una differenza: l'Europa, il resto del mondo, sapevano benissimo cosa significasse un bombardamento dal cielo sulle proprie città, sulla popolazione civile. Tutti i nostri paesi, Italia, Inghilterra, Germania, Francia, l'hanno provato sulla propria pelle. L'America non lo sapeva e il suo shock è stato dunque più forte, più grave. Non lo sapeva, aggiungo io, ma forse se lo aspettava, perché quel tipo di attacco sembrava preso dal copione di uno dei tanti film catastrofisti usciti a Hollywood negli anni precedenti. Era come se l'11 settembre 2001 fosse già scritto nell'inconscio americano».

Un altro tema dei suoi romanzi è la decadenza della società contemporanea. Ne ha già accennato, parlando della noia. Dunque non vede nessuna speranza?

«Non vorrei apparire troppo cupo o passare per un profeta di sventure. Penso però che la società occidentale sia entrata in una fase molto pericolosa. La gente ha tutto quello che sognava da generazioni, una casa con tutti i comfort, l'automobile, la possibilità di viaggiare, e lo stesso non è felice. Anzi, sembra più infelice che mai. Non rimpiango il passato, non dico che si stesse meglio quando si viveva peggio. Ma certamente nel modo in cui viviamo oggi c'è qualcosa che non va».

E qual è il pericolo?

«Quando la gente non sa più cosa vuole possono nascere falsi dèi, piccoli messia, religiosi o politici, totalitarismi di nuovo genere, in apparenza meno violenti ma forse più efficaci nel controllare le coscienze. Come diceva Goya: il sonno della ragione genera mostri. L'uomo moderno sembra aver perso il senno, e qualcuno potrebbe approfittarne. O ne sta già approfittando».

A chi allude?

«Ai politici che fanno appello alle emozioni, anziché alla ragione. Come fece Hitler. Non voglio esagerare il pericolo, ma credo che il mondo debba esserne più consapevole, per poterlo affrontare».

L'Inghilterra ha una tradizione di romanzieri come lei, che si occupano, in modo anticonvenzionale, di fantascienza o fantapolitica, che scrutano il futuro: Aldous Huxley, George Orwell, William Golding...

«Forse dipende dal clima e dalla geografia. Non sto scherzando. Siamo una popolazione molto numerosa, su un'isola piuttosto piccola, piccolissima se consideriamo le regioni impervie del Nord, quasi disabitate. Siamo come i passeggeri di una nave o di una scialuppa, sbattuta dalle onde, che per farsi coraggio ascoltano i racconti di mare del nostromo. Che siamo noi scrittori».

Lei è considerato dalla critica un maestro del racconto breve. Chi sono i suoi modelli in questo campo?

«Il racconto mi piace perché è una specie di romanzo condensato, perché lo scrittore non può ricorrere a trucchi, non può permettersi di sbagliare nulla: nemmeno una pagina, un paragrafo, una riga. E poi forse è più adatto del romanzo a questa nostra era così rapida, effimera. I modelli che amo sono tanti, da Hemingway a Calvino. Ma uno che si erge su tutti per me è Kafka. Ecco cosa consiglio ai terrestri di oggi e di domani: se niente riesce più a divertirvi, leggete *La metamorfosi*. Con Kafka, lo garantisco, non vi annoierete».

J.K. Rowling

È lei? Non è lei? Sì che è lei, adesso non ho più dubbi: passandole accanto, con la scusa di andare alla toilette, ho spudoratamente allungato lo sguardo e mi è parso proprio di leggere il nome 'Harry', più volte sottolineato e collegato da freccette ad altri nomi, sul quaderno che la bionda signora tiene aperto sul tavolo, accanto a un giornale, «The Scotsman», ai resti di un cappuccino, a bottigliette di acqua minerale e succo di frutta. Non volevo crederci, ma il mio informatore non ha mentito: J.K. Rowling, la scrittrice più famosa del mondo, va ancora occasionalmente a scrivere nei caffè del suo quartiere, Merchiston, dieci minuti di auto dal centro di Edimburgo. L'informatore mi aveva avvertito che, diversamente da quanto accadrebbe a Londra, dove orde di paparazzi aspettano al varco vip veri o presunti di ogni categoria, gli abitanti di questa città rispettano la privacy delle celebrità locali: nessuno, quando Sean Connery viene a respirare l'aria di casa, lo ferma per chiedergli l'autografo; così come nessuno osa ora infastidire l'unica scrittrice miliardaria del pianeta, diventata più ricca della regina Elisabetta grazie ai proventi dei romanzi di Harry Potter.

Ma non era nata ricca, e nemmeno benestante, Joanne Kathleen Rowling. Cresciuta e laureatasi in letteratura in Inghilterra, a ventisei anni emigrò in cerca di un lavoro in Portogallo, dove insegnava inglese come lingua straniera in una scuola media. Sposò un giornalista televisivo portoghese, nel 1993 ebbero una figlia, quattro mesi più tardi il matrimonio andò in frantumi e J.K. rientrò in patria, a Edimburgo, dove abitava sua sorella minore. Era una ragazza madre, viveva di assistenza sociale, faceva qualche supplenza per mantenersi, e nel tempo libero scriveva la strana storia di un ragazzo che frequenta una scuola di magia: scriveva, per la precisione, in una lavanderia a gettone e in un ristorante cinese, Buffet King, su Nicolson Street, dove ancora oggi in suo onore chi entra con un libro in mano riceve uno sconto del dieci per cento, e in un paio di caffè locali. Scriveva dovunque, insomma, tranne che nel misero appartamento popolare passatole dallo Stato per ragioni di indigenza. Nel '97 uscì *Harry Potter e la pietra filosofale*, primo libro della serie: la tiratura iniziale era di appena cinquecento copie, poi un editore americano ne comprò i diritti, e il resto, come si suole dire, è storia.

Da allora sono passati anni, J.K. è rimasta a Edimburgo, ma la sua casa non è più misera: adesso è una palazzina di tre piani in stile georgiano ricoperta d'edera, circondata da uno spesso muro alto tre metri, con parco, telecamere mobili e checkpoint per controllare chi entra e chi esce. Al suo posto, probabilmente, chiunque farebbe altrettanto: anche perché un fanatico, in passato, si mise a pedinarla e lei temeva per l'incolumità propria e della figlia. Non molti scrittori, tuttavia, continuerebbero ad andare a scrivere nei caffè della zona, come si ostina a fare lei, sebbene più raramente di prima. Sarà la forza dell'abitudine o una forma di superstizione. Fatto sta che adesso, tornato dalla toilette, sono seduto anch'io a bere un cappuccino, anzi un 'frappuccino', ossia un frappè al cappuccino, una delle tante storpiature globali della nostra bevanda nazionale, a tre metri dalla leggendaria Rowling. Come i bravi scozzesi, fingo di ignorarla; ma attendo che prima o poi anche J.K., con tutto quel che ha bevuto, faccia un salto alla toilette, nella speranza che lasci sul tavolo il quaderno di appunti. Potrei darci una sbirciatina.

Aspettando che J.K. finisca il cappuccino e che il liquido produca l'effetto desiderato, faccio due passi fuori dal caffè, nel quartiere che sorge qui intorno. Magioni di pietra, giardinetti di cinta, scoiattoli che s'arrampicano sugli alberi, tappeti di foglie sul marciapiede: Merchiston sembra una deliziosa area residenziale, uno di quei luoghi prediletti dall'upper *middle class*, come se ne vedono in ogni città del mondo. Ma la seconda strada a destra, provenendo dal caffè in cui abbiamo lasciato J.K. a sorseggiare il cappuccino, ha una curiosa particolarità: vi abitano, a poche decine di metri l'uno dall'altro, quattro scrittori di certificata fama. Una è appunto la Rowling. Un altro è Ian Rankin, considerato oggi il migliore scrittore di noir britannico, autore dei thriller edimburghesi dell'ispettore Rebus, pluripremiati best seller internazionali. Un terzo è Alexander McCall Smith, quattro milioni di copie vendute tra la serie di romanzi su una stravagante investigatrice africana in Botswana e quella su una ancora più buffa detective-filosofa a Edimburgo, paragonata dai critici – quest'ultima – a una reincarnazione della Miss Marple di Agatha Christie. La quarta è Kate Atkinson, vincitrice del Whitebread Prize, uno dei più prestigiosi premi letterari del Regno Unito. Mi ero imbattuto in una tale concentrazione di scrittori per metro quadrato, prima d'ora, soltanto una volta: in Russia, quando abitai per un anno a Peredelkino, il villaggio degli scrittori alle porte di Mosca, dove visse il grande Boris Pasternak. Ma il villaggio degli scrittori lo aveva creato Stalin, forse per tenerli più agevolmente sotto controllo. Questa 'strada degli scrittori' a Edimburgo, invece, sembra prodotta dal caso. La coincidenza, bisogna ammettere, è bizzarra. Sicché, incuriosito, provo a bussare alla porta degli altri tre, che il checkpoint al cancello perlomeno non ce l'hanno.

Kate Atkinson è in viaggio, a promuovere il suo nuovo libro: un vicino di casa mi dice che si è trasferita qui solo un paio d'anni fa, dunque è l'ultima arrivata del quartetto. Alexander McCall Smith, prima di raggiungere la celebrità con i libri, era docente di medicina legale all'università di Edimburgo, ma niente in lui fa pensare alla macabra materia di cui si è occupato per tanto tempo professionalmente e di cui in certa misura continua a occuparsi scrivendo di delitti. I suoi gialli, per la verità, sono all'acqua di rose: paragonati dai critici a una tazza di tè o di cioccolata calda, come quella del titolo del suo *Amici, amanti e cioccolato*. «Abito su questa strada da ventun anni», dice con le maniere cortesi di un vecchio gentiluomo, «ci siamo venuti quando i nostri bambini erano piccoli e avevamo bisogno di più spazio. È un quartiere piacevole e tranquillo, in cui tutti si conoscono fra di loro e dunque ci conosciamo anche tra noi scrittori. Sono buon amico di Ian Rankin, che abita a due porte da me, ogni tanto ci incontriamo per caso, se uno rimane senza il sale o lo zucchero va a chiederlo all'altro, talvolta ceniamo insieme. Vedo meno spesso J.K. Rowling, ma sono orgoglioso di averla come vicina. Non so perché quattro scrittori siano finiti a vivere tutti nella stessa strada. So che Edimburgo è una città perfetta per uno scrittore: perché è un posto romantico, e gli scrittori amano i posti romantici, ci danno la sensazione che possa accadere di tutto».

Due porte più in là, pur senza la scusa di essere a corto di sale o di zucchero, varco il portone di Ian Rankin, che mi suggerisce subito di rifare i conti. «Gli scrittori di questa strada, in realtà, sono almeno sei. Ce ne sono altri due, Lin Anderson, che scrive gialli come me, e Nicole Merger, autore di libri per bambini. Io, però, non trovo la coincidenza tanto singolare. Gli scrittori fanno sempre comunella, come del resto la gente di cinema o di altre professioni: a Londra vai a Notting Hill e nello spazio di qualche isolato trovi Harold Pinter, P.D. James, Ian McEwan. Certo, in questa strada ci vediamo abbastanza spesso, due settimane fa ero a cena da J.K., ogni lunedì del mese facciamo una serata di *wine tasting* per assaggiare vini nuovi, sebbene a casa di Alexander la cosa si trasforma in un assaggio di whisky. Ma la verità è che tutta Edimburgo è una 'strada di scrittori'. L'Unesco l'ha recentemente nominata come sua prima 'Città della letteratura', ed è sempre stato così: qui è nato Robert Louis Stevenson, è vissuto Arthur Conan Doyle, sono passati Walter Scott, Daniel Defoe e Charles Dickens, per arrivare fino a Muriel Spark e Irvine Welsh ai giorni nostri. Sarà perché è una città misteriosa, e il mistero eccita la creatività e la fantasia, sarà per il tempo meteorologico, le notti bianche estive che ti fanno passare il sonno e venir voglia di restare alzato a scrivere tutta la notte, oppure la cupezza dell'inverno, quando è buio alle tre del pomeriggio e desideri solo chiuderti in casa. Fatto sta che gli scrittori, a Edimburgo, sono diventati perfino una risorsa turistica: ci sono due libri-guida ai luoghi letterari della città, e due tour guidati – uno in autobus, l'altro a piedi – alle case, alle strade, ai ritrovi, ai pub, ai caffè frequentati dagli scrittori, proprio come si fa a Hollywood con le stelle dello show business».

Il pensiero del caffè mi riporta al mistero di che fine farà Harry Potter nel quaderno su cui prendeva appunti la Rowling, sorseggiando un cappuccino dietro l'altro. Il suo, nel frattempo, è finito; e anche il mio. In omaggio al rispetto dei cittadini di Edimburgo per la privacy, non rivelerò come si chiama la strada degli scrittori, né il nome del caffè in cui va ancora ogni tanto J.K. a cercare l'ispirazione che le ha portato fortuna. Tantomeno dirò cosa c'è scritto sul quadernetto che la scrittrice tiene sul tavolino e a cui intendevo dare una fugace sbirciatina, al momento giusto. L'etica giornalistica, del resto, ogni tanto impone di rinunciare a uno scoop. Anche perché J.K., nonostante tutto quel che ha bevuto, non s'è mica ancora alzata per andare alla toilette.

Per incontrarla come giornalista, anziché come spia, devo aspettare che sia lei a venire a trovare me, per modo di dire, a Londra. «Tranne che per la morte di mia madre, non ho mai pianto per niente e per nessuno come quando ho finito di scrivere Harry Potter» è il suo esordio, e mentre lo dice J.K. sembra sul punto di commuoversi di nuovo. Ma l'autrice di maggiore successo del nostro tempo (400 milioni di copie vendute e 700 milioni di euro di guadagni, un patrimonio superiore a quello di Sua Maestà) non scoppia in lacrime: perché è venuta nella capitale ad annunciare la rinascita del maghetto, in forma digitale. Lunghi capelli biondi, vestitino corto e tacchi a spillo, la quarantacinquenne scrittrice inglese ha raggiunto Londra da Edimburgo per presentare Pottermore.com («Ancora Potter», alla lettera): un sito Internet interattivo e gratuito, in cui i suoi fan possono creare un profilo, leggere brani inediti scritti dalla Rowling e unirsi a Harry e compagni in nuove avventure, contribuendo al loro svolgimento.

Da dove arriva l'idea di questa iniziativa?

«Sono due anni che ci lavoro, insieme ai miei collaboratori. L'idea viene da una duplice esigenza che sentivo dopo avere messo la parola fine alla storia di Harry Potter: ringraziare milioni di lettori che si sono affezionati a Harry e al tempo stesso incoraggiarne altri alla lettura».

Perché ha scelto il web?

«Quando cominciai a scrivere *Harry Potter*, a inizio anni Novanta, non c'erano le possibilità di comunicazione che fornisce oggi Internet. Un sito interattivo permette di fare cose straordinarie. È un modo per giocare, leggere, dialogare, per fare tutte queste cose insieme. Volevo avvicinare ai miei libri, e ai libri in generale, la generazione degli internauti, e Pottermore mi sembra un modo ideale per farlo».

I brani inediti che si potranno leggere sul sito sono stati scritti da lei appositamente per Pottermore o fanno parte di appunti rimasti fuori dai libri?

«Metà e metà. In parte sono riflessioni, note, trame, che volevo inserire nei libri e per una ragione o per l'altra non vi hanno trovato posto: il background di certi personaggi, le descrizioni di luoghi, alcuni colpi di scena. In parte è materiale che ho scritto apposta per il sito. E che sto continuando a scrivere, perché per ora il sito conterrà soltanto riferimenti al primo libro, *Harry Potter e la pietra filosofale*, ma poco alla volta inseriremo anche tutti gli altri. Ho tratto enorme piacere dallo scrivere di Harry e degli altri personaggi per Pottermore».

E questo materiale inedito verrà prima o poi pubblicato pure in forma cartacea, come nuovo libro su Harry Potter?

«Può darsi. C'è l'idea di fare una *Enciclopedia di Harry Potter*, in cui includere anche il materiale del sito. Sarebbe un libro i cui proventi verrebbero destinati completamente a iniziative di beneficenza. Ma se la domanda allude anche ad altro...».

È chiaro a cosa allude.

«Allora dico che non ho mai pianto per niente e per nessuno, tranne che per la morte di mia madre, come quando ho finito di scrivere Harry Potter. Per nessun uomo o ragazzo ho pianto come quando ho messo fine alla sua storia, per tutto ciò che ha significato per me, per come ha cambiato la mia vita. Ricevo continue sollecitazioni a scrivere ancora su di lui, mi arrivano centinaia di lettere alla settimana dai suoi fan con richieste e perfino suggerimenti per nuovi spunti. Ma al momento non ho piani di scrivere un altro romanzo su Harry. Sono piuttosto sicura di avere chiuso su questo fronte».

In compenso adesso i sette libri di Harry si potranno leggere anche in versione ebook. A lei piace leggere libri su uno schermo?

«Io amo la carta, non posso negarlo. Ma penso anche che non si può e non si deve provare a fermare il progresso. Inoltre ho scoperto di persona quanto sia comodo e in effetti meraviglioso, specie quando hai dei figli, portarsi dietro, in viaggio o in vacanza, un'intera libreria su un piccolo lettore digitale. Dunque mi pare giusto che i libri si possano leggere anche in versione ebook».

Un'ultima domanda: aveva già il suo sito, jkrowling.com. Perché ha sentito il bisogno di crearne un altro con Pottermore?

«È vero, e il mio sito rimane, cerco di leggere il 99 per cento delle email che ricevo. Ma Internet è diventato una comunità immensa e volevo portarci dentro in modo più diretto anche il mondo di Harry Potter, che poi da sedici anni è il mio mondo. Io penso che Pottermore potrà sfruttare fino in fondo il potenziale del web: la gente avrà la possibilità di inviare contributi, consigli e disegni, ognuno saprà quando i suoi amici sono collegati e cosa stanno facendo, ciascuno lo vivrà in modo differente a seconda delle proprie caratteristiche e dei propri gusti. Se mi avessero raccontato che tutto ciò era possibile, quando cominciai a immaginare la storia di Harry, avrei detto che era una magia. Ecco, Pottermore è l'ultimo magico trucco del mio adorato Harry».

Hilary Mantel

Jane Austen, Virginia Woolf, Hilary Mantel. Sappiamo chi sono le prime due. Sembra arrivato il momento di conoscere meglio quella che secondo i critici inglesi è la terza donna più importante della letteratura inglese. «Che onore ritrovarmi in tale compagnia», si schermisce. Ma poi diventa seria: «Però, se lo dicono i critici, magari vuol dire che me lo merito». Nessuno, prima di lei, aveva mai vinto due volte il Booker Prize, più prestigioso premio letterario britannico. Nessuno, prima di lei, aveva mai vinto nello stesso anno il Booker e il Costa Award, più ricco premio letterario britannico. «È il più grande autore inglese vivente?», si domanda il «Daily Telegraph», dunque più grande anche di tanti scrittori maschi contemporanei, McEwan, Hornby, Amis, Coe? I lettori sembrano d'accordo: *Bring Up the Bodies* (in Italia esce con il titolo *Anna Bolena. Una questione di famiglia*), secondo volume della trilogia dedicata all'Inghilterra dei Tudor, di Enrico VIII, di Thomas Cromwell, è un best seller che in patria ha già venduto 250.000 copie in pochi mesi, è diventato uno sceneggiato televisivo e andrà in scena al teatro di Stratford-on-Avon, la città di Shakespeare. Una cosa è certa: successo e riconoscimenti si sono fatti attendere. Li ha raggiunti soltanto ora, a sessant'anni, dopo una lunga serie di libri che verranno certamente riscoperti e dopo una malattia che le ha provocato lunghe sofferenze. «Sento dire in giro che di premi ne ho vinti troppi», dice sprofondata in una poltrona della sua casa editrice londinese, «ma sa che le dico? Ho atteso tanto questo momento. Non mi vergogno che sia arrivato. Me lo godo».

Se li aspettava, i premi?

«Sono stati una sorpresa. Ma la sorpresa più grande è la reazione simile di critica e pubblico. Ero andata vicina a vincere premi importanti anche in passato. Le recensioni sui miei libri sono sempre state positive. Ma vendevo poco, forse perché cambiavo argomento a ogni romanzo. Avere tante frecce diverse nel proprio arco è secondo me un segno di forza, per uno scrittore, ma non necessariamente per il marketing. Con la trilogia sui Tudor, forse i lettori si sono fatti un'idea precisa di chi sono e di come scrivo».

Qualcuno si meraviglia che ci sia così tanto interesse per dei romanzi sull'Inghilterra del Cinquecento.

«Di solito si dice che Enrico VIII è una scusa per scrivere di sesso. E un po', con sei mogli, è vero e inevitabile. Ma nei miei libri racconto i Tudor da un punto di vista insolito, non assecondando le aspettative dei lettori».

Uno scrittore italiano, Alessandro Baricco, l'ha elogiata perché punta i riflettori non sul re ma su un personaggio di seconda fila, Cromwell. Perché l'ha scelto?

«Perché mi ha sempre affascinato. È un cattivo, un manipolatore, un assassino. È ai margini della storia, appunto, ma contribuisce a determinarne gli esiti. Enrico VIII è la grande icona del tempo, ma il potere reale passa attraverso Cromwell. Il re è un uomo intelligente, ma pigro, che ha bisogno di un grande cortigiano. Il potere dietro il trono, forse è anche questo aspetto che ha colpito i lettori».

Fare luce tra le ombre del potere: necessità che si sente anche ai giorni nostri.

«Gli storici, naturalmente, lo avevano già fatto. Ma il grande pubblico non legge i trattati di storia, mentre un romanzo è in grado di raggiungerlo».

Lei si è avvicinata a Cromwell leggendo i libri di storia?

«È accaduto molto prima. A scuola. Frequentavo un convento cattolico e ci veniva data una certa versione della storia, secondo cui Enrico VIII, il re che aveva rotto con la Chiesa di Roma, era un mostro, e il suo ministro Cromwell anche di più. Ero una bastian contraria fin da piccola e mi innamorai di quel personaggio da allora».

Singolare innamoramento per una ragazzina cattolica.

«Ho ricevuto una rigida educazione cattolica, ma non lo sono più. Potrei dire che ho smesso di esserlo proprio grazie agli anni di scuola».

E cosa la attirava in Anna Bolena, la protagonista femminile del suo romanzo?

«È l'archetipo della *femme fatale*. La giovane donna che ruba l'uomo potente alla moglie anziana. Un triangolo classico e crudele. Tutti lo conosciamo. Se digiti Anna Bolena su Google, trovi così tanto materiale che puoi pensare che sia successo la settimana scorsa, non cinque secoli fa. Nel Cinquecento è stata l'eroina del protestantesimo, poi l'eroina del femminismo. Per conto mio è sbagliato considerarla un'eroina, ma è anche sbagliato guardare a lei come a una vittima. Era una donna di potere, molto scaltra, spietata, che ha vissuto ed è morta in base alle regole che lei stessa si è data, che non ha mai nascosto il suo odio per Caterina, la prima moglie del re».

Cromwell un killer, Anna Bolena spietata, non è che le piacciono solo i cattivi?

«Mi piacciono le persone che sono ambiziose e pronte a giocarsi tutto per una posta importante. Mi piacciono quelli che rischiano, e sia Crowmell che Anna lo fanno».

Una parte della critica storce il naso davanti ai romanzi storici, sostenendo che si sa già come vanno a finire. Però nessuno ha mai rimproverato a Tolstoj di avere scritto *Guerra e pace*, anche se sapevamo che Napoleone sarebbe stato sconfitto.

«Si può andare ancora più indietro e dire che continuiamo ad andare a vedere Shakespeare senza aspettarci che *Amleto* avrà un lieto fine. Quello che importa è che cosa sentiamo dentro, noi e i personaggi sul palcoscenico o sulla pagina. Il trucco è persuadere il lettore a camminare a fianco di quei personaggi, entrare nel buio senza paura o preconcetti».

Lei viene lodata per il suo stile, non solo perché racconta i Tudor usando il tempo presente, ma perché scrive straordinariamente bene. Dove o come ha imparato?

«Da Shakespeare. Sembra un cliché, ma è così. Sono cresciuta in una casa senza libri, ma anche lì a un certo punto entrò non so come una vecchia edizione del *Giulio Cesare* di Shakespeare. Ricordo ancora quando lessi la scena in cui Marco Antonio, con il corpo di Cesare appena ucciso, spinge la folla contro Bruto e Cassio. Tutto quello che ho scritto viene da quella scena, il potere di un leader carismatico sulla folla, l'arte della retorica, il punto della svolta in cui tutto cambia».

Ma a parte il Bardo, chi l'ha ispirata?

«Ho letto di tutto, tanto, voracemente, storia, poesia, narrativa. Ma i miei contemporanei li ho letti tardi, solo quando ero già adulta».

Le piace Jane Austen?

«Mi piacciono la sua sottigliezza e il suo umorismo. Ma più di tutto, in *Orgoglio e pregiudizio*, mi piace la storia di Lidia, la sorella che scappa e ne combina di tutti i colori. Ha ragione lei, sono attirata più dai cattivi che dai buoni».

E Virginia Woolf?

«Amo i suoi diari, ma non i suoi romanzi. Mi interessa di più la sua vita che le sue storie. Leggendole divento impaziente, vorrei meno emozione, più azione. Ma forse non ero ancora pronta per la Woolf. Forse un giorno lo sarò».

Cosa ha di diverso una scrittrice da uno scrittore?

«Per conto mio, niente. Certo, quando scrivi trasporti sulla pagina una parte di te stesso. Ma la migliore scrittura avviene quando la tua personalità viene spazzata via. Ho letto di un famoso scrittore inglese che si fa mettere uno specchio davanti alla scrivania, mentre scrive. Ebbene io, al contrario, indosserei una maschera, per scomparire, diventare un'altra. Ma non ne ho bisogno, perché indosso una maschera virtuale».

Michel Faber

Chiudi gli occhi, lettore. Pensa a Sugar, la scandalosa prostituta dal cuore buono di *Il petalo cremisi e il bianco*, il romanzo del 2003 di Michel Faber definito da un critico «un libro che è ancora meglio del sesso», diventato un caso letterario e un best seller internazionale. Se l'hai letto, certamente non hai potuto dimenticarti di lei. Ebbene, quella giovane scatenata puttana è tornata. Sta fra le pagine di *Natale in Silver Street*, insieme ad altri personaggi del *Petalo*. È stata l'Einaudi, la casa editrice italiana dello scrittore, a convincerlo a occuparsi di nuovo di loro. Ma a te, lettore, tutto questo non interessa. Se hai letto il *Petalo*, e giunto all'ultima pagina hai ascoltato la voce di Sugar avvertire seducente «adesso devo proprio andare», ti preme soltanto riascoltarla, rincontrarla: perlomeno con la fantasia. Ebbene, devi avere pazienza. Per ora ti dovrai accontentare della voce di Michel Faber. La conosce bene, lui, quella ragazza indiavolata. Dunque chiudiamo gli occhi, pensiamo a Sugar e sentiamo cosa ne dice il suo creatore.

Come si è convinto a scrivere un seguito di *Il petalo cremisi e il bianco*? Molti lettori, e non pochi editori e critici, la incoraggiavano a farlo, ma se non sbaglio lei era contrario.

«I lettori chiedevano una continuazione del *Petalo*, un altro romanzo sulle successive avventure di Sugar e degli altri personaggi del primo. A me non andava e infatti non l'ho scritto. Ho scritto invece una serie di racconti che permettono di dare una sbirciata a quei personaggi in vari periodi delle loro vite. Per esempio vediamo Emmelina quando è una ragazza, molti anni prima dei fatti descritti nel *Petalo*. Ciò aumenta la comprensione del suo personaggio, senza dire cosa le accade esattamente alla fine del romanzo».

Eppure, grazie a questo nuovo libro, i lettori avranno un'idea di che fine fanno Sugar e Sophie. Il *Petalo* aveva un meraviglioso finale aperto. Significa che lei ha cambiato idea e ha deciso di chiuderlo?

«Niente affatto. Il lettore continuerà a ignorare che cosa accade alle due protagoniste, perché l'unica voce del nuovo libro che affronta la questione è quella del figlio di Sophie, ormai molto anziano, che negli anni Novanta ripensa al 1908. Le sue parole consentono di escludere gli scenari più pessimistici che i lettori potevano immaginare: che Sugar venisse arrestata e imprigionata, o che avviasse Sophie sulla strada della prostituzione. Ma non mi secca escludere tali possibilità. In cuor mio, sapevo che Sugar e Sophie se la sarebbero sostanzialmente cavata».

Pensa sia necessario aver letto *Il petalo cremisi e il bianco* per leggere *Natale in Silver Street*?

«Ho fatto del mio meglio affinché possa reggersi in piedi da solo, ma avere letto il *Petalo* gli aggiunge indubbiamente qualcosa».

È dedicato a due persone, sua moglie Eva e Henry Rackham.

«Henry Rackham è il fratello di William Rackham, cioè dell'amante di Sugar e padre di Sophie. Muore a metà del *Petalo*. Avrei voluto scrivere un capitolo su di lui nel nuovo libro, ma non è venuto fuori. Sophie però chiama suo figlio Henry, in nome dello zio defunto. Mi è sembrato giusto dedicare il libro anche a lui».

Torniamo ancora a Sugar. Col suo nuovo romanzo veniamo a sapere che, come dice lei, in qualche modo la ragazza se l'è cavata, ma ignoriamo come. Perché non darci qualcosa di più di questa giovane donna sensuale, coraggiosa, intelligente, affascinante, di cui chiunque ha letto il *Petalo* non ha avuto abbastanza?

«Perché l'esperienza di leggere il *Petalo* deve restare preziosa e misteriosa. E inoltre perché, dopo novecento pagine di quel romanzo, penso che Sugar abbia guadagnato il diritto di vivere una propria vita, libera e non osservata. Lasciamo che scompaia all'orizzonte!».

C'è un commovente momento cechoviano in *Natale in Sil-*

ver Street, quando William Rackham ricorda il giorno del 1875 trascorso con Sugar su una collina. Cito dal libro: «Che cosa guarda Sugar con tanta attenzione? La stessa cosa che guarda lui. E che cos'è? Tutto e niente. Lei ha come una febbre negli occhi; tradisce la consapevolezza di essere attorniata da troppa bellezza, del fatto che l'universo è troppo grande e gli uomini troppo piccoli. William vorrebbe dirle che la capisce». Ma poi nel libro non glielo dice.

«A William vengono offerti innumerevoli momenti cechoviani, nel corso della sua esistenza, e lui non li coglie o li fraintende tutti. Soltanto in una specie di stupefatto delirio si avvicina alla verità, ma lo stesso non è abbastanza vicino».

Forse per via del titolo, *Natale in Silver Street* può far pensare al *Canto di Natale* di Dickens. A differenza di Scrooge, alla fine William non diventa «un uomo così buono come mai poteva averne conosciuti quella buona vecchia città», ma si ha l'impressione che lei lo giudichi con un po' di simpatia in più.

«Nel *Petalo*, Rackham compie molti atti orribili: avevo la tentazione di vendicarmi di lui nel nuovo libro, facendone un vecchio ridicolo e odioso. Ma sono contento di essere riuscito a non maltrattarlo. Volevo far sentire il pathos della sua incapacità di esaminare sinceramente la propria vita. Non so se chiamerei questo simpatia. Ma è il riconoscimento che certa gente non può essere diversa da com'è».

A proposito del Natale: forse a lei questa festività non dispiace, come non dispiace a Sugar?

«No, lo trovo estremamente stressante! Ho avuto molti infelici Natali in vita mia. Ma, se il mio libro può fare apprezzare a qualcuno il Natale, ne sono lieto».

E quale sarebbe, a suo parere, un degno modo di celebrare il Natale? Comprare un pollo arrosto e un regalino a un bambino povero, come fa Sugar?

«L'episodio del Natale sottolinea le speranze e le vulnerabilità che si nascondono dietro il duro aspetto esteriore di alcune persone. Ciò vale per ogni periodo dell'anno. Quanto ai regali, invecchiando sono più incline a fare come mia moglie, donare regali ogni volta che abbiamo qualcosa da regalare, piuttosto che aspettare un'occasione speciale».

Il *Petalo* termina con un repentino addio: «Ma adesso devo proprio andare», sono le ultime parole del libro. Mentre si può dire, senza rivelare il finale al lettore, che *Natale in Silver Street* termina con Henry, il figlio di Sophie, che dice: «Tornate domani, e vi racconterò il resto. Tutto quello che volete ancora sapere, ve lo prometto». È la promessa che continuerà per sempre a scrivere su Sugar?

«No, è un esempio del mio umor nero. Alla fine del *Petalo*, al lettore viene rammentato ciò di cui la voce narrante lo aveva avvertito sin dall'inizio: che la relazione non sarebbe durata per sempre. È come un rapporto sessuale che va avanti per novecento pagine ma prima o poi deve concludersi. Ebbene, la conclusione del nuovo libro in realtà è simile. Ma a dirlo è un uomo di 92 anni, che si sente insolitamente esausto, mentre le infermiere lo mettono a dormire. Potete immaginarvi che non vivrà ancora a lungo e dunque come finirà la sua promessa».

Una domanda banale sul libro precedente: che cosa significa esattamente il titolo, *Il petalo cremisi e il bianco*? Si può dedurre dall'epigrafe, una canzone del 1880, che il bianco si riferisce alla purezza del giglio e alle «girls that are wanted», le ragazze che fanno voglia. Ma a cosa si riferisce il «petalo cremisi»? Al sangue? All'amore? Al peccato?

«A tutto questo e ad altro ancora. Mi piaceva inoltre l'idea dei due petali femminili, Agnes[1] e Sugar, che si muovono simbolicamente una verso l'altra. Agnes comincia tipicamente 'bianca', pura, virginale, ma le mestruazioni e un'orrenda ferita portano una grande quantità di 'cremisi' nella sua vita. Sugar comincia come la sessualmente immorale 'femmina scarlatta', ma finisce per diventare l'angelo custode di Agnes e per desiderare disperatamente di diventare rispettabile. William, naturalmente, schiaccia petali per mestiere: è un fabbricante di profumi. E il suo intento è schiacciare l'una e l'altra».

---

[1] È la moglie malata di William Rackham.

Certe scene dei suoi romanzi, nel *Petalo* come in *Sotto la pelle*, sono degne di un film dell'orrore, fanno salire la tensione.

«Io credo che la letteratura non debba essere noiosa. Bisogna dare ai lettori una ragione per andare avanti. Va benissimo per me voler affrontare questioni complesse, come il significato filosofico della libertà nella vita umana. Ma senza una trama attraente il lettore non percorrerà questo viaggio. Perciò faccio quello che posso per creare suspense e personaggi avvincenti».

Dalla prostituta Sugar nel *Petalo* all'aliena Isserley in *Sotto la pelle*, ci sono sempre donne al centro dei suoi romanzi: perché?

«Amo le donne, ma non mi considero una femmina nel corpo di uno scrittore maschio o qualcosa del genere. Un bravo scrittore dovrebbe saper scrivere indifferentemente dal punto di vista di un uomo, di una donna o di un bambino. La ragione per cui alcuni scrittori uomini scrivono in modo poco convincente sulle donne non è perché sono uomini, ma perché sono deboli come scrittori».

Lei è nato in Olanda, ha vissuto a lungo in Australia, poi si è trasferito in Scozia, dove vive in un'ex stazione ferroviaria abbandonata. Di che mondo si sente parte?

«Mi considero un europeo con un retroterra australiano. Non mi sento particolarmente britannico. Quando giro per la Scozia ho la sensazione di essere un alieno, mentre appena metto piede sull'Europa continentale sono a casa».

Il suo stile è misurato, preciso, ma al tempo stesso musicale e poetico. È istinto? Tecnica? Fatica?

«Mi fa piacere che si avverta la musica, è molto importante per me. È frutto dell'istinto, ma perfezionato e piallato da un duro lavoro. L'obiettivo sarebbe rendere ogni paragrafo come un brano musicale».

Come abbiamo visto, i suoi romanzi terminano spesso con un finale aperto. Perché predilige questo genere di epilogo?

«Perché mi sembra che tratti il lettore più come un adulto, lasciandogli immaginare il non detto della storia. E perché così posso illudere o illudermi che la mia storia, per così dire, continui a vivere per contro proprio».

Sophie Kinsella

Per raccontarla si può cominciare dalle cifre: un marito, due identità, cinque figli, ventiquattro libri, tradotti in quaranta nazioni, l'ultima delle quali è la Mongolia. Lo shopping fa vendere copie anche a Ulan Bator? «Evidentemente sì, tutto il mondo è paese e l'animo umano si somiglia ovunque», risponde ridendo Sophie Kinsella, che dell'andare a fare compere, più o meno ossessivamente, è il cantore ufficiale. I romanzi della serie *I love shopping...* l'hanno proiettata in pochi anni sull'olimpo della narrativa inglese contemporanea insieme a J.K. Rowling e Helen Fielding: tre donne, tre scrittrici che in fondo si somigliano. Una ci ha svelato con Harry Potter le fantasie dei nostri figli, l'altra ha sdoganato le fantasie romantiche con Bridget Jones e a Sophie è toccato illuminare l'irrefrenabile desiderio di fare acquisti con la sua alter ego Becky Bloomwood. Shopping a Londra, all'inizio, poi la saga è proseguita con shopping a New York, shopping a Hollywood, shopping con amiche, figli, consorte, fino al capitolo più recente, *I love shopping a Las Vegas*, a dimostrazione che nella città dei casinò si possono spendere soldi non solo al tavolo della roulette, del poker o del black-jack.

Seduta a un tavolino un po' meno d'azzardo, quello di un elegante caffè all'angolo di Pall Mall, la via dei club per gentiluomini di Londra, l'autrice non ha l'aspetto di una *shopaholic*, come si chiama in gergo chi ha una dipendenza dallo shopping: niente abiti firmati, gioielli vistosi, borsette voluminose. Né si presenta con quelle sporte colorate dei grandi magazzini alla moda che sono l'accessorio indispensabile delle *trophy wives*, le mogli-trofeo di banchieri e altri padroni dell'universo, il cui unico scopo o impegno nella vita sembra essere appunto quello di comprare,

comprare, comprare. Ha l'aspetto, piuttosto, di un'intellettuale, quale in effetti è, come conferma il suo curriculum: ottime scuole private femminili, quindi laurea a Oxford in Ppe, acronimo di Politics Philosophy Economy, il più sofisticato corso di studi dell'istruzione superiore inglese. A Oxford ha conosciuto il suo futuro sposo, che è stato per un paio di decenni preside di una scuola d'élite, prima di prepensionarsi e dedicarsi a fare, per così dire, il preside dei cinque figli nati dalla coppia: lui si occupa dei bambini ed è il manager della moglie, una azienda editoriale che funziona ormai come una fabbrica (di libri e di profitti).

Due identità: Sophie è il secondo nome di Madeleine Wickham, Kinsella è il cognome da nubile di sua madre. Come Madeleine Wickham, uscita da Oxford, ha fatto la giornalista finanziaria e ha pubblicato mezza dozzina di romanzi accolti piuttosto bene da pubblico e critica. A quel punto, però, ha avuto l'idea di cambiare registro, si è inventata lo pseudonimo Sophie Kinsella e con quello è diventata ricca e famosa.

Perché pubblicare con uno pseudonimo, se aveva già successo con il suo nome vero?

«Forse perché sono pazza? Oppure perché mi piacciono le sfide. Ma soprattutto per istinto, mi era venuta l'idea di un romanzo sullo shopping, volevo scrivere una commedia e credevo che avesse bisogno di un autore differente. Adesso che ci penso lo pseudonimo era anche una forma di protezione, non mi aspettavo che il libro andasse bene e in caso di fallimento avrei evitato di sentirmi schiacciata dalle critiche. Invece ha funzionato e a quel punto sono andata avanti».

Sullo shopping si può ridere, naturalmente, ma anche fare discorsi molto seri: siamo diventati una società prigioniera del consumismo, che compra in continuazione cose di cui non ha bisogno?

«Oggi lo siamo un po' meno di ieri, c'è più consapevolezza degli eccessi. Certo se la gente non consuma, dicono i politici, l'economia si ferma. D'altra parte lo shopping come dipendenza è una malattia, non meno nociva di altre dipendenze».

A lei piace fare shopping?

«Ammetto di sì, ma non sono una *shopaholic*. Lo ritengo un

piacere normale per ogni donna, e parecchi uomini, se appunto rientra nei confini della normalità, se non diventa un comportamento esagerato, compulsivo. Nel qual caso bisogna trattarlo con ironia e umorismo, l'arma migliore, secondo me, per affrontare i problemi della vita».

Non per niente si dice 'humour inglese': è questo paese che ci ha insegnato a sorridere, del prossimo e possibilmente di noi stessi. E tuttavia sorride o si sente offesa, quando la pagina che Wikipedia le dedica la descrive come la regina della *chick-lit*, la narrativa femminile, un genere dal recinto stretto e generalmente non considerato molto prestigioso?

«Cerco di reagire in modo positivo. Sono una persona pragmatica e tutto sommato quel termine riassume sinteticamente il tipo di libri che io scrivo: una narrativa contemporanea, con elementi comici e una protagonista femminile. Perché sentirsi insultati? Fosse per me, certo, preferirei che i miei libri non venissero categorizzati in alcun modo. E questo vale per tutti i libri: non sarebbe meglio lasciare che il lettore venga sorpreso, non sappia che cosa aspettarsi e poi decida da solo se è letteratura alta o bassa, leggera o pesante, femminile o maschile? Ma viviamo nell'era del marketing e i libri non possono sottrarsi, per cui serve metterci sopra l'etichetta. *Chick-lit*, dite? E va bene».

La sua letteratura preferita quale è stata?

«Jane Austen. Non certo un'autrice comica, ma che sa essere molto divertente e creare tanti indimenticabili personaggi femminili, dunque una grande maestra per me. E poi P.G. Wodehouse, che in verità ho scoperto solo di recente, trovandoci dentro molto dello spirito che anima anche i miei libri: una fuga ilare dalla realtà. E soprattutto Agatha Christie, per me la più grande scrittrice, o il più grande scrittore, di tutti i tempi».

Una scrittrice che, secondo i critici, non sapeva scrivere.

«Una scrittrice il cui stile non crea mai ostacoli alla storia da raccontare. Mentre oggi ci sono molti scrittori in cui la forma prevale sulla sostanza: scrivono benissimo, ma le storie che raccontano sono di una noia mortale, non succede niente».

Con tutti i libri che scrive, dove ha trovato il tempo (e le energie) per fare cinque figli?

«Credo nell'istituzione della famiglia», spiega cercando di finire il generoso breakfast (uova e spinaci) che ha ordinato. «I primi tre figli li abbiamo fatti subito, altri due dopo una pausa di sette anni. Adesso ne abbiamo di tutte le età, dai 17 ai 4 anni. Quest'estate, quando abbiamo fatto le vacanze in roulotte in California, sembravamo una scolaresca, ma è stato divertente».

Un marito perfetto, una famiglia perfetta, un successo perfetto… Qual è il segreto di tanta perfezione?

«L'organizzazione, anche se nel mio caso forse è eccessiva. Sono un po' maniacale. Ma, come dimostrano le mie scelte, ciò non mi impedisce di rischiare, di cercare strade nuove. Da ragazza studiavo musica e poi mi sono laureata in politica, filosofia ed economia. Scrivevo di finanza, anzi di pensioni, e poi ho deciso di mettermi alla prova con i romanzi. Ne ho pubblicati un po' e quindi ho deciso di cambiare nome e stile».

Dopo Las Vegas, quale sarà la prossima tappa di *I love shopping*?

«Ce l'ho già in mente, ma non voglio anticiparla».

Promette di ambientare almeno uno dei suoi libri nella capitale mondiale dello shopping, l'Italia, magari fra via Condotti e via Montenapoleone?

«Prometto».

Parliamo di un altro suo romanzo, *La signora dei funerali*, firmato con il suo vero nome, come quelli che pubblicava prima di diventare Sophie Kinsella. Perché reincarnarsi nella sua identità originale di scrittrice?

«Questione di stile. Adesso che molti mi conoscono come Sophie Kinsella, non volevo deludere i miei lettori facendo loro credere che anche questo libro avesse le caratteristiche di quelli sullo shopping. *La signora dei funerali* è una commedia brillante, ma a mio parere è più serio dei libri firmati Kinsella. Sebbene alcuni elementi siano in comune, preferisco tenere i due moduli distinti, distinguendo anche le autrici».

Evelyn Waugh l'ha fatto prima di lei, e anche il cinema, con

Quattro matrimoni e un funerale, ma le esequie non sono un argomento un po', come dire, funebre, per una commedia?

«Forse sì, ma noi inglesi amiamo le cerimonie formali, che si tratti di matrimoni o di funerali. Un'intera famiglia è riunita, attorno al defunto. Ed ecco che arriva qualcuno di inaspettato, che non avrebbe alcun motivo per essere lì, stringe mani, esprime cordoglio e in un attimo s'introduce nella vita di tutti i presenti, modificandola. È un buon punto di partenza per un romanzo».

Le sue protagoniste sono donne piuttosto rapaci, un po' frivole, insomma personaggi che inizialmente sembrano negativi. Perché?

«Perché mi piace provare a rovesciare le convenzioni. In genere, il protagonista ha tratti positivi, se non eroici: comunque deve essere simpatico al lettore. Le mie donne hanno dei difetti, lo ammetto, ma la sfida per me è, poco per volta, conquistare lo stesso la simpatia del lettore, dimostrare che sotto quella scorza dura c'è qualcosa di buono. E poi, più un personaggio è estremo, più si presta a una situazione da commedia».

Uscendo dalla narrativa, come vede le donne d'oggi?

«Come un esperimento senza precedenti. Le donne del passato badavano alla famiglia, ai figli, al focolare. Poi è venuta la generazione del femminismo, che ha predicato il contrario e ha prodotto donne come mia madre, che quando ero piccola mi diceva: non imparare a cucinare, non imparare a cucire, fregatene delle convenzioni. E ora ci siamo noi, le donne che, si suppone, devono avere tutto: la carriera, la famiglia, l'amore, i figli. Non è un'impresa facile».

Lei sembra esserci riuscita. Come si fa?

«Il consiglio che posso dare è questo: lasciate perdere le piccole cose, concentratevi su quelle importanti, che per voi contano davvero. Tenere in ordine la casa, per esempio, non è in testa alla lista delle mie attenzioni. E un altro consiglio è conservare il senso dell'umorismo, riuscire a riderci su, qualunque cosa accada. Ovviamente, prima di tutto è importante saper ridere di se stesse».

Questa è una cosa che voi inglesi, donne e uomini, sapete fare bene: nessuno scrive commedie brillanti come voi. Da dove viene questo talento?

«Forse fa parte del carattere nazionale. Ci viene insegnato fin da piccoli: è lo spirito dell'Inghilterra che resiste al blitz di Hitler, ma vede un lato comico in ogni situazione, anche la più seria. Un dono che si è tradotto in una vasta letteratura comica: il nostro celebre *sense of humour*».

Dove scrive i suoi romanzi?

«Il primo lo scribacchiavo sul treno che mi portava al lavoro, a Londra. Adesso li elaboro nei caffè, prendendo appunti, fino al momento in cui sono pronta a mettermi davanti al computer con tutta la storia chiara in testa».

Come J.K. Rowling...

«Forse dovremmo consigliarlo a tutti gli scrittori in crisi di creatività: andate a prendere un caffè».

William Boyd

Siamo davvero, fino in fondo, le persone che diciamo di essere? Oppure si cela, dentro ciascuno di noi, un'identità segreta, un doppio volto, un mister Hyde che, facendo capolino, potrebbe ribaltare la rassicurante immagine del dottor Jekyll? Sono i quesiti alla base di *Inquietudine* di William Boyd, uno degli scrittori inglesi di maggior fama e talento, un autore 'letterario' che stavolta ha imboccato la strada, per lui inedita, del giallo. Un thriller, va specificato, piuttosto particolare. Siamo nell'Inghilterra degli anni Settanta. Una madre confessa alla figlia di essere stata a lungo una spia. Un segreto legato al suo passato clandestino è tornato a minacciarla, la donna ha disperatamente bisogno di un complice, sua figlia è l'unica che può aiutarla. Ma di colpo la figlia vede la madre con occhi diversi. Chi è quella donna che credeva di conoscere tanto bene? Tutto ciò che sapeva della madre, perfino il nome, si è rivelato una menzogna. E così la figlia diventa diffidente, sospettosa, inquieta, nei confronti della madre e del vortice in cui insieme sprofondano, costretta a muoversi in un mondo di specchi in cui nulla è più quello che sembra, finendo per circondarsi di segreti e menzogne, assumendo anche lei un'identità occulta: come fanno, per l'appunto, le spie.

Il suo romanzo precedente, *Ogni cuore umano*, era una picaresca panoramica sulla vita, questo è una spy story, genere circoscritto, con regole precise. Come mai un simile cambiamento?

«Nel romanzo precedente cercavo di trasmettere il senso di un'esistenza, con i suoi alti e bassi, gioie e tragedie, periodi di noia e di eccitazione, la totale sottomissione alle forze del caso e della sorte: perciò aveva una narrazione deliberatamente vaga, multiforme, sfuggente. Quando ho cominciato a scrivere il nuovo romanzo desideravo creare qualcosa di completamente diverso: una storia ben congegnata, che funzionasse come un orologio, in cui ogni complessità fosse attentamente calibrata. Mi piace cambiare, rinnovarmi, mutare genere e pelle, o almeno provarci. Il bello di fare lo scrittore, per me, è in questo».

Da dove ha preso la trama?

«Dalla realtà. Facendo ricerche in biblioteca avevo scoperto un'operazione clandestina di cui non si sa molto: il piano intrapreso dal servizio segreto britannico nel 1940-1941 per convincere il governo e l'opinione pubblica americani, fino ad allora fortemente contrari a partecipare alla seconda guerra mondiale, a entrare nel conflitto accanto al Regno Unito contro la Germania nazista. Migliaia di agenti furono coinvolti in quella operazione. Ho immaginato che uno fosse una donna e che la sua vera identità venisse scoperta molti anni dopo dalla figlia, che fino a quel momento non aveva mai sospettato niente».

Perché questo improvviso interesse per lo spionaggio?

«Per noi inglesi, in verità, lo spionaggio è una specie di ossessione, forse perché la nostra storia abbonda di segreti e tradimenti. Ma l'aspetto dello spionaggio che più affascina me non è militare o politico, bensì psicologico. Il mondo di una spia è un mondo dove non ci si può fidare di nessuno: l'esatto contrario di una esistenza normale, in cui è pressoché impossibile vivere senza fidarsi, almeno un poco, del prossimo. Credo che perciò si sviluppi, in chi fa l'agente segreto, un processo deumanizzante: per diventare una spia è obbligato a essere sempre diffidente, inquieto. Da cui il titolo del libro».

Le piacciono i thriller?

«È un'etichetta sotto cui giacciono i libri più diversi. Molti scrittori si sono avventurati nel thriller. Graham Greene è un esempio: non lo si può certo definire un 'giallista', eppure i suoi romanzi vengono collocati in quel genere. Ma il thriller classico, per i miei gusti, è troppo preoccupato dalla trama. Io sono attirato di più da una situazione classica della spia: l'idea del cambiamento d'identità, della perdita d'identità. Che cosa significa abbandonare la propria e assumerne un'altra? Come si vive facendosi passare per un'altra persona? Che cosa si prova a scomparire, nascondersi, cancellare il proprio nome e il proprio passato?».

Negli ultimi due romanzi lei mescola realtà e finzione: come Zelig e Forrest Gump, i suoi personaggi immaginari incontrano o sfiorano personaggi realmente esistiti. Perché?

«Perché viviamo in un mondo dominato dai fatti, da notiziari 24 ore su 24, da statistiche, giornali, messaggi che ci bombardano in continuazione. La finzione, davanti a questo assillante assedio della realtà, può sembrare irreale, strana, insensata. Eppure nessuna forma artistica è meglio attrezzata del romanzo per cogliere le miriadi di complessità della vita umana. Diciamo che per rendere più reali e convincenti possibile le mie storie, io le condisco con fatti, storia, biografie autentiche».

Questo romanzo è narrato dal punto di vista di una donna, anzi di due, madre e figlia. È stato faticoso immedesimarsi in una mente femminile?

«L'ho fatto altre volte. Cambiare sesso è una sfida, ovviamente non è semplice, ma mi piace l'idea di provare a vedere il mondo con altri occhi, quelli dell'universo femminile. Del resto un aspetto del mestiere di romanziere è esercitare l'immaginazione, scrivere di esperienze che uno non ha veramente provato, vivere vite che non ha vissuto, e adottare il punto di vista di una donna fa parte di questo».

All'inizio del libro ha posto una epigrafe di Proust sull'inevitabilità e imprevedibilità della morte. Il messaggio della sua storia è questo?

«Il mio scopo era capire se le nostre esistenze ordinarie hanno qualcosa in comune con il tipo di inquietudine che prova l'agente segreto. La spia, o anche l'ex spia, si aspetta sempre di udire qualcuno che bussa alla porta nel cuore della notte: il nemico, o il passato, che vengono a chiedergli conto. Ma in fondo tutti noi temiamo e aspettiamo qualcosa di inevitabile, un tragico toc-toc alla porta nella notte: il momento della nostra morte. E, in particolare quando invecchiamo, la prospettiva inevitabile della fine colora sempre di più la nostra vita. Cominci a chiederti: quanto mi resta da vivere? Un giorno? Una settimana? Un anno? Un decennio? Due? Intendo dire che c'è qualcosa di fondamentalmente inquieto nella condizione umana, ed ecco perché ho usato quella citazione di Proust: lega perfettamente queste due forme di angoscia, quella delle spie e quella di tutti gli altri».

Lei è nato in Africa e ha avuto una vita assai avventurosa. C'è qualcosa di autobiografico in *Ogni cuore umano*, che racconta la storia di uno scrittore alla deriva da un continente all'altro?

«Sono nato in Ghana nel 1952, quando era ancora una colonia britannica. Mio padre era un medico specializzato in medicina tropicale: pensò che sarebbe stata una buona idea portare via la sua giovane moglie dall'Inghilterra dopo la seconda guerra mondiale e condurla ai tropici per un paio d'anni, ma finì per trascorrere in Africa tutta la vita. Crescendo in Ghana, e poi in Nigeria, in effetti, i miei primi vent'anni hanno avuto una bella dose di avventure. Ma non ho niente in comune col protagonista di *Ogni cuore umano*. Quello è uno scrittore tormentato e riluttante; io sono uno scrittore fortunato, felice di chiudersi nella propria stanza a scrivere, giorno dopo giorno».

Così felice e fortunato, in effetti, da vedersi affidare una missione impossibile e portarla a termine con successo. Nonostante la scorpacciata di storie che ce ne siamo fatti, il mondo non ne ha abbastanza di James Bond. Dopo dodici romanzi firmati dal suo creatore Ian Fleming, circa il doppio scritti da suoi più recenti epigoni e venticinque film tratti dai libri o sceneggiati su misura per il cinema, arriva in libreria un nuovo titolo della serie, *Solo*, ed è opera sua. Non avrete mai letto un Bond come questo. Vincitore di quasi tutti i premi letterari esistenti, dotato come pochi di un linguaggio terso, preciso e poetico al tempo stesso, Boyd ha costruito un personaggio, una trama e una tensione emotiva senza precedenti per questa saga che dura da più di mezzo secolo, ricaricando le batterie di un'icona che Hollywood aveva ridotto a un supereroe. Come è nato questo progetto? Si è candidato o è stato scelto?

«Non puoi candidarti per un'impresa simile. Vieni selezionato, proprio come gli agenti del servizio segreto britannico che una volta venivano reclutati con un tocchetto su una spalla. È stato del tutto inaspettato: mi ha chiamato il mio agente, che era stato contattato dagli eredi di Fleming, dicendomi che volevano me per scrivere un nuovo libro su 007, e ho accettato subito. Conoscevo bene i romanzi su Bond, avevo fatto comparire Fleming come personaggio in uno dei miei libri precedenti, era un segno del destino che ci incontrassimo».

A giudicare dalla sua età si può supporre che lei abbia visto Bond al cinema, prima di leggere un romanzo di Fleming.

«Invece no. Ho letto il mio primo Bond da ragazzo, a 13 anni: *Dalla Russia con amore*. E pensai che fosse il romanzo più eccitante, sexy, pieno di glamour, che avessi mai letto».

Ma che cosa pensa del Bond cinematografico?

«Ho visto tutti i film della serie. E sono un grande ammiratore di Daniel Craig, l'attuale interprete di 007, che è mio amico. Ma inevitabilmente, date le regole di Hollywood, il Bond del cinema è quasi un fumetto. L'agente 007 dei film è molto diverso da quello di Fleming. Quest'ultimo è un uomo problematico, complesso, con le sue debolezze, che commette errori. Con il passare degli anni, il Bond del cinema è diventato sempre più lontano da quello dei libri».

Come si è preparato a scrivere un nuovo Bond?

«Rileggendo in ordine cronologico tutti i libri di Fleming, analiticamente, con la matita in mano. Ogni dettaglio, nel mio libro, è ispirato da Fleming».

Come lo giudica come scrittore?

«Non è il più grande scrittore che ci sia. I suoi libri sono diseguali, si vedono pagine in cui l'autore ha perso entusiasmo. Tuttavia Fleming ha realizzato qualcosa di straordinario, creando un personaggio ancora amato dopo cinquant'anni, una figura iconica, come Sherlock Holmes. Non molti scrittori hanno fatto altrettanto».

Ha riletto i suoi libri, ma non ne ha certo imitato lo stile.

«Avrei rifiutato l'offerta, se mi avessero chiesto di farlo. Ma agli eredi andava bene che scrivessi di Bond nel mio stile».

Perché ha deciso di ambientare la sua storia nel 1969?

«Volevo che si svolgesse più o meno al tempo di Fleming, che è morto nel 1964: un tempo senza telefonini, Internet e social network. È il tempo della Guerra Fredda e anche della guerra civile in Nigeria, che ho conosciuto da vicino perché a quell'epoca vivevo in Africa con i miei genitori: perciò la storia comincia sullo sfondo di una guerra in un immaginario paese africano, uno scenario esotico e drammatico che ho potuto basare sulle mie esperienze dirette. Infine ho vividi ricordi della Londra del 1969, avevo 17 anni ma ho ben presente cos'era la Swinging London e ho riversato anche questa atmosfera nel libro».

Il titolo suggerisce che Bond a un certo punto si trova da solo a combattere la sfida decisiva. Anche per questa parte del libro ha trovato l'ispirazione in fatti realmente accaduti?

«I miei romanzi hanno sempre una trama molto complessa. Ho impiegato mesi a immaginare lo svolgimento di questa storia. Non sono partito dalla realtà, per quanto riguarda la seconda parte del libro, che si svolge in America, bensì da un'idea: quella della vendetta, un sentimento che può essere molto potente. Al di là della sua missione, Bond si ritrova a pensare: voglio farla pagare a questa gente».

Il libro comincia con Bond che sogna di essere in guerra, nel secondo conflitto mondiale. E ricorda di esserci stato davvero, partecipando a una delle imprese più eroiche del conflitto: lo sbarco in Normandia.

«Nei romanzi di Fleming, Bond è nato nel 1924 e dunque ha una ventina d'anni durante la guerra. Lo stesso Fleming ci informa che Bond ha combattuto alle Ardenne e altrove. Io l'ho collocato nel D-Day prendendo spunto da un episodio che riguarda Fleming, il quale lavorava nel servizio segreto durante la guerra e contribuì alla creazione di una speciale unità di commandos. Ebbene è proprio con quella unità che spedisco Bond allo sbarco in Normandia».

Che tipo è il suo Bond?

«Il Bond di Fleming non è inglese: è mezzo scozzese, mezzo svizzero. Questo già si sapeva, ma molti lo hanno dimenticato, per cui nell'immaginario collettivo Bond è un tipico inglese. Invece non lo è. E io ho cercato di mettere in mostra questa sua non-inglesità, facendone quasi un alieno nel tipico ambiente dei nostri servizi di spionaggio».

Come in ogni romanzo o film su 007 che si rispetti, anche nel suo non manca una *femme fatale*. Anzi, ce ne sono due.

«La novità è che, mentre una è un'africana molto più giovane di lui, l'altra è un'occidentale che ha la sua stessa età, circa 45 anni. Non l'età tipica delle donne di Bond. Volevo creare una donna autentica e una storia d'amore più matura. Diciamo che, a differenza di tante altre donne che ha avuto, 007 non si dimenticherà di questa. D'altronde il vero Bond, quello dei romanzi, è un uomo che cerca anche l'amore, non solo le avventure di sesso come quello dei film».

Reputa la spy story un genere letterario minore, come alcuni critici?

«Niente affatto. In primo luogo, la letteratura anglosassone abbonda di grandi scrittori che hanno pubblicato thriller: da Joseph Conrad a Graham Greene per finire con McEwan, Banville e naturalmente le Carré. Per me, inoltre, l'importante non è il genere letterario, ma il linguaggio. Certo, se segui gli stereotipi del genere, il romanzo di spionaggio diventa letteratura minore, puro intrattenimento. Ma se il linguaggio è letterario, vale quanto ogni altro romanzo».

Golden Eye, la villa di Fleming in Giamaica dove scrisse i libri su 007, è ora un albergo: è per caso andato lì a scrivere il suo, per entrare meglio nella parte?

«No, l'ho scritto tra la mia casa nel Sud della Francia e quella di Londra. Ma sapevo che Golden Eye è diventato un hotel, conosco gente che ci è stata e a questo punto ho la curiosità di andarci anch'io».

Dà l'impressione di essersi divertito a scrivere di James Bond.

«Molto».

Il suo romanzo su 007 finisce lasciando varie questioni aperte. Ne scriverà un altro?

«Lascio sempre questioni irrisolte alla fine dei miei libri, perché la vita è ambigua e raramente risolve tutto. Tuttavia penso che un Bond mi basti. Ho altri progetti per i prossimi libri. Se poi fra qualche anno gli eredi di Fleming tornassero a cercarmi, si vedrà. Mai dire mai, per citare James Bond».

Hanif Kureishi

«Ho scritto un diario tutti i giorni per quarant'anni, da quando ero un ragazzino a oggi, ma non penso affatto che sia un'abitudine antiquata e obsoleta. Al contrario, credo che oggi sempre più gente affidi i propri pensieri quotidiani a un quaderno, anche se non è necessariamente di carta e non è necessariamente un diario segreto, privato, bensì è pubblico, come Facebook, Twitter, i social network». Ma adesso anche i pensieri privati di Hanif Kureishi sono diventati un 'diario in pubblico': li ha acquistati per 100.000 sterline la British Library, l'eminente biblioteca nazionale britannica, uno dei custodi di libri, documenti e manoscritti più prestigiosi del mondo. Da qualche parte, nel ventre di questa futuristica balena di pietre rosse, come caduta dal cielo fra le vecchie casette vittoriane del centro di Londra, tra Bloomsbury, il quartiere di Virginia Woolf, e la stazione ferroviaria di King's Cross, bersaglio del tremendo attentato terroristico di quattro kamikaze islamici nel luglio del 2005, in qualche sala o seminterrato di questa immensa biblioteca, disegnata nel 1997 da un architetto modernista, Colin St. John Wilson, deciso a farne un monumento alla lettura e il più grande edificio costruito in Gran Bretagna nel XX secolo, fra la sua collezione sterminata di 150 milioni di volumi, riviste e artefatti risalenti fino al 300 a.C., ora ci sono solerti bibliotecari che stanno leggendo, ordinando e sistemando l'archivio personale dell'autore di Il Budda delle periferie, di My Beautiful Laundrette e di L'ultima parola (ispirato da V.S. Naipaul, suo padre letterario). È come una consacrazione per lo scrittore, sceneggiatore e commediografo anglopachistano che vent'anni or sono entrò come una furia nella cultura inglese, aprendo la strada a una narrativa più etnica, più globale, più ricca. «Lì dentro ci sono i manoscritti di tutte le mie opere, bozze di altre che non ho mai completato, lettere, appunti, fotografie, agende di appuntamenti e naturalmente c'è il mio diario, un *journal* che ho tenuto fino a pochi mesi or sono», dice lo scrittore davanti alla biblioteca che ha accolto tutta la sua opera. «Mi fa piacere che restino a Londra, perché questa, a dispetto delle origini asiatiche della mia famiglia, è la mia casa, il luogo che più amo».

È un ritorno a casa anche per un'altra ragione, l'acquisto del suo archivio da parte della British Library: in questo tempio della lettura, dello studio, dei libri, lei ebbe il suo primo impiego, non è vero?

«Avevo vent'anni, studiavo all'università e per guadagnare qualche soldo lavoravo alla biblioteca nazionale, che non era ancora questa, in cui ora riposano i miei scritti, ma una serie di edifici più piccoli, sparsi per la città, comunque in possesso di un'aura che per me aveva un'attrazione speciale. Era come per un bambino goloso di cioccolata ritrovarsi in una pasticceria».

Era in realtà perfino qualcosa di più: come per un bambino goloso di cioccolata potersi avvicinare al sogno di diventare un pasticcere. Il suo infatti non era soltanto amore per la letteratura: a 14 anni sognava già di fare il romanziere, come ora tutti possono scoprire leggendo la prima pagina del suo diario.

«Ho provato imbarazzo, un momento di vergogna, rileggendo quel brano. C'è ovviamente qualcosa di infantile in un bambino che dichiara quello che vuole fare da grande. Ma per me diventare uno scrittore era come per la maggioranza dei miei coetanei dell'epoca sognare di diventare una pop star o un calciatore. A 14 anni è normale avere sogni simili, direi anzi che è necessario. Io ho avuto l'incredibile fortuna di realizzare il mio. Quello che scrivo nel diario è vero e lo penso ancora: per realizzare un sogno devi lavorare duramente. Serve pure tanta fortuna, servono le circostanze giuste, ma senza impegno e determinazione non ce la farai mai. Anche se, ripensando ora a quel mio sogno infantile, quasi non riesco a credere che sia diventato realtà».

Kureishi sembrava destinato ad altro: diventare un negoziante, magari di un *corner shop* – quelle bottegucce che vendono giornali, dolciumi, sigarette, bibite, qualcosa da mangiare, un po' di cancelleria, un po' di tutto, che a Londra sono quasi esclusivamente gestite da pachistani –, oppure un *civil servant*, un funzionario pubblico, altra specificità del suo gruppo etnico. Viveva in una strada del Sud di Londra piena di immigrati asiatici, in un'Inghilterra che aveva governato sì un impero coloniale ma non era ancora multietnica, globalizzata e tollerante delle diversità com'è oggi. Insomma, era lontano dal mondo dei romanzi e degli editori come la Terra dalla Luna. Cominciò giovanissimo scrivendo raccontini porno sotto pseudonimo, poi drammi teatrali, quindi sceneggiature e con una di queste fece centro.

«La mia vita è cambiata con *My Beautiful Laundrette*, il film sulla piccola lavanderia che mi ha aiutato a farmi conoscere, ad affermarmi come scrittore».

Quindi è venuto il romanzo best seller, anzi long seller, perché continua a vendere, *Il Budda delle periferie*, sono arrivati i premi, il giro degli artisti, l'amicizia con David Bowie, Daniel Craig, Vanessa Redgrave. E attraverso tutto questo, lei ha continuato a scrivere il suo diario. Una moda ottocentesca entrata in disuso?

«Non direi. In disuso è entrato il modo in cui l'ho scritto io, a mano, su piccoli quaderni. Ma trovo che oggi la gente non fa altro che scrivere diari, pur non chiamandoli così. Tutti confessano emozioni, sentimenti, pensieri, alle pagine digitali di Facebook o di Twitter, a email e messaggini. Mi pare che non si è mai scritto così tanto in nessuna era precedente. Charles Dickens era noto per scrivere varie lettere al giorno, ma nel nostro tempo chiunque invia 50 o 100 email al giorno, senza contare tutti gli altri modi per esprimersi digitalmente. Scriviamo collettivamente il diario pubblico del nostro tempo. Prima o poi qualcuno dovrà raccoglierlo in un libro e pubblicarlo».

E il suo diario, meriterebbe di essere pubblicato?

«Non lo so. Non spetta a me deciderlo. Anche perché ne ho rilette solo poche righe. Non per pigrizia: è scritto con una grafia terribile, che io stesso fatico a decifrare».

Forse non l'ha riletto anche per il timore di quello che poteva trovarci dentro. La sua famiglia, i genitori, la moglie, i parenti, si sono sentiti strumentalizzati dai suoi libri. L'hanno accusata di averli messi alla berlina, ridicolizzati nel ruolo dei tipici immigrati pachistani.

«Non ricordo tutto quello che ho scritto nel diario. Ma posso dire che la Londra odierna è ben diversa da quella in cui sono cresciuto. È una città più gentile, più aperta, migliore. È ancora divisa in zone di estrema ricchezza e sacche di estrema povertà, ma è un posto in cui un figlio di immigrati pachistani, com'ero io, può sentirsi molto di più a casa propria».

Passiamo ad altro. «Una notte, proprio adesso che sono vecchio, malato, totalmente a secco di sperma e abbastanza pieno di problemi, li risento, quei rumori: non c'è dubbio, nella camera accanto alla mia stanno facendo l'amore». È l'inizio folgorante di *Uno zero*, il suo ultimo romanzo. Il sesso è sempre apparso, anche spregiudicatamente, nei suoi libri. Mai tanto e mai così spregiudicato, tuttavia, come in questo caso, seppure affrontato con la tradizionale ironia. Come definirlo? Un romanzo erotico, comico o tragicomico?

«Un thriller erotico all'humour nero. Più amaro che nero, in effetti».

Come è nata questa storia?

«Se fai lo scrittore e sei fortunato, ogni tanto qualcosa viene a parlarti dentro la testa. In questo caso mi ha visitato una voce: quella di un regista cinematografico anziano e in sedia a rotelle, che pensa al sesso ma ormai non può più farlo. Un personaggio che è una versione di me stesso con una ventina di anni in più e quando sono di un umore particolare».

Anche lei, come il protagonista del libro, ha una relazione con una donna più giovane e ha fatto cinema: c'è qualcosa di autobiografico?

«Non direttamente. O almeno non volutamente. Tutto quello che uno scrive, in certa misura, è autobiografico. Ma la fantasia permette di trasportare se stessi altrove. Prima di mettermi a scriverlo, ho guardato per un certo tempo dei noir anni Quaranta in bianco e nero, genere che amo molto. Ecco, volevo scrivere un giallo di questo tipo, un *B-movie*, come si dice nel gergo di

Hollywood, un classico film di serie B su un triangolo amoroso, il vecchio marito, la moglie più giovane e l'amante di lei che trama per portarsi via tutto: la donna, i soldi e la fama dell'altro».

È soprattutto un romanzo sul sesso?

«Sul desiderio e l'impossibilità di realizzarlo. Il sesso si svolge quasi esclusivamente nella mente del protagonista: lui non lo fa più e quello fatto dagli altri si limita a origliarlo attraverso le pareti di casa».

Però ci pensa di continuo.

«È un uomo libidinoso. Ma la libidine, per un artista, è un elemento della creatività. Eros è il suo dio, una divinità che per lui sprigiona esuberanza e gioia di vivere. L'erotismo fa parte della sua vita. È la vita stessa».

Trova che sia difficile scrivere di sesso?

«È difficile anche scrivere di un temporale».

Ma esiste un premio per il romanzo peggio scritto sul sesso, a sottolineare quanto sia difficile scriverne.

«Il problema è che un tempo il sesso non era da nessuna parte. Nella maggior parte della letteratura classica veniva alluso, evocato, mai espresso. Dov'è il sesso in Dickens? Quando ero ragazzo dovevo leggere Lawrence, *L'amante di Lady Chatterley*, per eccitarmi. Viceversa, oggi è dappertutto. Adesso basta andare sul web e si trova sesso in tutte le salse. È esplicito nei libri, nel marketing, nelle vetrine dei negozi, ne siamo continuamente bombardati».

Il suo libro potrebbe essere l'epilogo di *Lamento di Portnoy*: Roth raccontava il desiderio sessuale di un ragazzo, lei di un ottantenne.

«Quello di Roth è un romanzo meraviglioso, che dimostra come sia possibile affrontare anche questo argomento, il sesso appunto, con umorismo. In questo senso anche il mio, pur in tutt'altro scenario, cerca di seguire la stessa strada».

Quali altri romanzi sul sesso l'hanno ispirata?

«Naturalmente *Tropico del Cancro* e in pratica tutto Henry Miller, perché scriveva di sesso con sincerità, come è davvero».

E di *Cinquanta sfumature di grigio* che cosa pensa?

«Non l'ho letto. Ho visto parte del film che ne è stato tratto. Mi è parso un modo banale e ripetitivo di descrivere il sesso. Più che una celebrazione del sesso, direi che è una celebrazione dei soldi. Per me, invece, in queste pagine il sesso deve essere musica, danza, molto più di uno scambio genitale».

L'oggetto del desiderio, nel suo libro, è una donna di circa sessant'anni. Perché questa scelta?

«Perché i tempi sono cambiati. Quando ero giovane, un quarantenne, uomo o donna, appariva già vecchio. L'idea che una donna di sessant'anni potesse avere e suscitare desideri sessuali appariva impensabile, per non dire repulsiva. Ai giorni nostri, al contrario, il sesso non ha più confini di età, né per gli uomini, né per le donne. Sarà grazie al Viagra o perché la nostra generazione crede di poter rimanere giovane per sempre, ma ci comportiamo come se il sesso potesse accompagnarci sino alla fine dell'esistenza».

La recensione del «Guardian» ha individuato nel titolo inglese, *The Nothing*, una citazione di Shakespeare: il nulla sarebbe dunque l'organo sessuale femminile?

«Quale citazione di Shakespeare?».

Amleto chiede di adagiarsi sulle ginocchia di Ofelia, poi le domanda se pensa che la richiesta sia «cosa villana», lei risponde «Non penso nulla» e lui replica: «È un bel pensiero quello di adagiarsi fra le gambe delle fanciulle».

«Alla prossima intervista dirò che il mio titolo allude proprio a quello. Ma non è così. Il nulla è il sesso che Waldo non può più fare, ma anche quel che pensa dell'amante di sua moglie: un buono a niente, uno che non vale niente. E poi il nulla rappresenta anche l'opposto del sesso: la morte».

Il titolo italiano, *Uno zero*, cosa significa?

«È stato scelto dal bravissimo traduttore, Davide Tortorella, e dalla mia compagna Isabella. Può indicare il medesimo concetto del titolo inglese: essere uno zero, non valere niente. Oppure fare zero sesso. O anche un risultato calcistico: uno a zero per me. Ma per capire chi l'ha vinta, questa partita, bisogna arrivare all'ultima pagina».

Ecco, per concludere senza rivelare chi vince: l'uomo in sedia a rotelle che passa le giornate a guardare fuori dalla finestra è un voyeur? Discende da *La finestra sul cortile* di Hitchcock?

«Sono un grande fan di Hitchcock e inevitabilmente, scrivendo, avevo in testa il suo formidabile film con James Stewart. Con la differenza che il mio Waldo guarda fuori dalla finestra, ma il crimine avviene alle sue spalle, dentro casa. E l'allusione al voyeurismo è riferita a me più che al protagonista della storia: anch'io passo le giornate a guardare fuori dalla finestra. Gli altri escono, vanno a scuola o al lavoro, mentre lo scrittore resta al davanzale, a osservare la realtà che gli scorre davanti, a spiarla, alla ricerca di una storia da raccontare».

Alan Bennett

Buon compleanno, Alan Bennett! Come si sente a ottant'anni? «Bene, quando resto seduto. Un po' meno, quando mi alzo in piedi e cammino. Però nel complesso non mi lamento». Neanche nel salotto di casa sua, a Primrose Hill, il 'villaggio' di scrittori, artisti, cantanti e intellettuali di sinistra – in italiano sarebbe 'collina delle primule', ma per la vita un po' debosciata dei suoi abitanti, tra cui la modella Kate Moss e l'attore Jude Law, anni fa l'avevano soprannominata 'Promiscuity Hill', la collina della promiscuità –, nella parte nord di Londra, Alan Bennett riesce a trattenersi dal fare una battuta. Autoironica naturalmente: non per nulla un sottile umorismo è il marchio di fabbrica dell'autore di *Nudi e crudi*, *Signore e signori*, *La sovrana lettrice* e tanti altri libri piccoli e meno piccoli, tutti ugualmente deliziosi, che ne hanno fatto in un certo senso il 'grande vecchio' della narrativa inglese contemporanea. Ma il viaggio verso la fama letteraria è partito da molto lontano; né ci sono stati soltanto romanzi sul suo cammino. Gli propongo di ripercorrerlo insieme come omaggio alla età tonda e importante che ha appena raggiunto. «È la prima volta in vita mia che qualcuno ha prestato tanta attenzione alla mia data di nascita», osserva, minimizzando gli auguri che giornali, Bbc e accademia gli hanno tributato.

Per cominciare, è stato difficile, per il figlio di un macellaio di Leeds, arrivare fino a Oxford?

«Meno difficile di quanto sia oggi, credo. Io ci sono andato senza che i miei spendessero un soldo, ho fatto le scuole pubbliche, poi ho vinto una borsa di studio per l'università. Teoricamente questo è ancora possibile, ma l'università costa enormemente di più di un tempo[1], e anche se puoi farti dare i soldi della retta in prestito dallo Stato non mi piace che l'istruzione sia così dispendiosa, lo trovo ingiusto. Per questo faccio sentire la mia voce, per poco che conti, a favore delle scuole pubbliche e contro quelle private, che secondo me andrebbero vietate, perché perpetuano il classismo, una malattia della nostra società».

Come si trovò, a Oxford, il figlio del macellaio di provincia? Gli altri studenti lo snobbavano?

«Gli snob non mancavano. Ma dipendeva molto dal college in cui eri. Nel mio, Exeter, metà degli studenti provenivano da scuole statali come me. Riconoscevo i rampolli ricchi soltanto dall'accento. Non mi sentivo discriminato per le mie origini».

A Oxford ci studiò, e poi per un po' ci ha anche insegnato: storia medievale.

«Fu una scelta casuale, non è che mi piacesse particolarmente, ma l'insegnante di storia medievale era il migliore fra quelli che avevamo e perciò scelsi la sua materia. Avere un professore carismatico, per lo sviluppo di un giovane, è ancora più importante di quello che studia».

Studiò anche russo: ma lo ha davvero imparato?

«Ebbene sì. Fu durante il servizio militare. C'era la Guerra Fredda, qualcuno mi consigliò di iscrivermi al corso di russo e non me ne sono mai pentito: oltre ad avere appreso una bella lingua, mi mandarono a studiare a Cambridge, senza uniforme, stipendiato, anziché a combattere in Corea come capitò a certi miei commilitoni. Gli insegnanti erano tutti emigranti fuggiti dalla Russia zarista al tempo della rivoluzione bolscevica, con storie affascinanti da raccontare. E, una volta assimilati l'alfabeto cirillico e la grammatica, il russo si rivelò meno ostico del previsto».

La sua carriera accademica si interrompe quando sale sul palcoscenico universitario: in pratica per non discenderne più. Non era male, come attore, forse avrebbe potuto essere quella la sua arte?

---

[1] Circa 9.000 sterline l'anno.

«Non credo. Per diventare attori bisogna volerlo fortissimamente. Io non lo volevo neanche un po', comunque non abbastanza. Volevo scrivere, piuttosto».

E perché voleva scrivere?

«Non lo so. Era l'unica cosa che mi rendeva felice».

Da dove pensa che venisse il suo talento?

«Forse dal fatto che mio padre, pur essendo un macellaio, e mia madre, pur essendo una casalinga, portavano sempre me e mio fratello alla biblioteca pubblica e tornavamo a casa carichi di libri. Ho letto parecchio da ragazzo, ed è merito dei miei, che non desideravano certamente vedermi diventare macellaio».

All'inizio ha scritto molto per il teatro e per la televisione. Com'era il teatro inglese degli anni Cinquanta?

«Qualcosa di straordinario per un giovanotto come me. La mia prima commedia fu interpretata da John Gielgud e in sala a vederla c'era Noël Coward. Quando oggi racconto che dopo lo spettacolo incontrai Noël, la gente non ci crede, pensa che se uno ha conosciuto Coward dovrebbe essere già morto da un pezzo. Insomma, ho avuto la fortuna di lavorare a teatro nell'epoca dei grandi».

E in televisione lavorò con Dudley Moore, poi diventato una star del cinema di Hollywood, noto anche in Italia: che tipo era?

«Era una persona molto gentile e l'uomo con la vita sessuale più attiva che io abbia mai conosciuto. Aveva sempre la casa piena di ragazze, il problema è che alcune le ha poi sposate, non sempre con buoni risultati. E poi ha iniziato a bere un po' troppo».

In un'intervista alla Bbc per i suoi ottant'anni, ha detto di non dare troppa importanza alla propria opera letteraria, ma ha scatenato un'ondata di polemiche affermando che gli scrittori inglesi non le «dicono niente», preferisce quelli americani, in particolare Philip Roth. Pentito di essersi cacciato nei guai con i suoi colleghi?

«Era solo una frasetta detta soprapensiero in mezzo a un'ora di intervista, ma i giornali ne hanno fatto un caso. Mi rincresce se qualcuno si è sentito offeso. È vero, non leggo volentieri i miei contemporanei inglesi, preferisco la letteratura americana, ma leggo poco i contemporanei in generale, tutto qui».

A proposito di Roth, lei ci crede, come ha ribadito lo stesso autore americano, che si sia ritirato dall'attività e non scriverà più una riga?

«Mica tanto. È nel suo carattere, giocare con i media. Non mi meraviglierei se poi saltasse fuori un suo nuovo libro».

E lei continua a scrivere?

«Io sì».

Trova che con il tempo sia più facile o più difficile?

«È sempre difficile. Ma anche sempre piacevole. Non credo che potrei vivere senza».

Che consiglio darebbe a un giovane scrittore?

«Un consiglio pratico: tenere sempre a portata di mano un taccuino mentre legge, e anche quando non legge, per annotare un'idea, qualcosa che ha letto, una frase che ha sentito dire, così quando si mette a scrivere non fissa una pagina bianca e ha qualcosa da cui partire. E un altro consiglio. Non pensare che una vita comune sia priva di interesse. Le vite più ordinarie sono materiale da romanzo, parlo per esperienza personale».

Che opinione ha, a proposito di consigli per giovani che vogliono fare gli scrittori, delle scuole di scrittura creativa, così di moda oggi?

«Possono insegnare qualcosa sulla meccanica dello scrivere. Ma non basta. Nessuno può insegnarti la perseveranza necessaria a scrivere un romanzo».

Ha mai saputo se la regina ha letto uno dei suoi libri più famosi, *La sovrana lettrice*?

«Non ne ho idea. Purtroppo non ho conoscenze a cui chiederlo, all'interno della famiglia reale. Ma, se l'avesse letto, non credo si sarebbe sentita insultata, in fondo nel mio libro parlavo bene della nostra sovrana. Immaginavo solo che non leggesse molto».

Cambiamo argomento: che ne pensa del sesso?

«Che non importa più niente a nessuno di quello che fai. Quando sono andato a vivere in un villaggio dello Yorkshire con il mio partner[2], ero un po' preoccupato, ma i vicini mi hanno

---

[2] Un giornalista che dirige una rivista d'arredamento.

subito detto che ne avevano viste 'di peggio'. Parole testuali. Ma non siamo rimasti male, l'abbiamo trovato divertente. E poi è proprio così, oggi ognuno può fare quel che vuole, in materia di sesso». Se si vuole credere alle indiscrezioni lui ha dato l'esempio, intrattenendo per anni una relazione eterosessuale con la domestica che badava alla casetta dello Yorkshire, prima di privilegiare i rapporti con gli uomini. «Comunque non sono un crociato, uno che va sulle barricate», precisa, alludendo al fatto che non ha sbandierato la sua omosessualità.

Che dice del matrimonio gay fatto approvare dal governo Cameron?

«Non mi farà cambiare la mia idea su Cameron, che è pessima. Ma mi pare una cosa giusta, se due persone dello stesso sesso vogliono sposarsi, perché no? Il clero anglicano è contrario a che lo facciano in chiesa, ma che male ci sarebbe? In questo campo non mi meraviglierei se fosse papa Francesco a darci delle sorprese».

Parlando del papa viene spontanea un'altra domanda: lei crede in Dio?

«Non proprio. Il mio partner è ateo convinto. Negli anni che ho passato a scuola le lezioni iniziavano con preghiere e canti religiosi. È una cosa che mi è rimasta nelle ossa, che risuona in me, non riesco a disfarmene. Ed è il motivo per cui vado volentieri in chiesa, non per le funzioni, ma ne visito tante quando sono vuote. E nel cimitero di campagna dove sono sepolti i miei genitori sarò sepolto anch'io».

Lo sa che lei è molto popolare in Italia?

«Sì e mi fa più piacere che essere popolare in Inghilterra. Non capisco bene perché agli italiani piaccia il senso dell'umorismo di un inglese, ma ne sono felice. Ero un po' depresso, parlare con lei mi ha fatto tornare il buon umore. Se mi vede per strada, faccia un urlo per salutarmi, sono un po' duro d'orecchi».

Londra è inondata di un insolito sole: non è bella questa città?

«Sì, è bella, ma a me non dispiacerebbe trasferirmi altrove, nel Nord dell'Inghilterra. Lassù la gente è più cordiale. E si trovano ancora città a misura d'uomo. Oggi a Primrose Hill non c'è un ferramenta, un lattaio, un panettiere; trovi solo caffè alla moda e agenzie immobiliari. Siete fortunati nell'Europa al di là della Manica: nelle vostre città si può ancora uscire di casa a piedi e andare a comprare un pezzo di pane».

Oggi lei è considerato il più fine scrittore umorista inglese, eppure *Una vita come le altre* non racconta una storia particolarmente allegra.

«Beh, è la storia della mia famiglia, una storia a volte malinconica ma per molti aspetti comica. A me veniva anche da ridere, ricordandola e scrivendola».

Però, rovesciando il titolo di una celebre commedia sentimentale inglese di alcuni anni or sono, avrebbe anche potuto chiamare il suo romanzo *Quattro funerali e un matrimonio*.

«Ah, questo sì che sarebbe stato un titolo divertente! Non ci avevo pensato, sa? Eppure in effetti è proprio così: racconta il matrimonio dei miei genitori, ma anche i loro funerali e quelli di due mie care zie. Ora, un funerale può non sembrare l'argomento più adatto a una vena umoristica. E tuttavia Evelyn Waugh, nel *Caro estinto*, ha dimostrato che è possibile».

Il suo scopo in questo caso era far ridere, far piangere, o tutte e due le cose?

«Era ricordare una piccola vicenda, la mia e quella della mia famiglia, che forse può avere un significato per i lettori che si riconoscono nella vita familiare degli anni Cinquanta e Sessanta, e per i più giovani che, non conoscendola, possono esserne incuriositi».

Un critico inglese ha scritto che è un libro contro i mali della vecchiaia.

«In parte, ma non è un libro contro la vecchiaia. Casomai contro l'atteggiamento discriminatorio che sorge spesso verso i più anziani. Mio padre morì relativamente giovane e in fretta. Mia madre invece si è spenta poco a poco, con una lenta malattia, che ne ha minato gradualmente lo stato mentale. Però, finché le è funzionato il cervello, anche quando di anni ne aveva tanti, era un carattere istrionico, buffo, accattivante. Era molto istruttivo starla ad ascoltare, e questo dovrebbe valere per tutti gli anziani. Lo dico, naturalmente, perché adesso sono anziano anch'io, e vorrei essere ascoltato, specie dai giovani».

Trova che gli anziani non ricevano sufficiente rispetto, nella società odierna?

«Dipende: qui abbiamo una regina e un principe consorte più vecchi di me, ma nessuno si sognerebbe di non rispettarli, almeno in pubblico. Ma ci sono paesi in cui, secondo me, gli anziani sono trattati con più amore che in Inghilterra: per esempio in Italia. Forse perché da voi è ancora forte il senso della famiglia, mentre la nostra società si è da tempo americanizzata e ognuno è lasciato a cavarsela da solo».

Un altro critico nota che *Una vita come le altre* esalta la dignità delle vite anonime, delle esistenze di poco conto.

«I miei genitori erano persone così. Non pensavano di valere molto, ma non se ne dolevano. Non avevano grandi aspettative. Non avrebbero mai voluto finire in prima pagina. Oggi si pensa che, se uno non ha 15 minuti di fama, magari in tivù, è come se non esistesse. L'unica cosa di cui ho nostalgia, riguardo al passato, è questa capacità di essere contenti anche restando ai margini, senza bisogno di dare nell'occhio».

Questo è anche un libro sulla perdita dei genitori. Un grande scrittore e giornalista italiano, Giorgio Bocca, ha sostenuto: quando muore tua madre, capisci che il più vecchio sei tu.

«È una sensazione che ho condiviso, pur avendo un fratello maggiore. Forse solo in quel momento diventi davvero adulto».

Lei tornerebbe volentieri negli anni Cinquanta?

«Direi di no. Erano anni carichi di pregiudizi e tabù. Però non mi dispiacerebbe tornare alla Venezia del 1957, quando ci andai per la prima volta: era meravigliosa, ancora poco invasa di turisti, silenziosa e magica».

Lei era un laburista molto critico verso Blair, per la guerra in Iraq. Che pensa del premier che è venuto dopo, David Cameron?

«Dietro i suoi bei discorsi sulla 'grande società solidaristica' intravedo il vecchio progetto dei Tories di smantellare il welfare State».

Pare che Cameron abbia perlomeno riportato in auge le buone maniere: dice sempre *thank you* e *please*, a differenza di Gordon Brown che urlava e insultava tutti.

«Tendo a dubitare di un ritorno delle buone maniere. In tempi grami si diventa tutti più sgarbati. E della gentilezza dei politici, il cui mestiere spesso è fregare il prossimo, non mi fiderei troppo. Per me, buone maniere significa mettersi nei panni degli altri, ossia rispettare il punto di vista, le esigenze, i problemi altrui. Non conosco molti politici, o non politici, che lo facciano».

Chi ha buone maniere, allora, nella società d'oggi? I giornalisti no di certo, vero?

«La Bbc, perlomeno nei notiziari, è un modello di educazione e rispetto delle opinioni altrui. Per trovare gente così beneducata, fuori dal video, bisogna andare in provincia oppure venire a Primrose Hill, il mio quartiere londinese, dove tutti si conoscono, gli estranei si salutano con un *good morning* e i ragazzini aiutano le vecchiette ad attraversare la strada. Ha l'atmosfera di un villaggio, non di una capitale, e ci sto bene per questo».

Howard Jacobson

Si possono ancora scrivere romanzi che non siano cinquanta sfumature di sesso, noir svedesi, storie di vampiri, rivisitazioni dell'Inghilterra Tudor, confessioni di vite stravaganti o libri di cucina mascherati? È il dubbio che assilla Guy Ableman, scrittore ebreo inglese di mezza età la cui carriera sembra essersi arenata, deluso da un editore secondo cui la carta è totalmente obsoleta, dominato da una moglie che aspira a fargli concorrenza e attratto dal desiderio di portarsi a letto la suocera. Avete letto bene: la suocera. In *Prendete mia suocera*, Howard Jacobson, vincitore nel 2010 del Booker Prize, il più prestigioso premio letterario britannico, oscilla tra la commedia erotica e l'ironica denuncia dello stato della letteratura contemporanea, prigioniera del marketing, dei cliché, delle mode. «Quando uno scrittore scrive di scrittura, è nei pasticci», ammette per primo il suo protagonista. Ma in questo caso il suo stesso autore lo smentisce, dando alle stampe un romanzo avvincente, divertente e provocatorio, accolto dalla critica del suo paese come una dichiarazione d'amore alle donne, alla narrativa, all'umorismo, e già tradotto con successo in mezza Europa. «Il problema non è che nessuno scrive più buoni romanzi», si schermisce Jacobson. «Il problema è che nessuno sembra avere più voglia di leggerli».

La prima domanda non ha a che fare con lo stato della letteratura, ma con la suocera, figura classica della cultura italiana e anche di quella ebraica. È davvero possibile innamorarsene? C'è qualcosa di suo nell'ossessione del protagonista?

«Mi spiace deluderla: niente di autobiografico. La mia attuale suocera ha 101 anni, quindi è fuori discussione. Mi sono sposato tre volte e talvolta penso di avere avuto più fortuna con le suocere che con le mogli, ma innamorarsene è un altro discorso. Immaginare una love story con la suocera, tuttavia, mi ha permesso di capovolgere i luoghi comuni e le battutacce che circolano da sempre in questo campo. E poi volevo scrivere del fascino che può avere la donna matura. E della rivalità madri-figlie. E del disperato tentativo di fare qualcosa di scioccante in un'epoca che rifiuta di lasciarsi scioccare».

L'altro grande amore del suo protagonista è il romanzo. Il 'vero' romanzo, non la forma commerciale che così spesso occupa le classifiche dei best seller. È diventato più difficile scrivere romanzi di questo tipo?

«Sì, è diventato più difficile. Lo è sempre stato, anche ai tempi di Joyce e Conrad, ma dobbiamo riconoscere che la pressione commerciale è cresciuta, è sempre più forte, sofisticata e agguerrita, e rammaricarcene. Beninteso, ogni scrittore desidera il successo commerciale. Ma vorrebbe ottenerlo per quello che scrive, non perché dà ai lettori ciò che gli suggerisce il marketing».

Dal suo romanzo emerge la nostalgia per il tempo in cui i libri erano 'fonte di saggezza'. Fa venire in mente *Midnight in Paris* di Woody Allen: siamo condannati a vivere in un'era di progressi tecnologici e inarrestabile declino artistico?

«In realtà non c'è mai stata un'epoca in cui la vita non sembrasse culturalmente o moralmente in declino. Credere che siamo in declino è una necessità umana. Adamo ed Eva, prima famiglia della storia, espulsi dall'Eden, avrebbero avuto nostalgia di un passato paradisiaco: e con qualche ragione. Ora, io sono totalmente favorevole al progresso tecnologico, ne faccio pieno uso e ritengo che renda la vita più semplice. Ma sono altrettanto convinto che ci danneggi vivere attraverso uno schermo digitale. E che Internet, con tutti i suoi benefici, sia un nemico della lettura e della parola. Non è solo il fatto che oggi leggiamo più velocemente e con più impazienza. È che leggiamo con diverse aspettative. Vogliamo informazioni. Vogliamo chiarezza. Ma la letteratura non è informazione né chiarezza».

A un certo punto il protagonista del libro fa una distinzione fra 'trama' e 'storia'. Lei come le categorizza?

«Non si può scrivere se non hai una storia da raccontare. Se una persona ti guarda negli occhi, hai una storia. Quando un personaggio si alza da letto e si trasforma in uno scarafaggio, è una storia. E io amo le storie. La trama invece è macchinazione e svolgimento: omicidio, mistero, suspense. Tutte cose in cui non ho il minimo interesse. Non ho mai letto un thriller solo perché fa gelare il sangue».

Lo scrittore che scrive un romanzo su uno scrittore che scrive un romanzo, con in più una stretta somiglianza tra autore e personaggio, ha molti precedenti, alcuni disastrosi, altri riusciti, come *Tropico del Cancro* di Henry Miller. Non aveva paura ad attraversare un simile campo minato?

«Henry Miller è lo scrittore preferito del mio protagonista, non il mio: personalmente prediligo Jane Austen. Ma i romanzi su scrittori che scrivono romanzi sono dei disastri quando si prendono sul serio, quando sono pomposi e autocelebrativi. Il mio obiettivo era far ridere davanti allo stress dello scrivere, tirando contemporaneamente qualche cazzotto al funzionamento dell'odierna industria editoriale. Era rischioso, ma camminare su un campo minato mi attirava».

Perché gli autori di origine ebraica sembrano avere una predisposizione per scrivere racconti umoristici e di sesso?

«Forse perché sappiamo per esperienza, personale o familiare, che la vita è più tragica che buffa. Quanto al sesso, penso che ne scriviamo con più accanimento di altri perché lo consideriamo una faccenda maledettamente seria, anche quando pare che ne sorridiamo».

Molte volte è sembrato che il romanzo fosse condannato a scomparire, a causa della radio, del cinema, della tivù, ed è sempre sopravvissuto. Sopravvivrà a Internet?

«Non temo per la salute del romanzo in sé: ne vengono ancora scritti di fantastici. Temo per i lettori. Se continueremo a perdere la capacità di leggere, chi comprerà quei fantastici romanzi? Ci sono ancora dei buoni scrittori. Il problema odierno è trovare dei buoni lettori».

Che cosa significa vincere il Booker a 68 anni, come le è accaduto nel 2010?

«Non c'è momento migliore. Vincerlo quando sei giovane comporta un terribile onere: da quel momento dovrai provare quello che vali, sarai esaminato sotto la lente di ingrandimento per ogni libro successivo al fine di verificare se lo hai vinto per caso o per sbaglio. Ma quando lo vinci dopo avere già scritto tanto e alla mia età, non devi dimostrare più niente. Anzi, il premio riflette una luce benigna anche sui tuoi libri precedenti. Ringrazi e incassi, tutto qui».

Peter James

In principio c'era Sherlock Holmes. Poi è venuta Miss Marple.
E da questa prolifica coppia sono nate generazioni di imitatori e
seguaci sparsi per il mondo. Ma la detective story, o thriller, noir,
giallo, come si dice da noi, ha le sue solide radici in Inghilterra e
qui mantiene un florido vivaio, una fonte inesauribile di nipoti
e pronipoti dell'investigatore con la pipa, il buffo cappellino e il
gusto della deduzione. È il caso di Peter James, ultrasessantenne
autore di una trentina di romanzi, 15 milioni di copie vendute
in tutte le lingue soltanto con i dieci titoli della sua serie più
fortunata, le indagini di un poliziotto a Brighton, cittadina dove
è cresciuto e vive da sempre. *Voglio la tua morte* è la storia di
un'infuocata (in tutti i sensi) ossessione maschile per una donna
dai capelli rossi, sbocciata su un sito per cuori solitari. Alle undici di un mattino di giugno, con una temperatura più autunnale
che estiva, almeno dal punto di vista di un italiano, James è già
reduce dalla sua nuotata quotidiana nella Manica. Non era un
po' freddina, l'acqua? «L'ideale per curare l'emicrania da sbron-
za», replica, «con cui sono andato a letto ieri sera». Una battuta
degna di Philip Marlowe: ma forse è, appunto, solo una battuta.

Lei ha cominciato a scrivere romanzi giovanissimo, alternan-
doli a sceneggiature per cinema e tivù: immaginava di diventare
un campione di best seller con milioni di lettori?

«Neanche per sogno. Con il primo vendetti 1.800 copie. Ero
disperato. Pensavo di non avere quello che serve per il successo».

Invece si è poi scoperto che ce l'aveva. E cos'è che serve,
dunque, per fabbricare un best seller?

«Fedeli lettori, innanzi tutto! Ma, seriamente, a mio avviso sono fondamentali tre elementi. Personaggi che attirino il

lettore: non necessariamente degli eroi, come dimostra Hannibal Lecter, ma in possesso di un carattere intrigante. Secondo: chi legge libri è dotato di una certa intelligenza e non bisogna offenderla, perciò l'autore deve dimostrare di conoscere bene quello di cui scrive; in altre parole, la ricerca è importante, non puoi dire sciocchezze. Terzo, ovviamente, una buona trama. Ma quest'ultima, per quanto necessaria, per me è l'elemento minore, è come giocare a scacchi con il lettore, attirarlo in una direzione e poi andare in un'altra».

E lo stile? La buona scrittura?

«Se restiamo nel territorio della detective story, ci sono stati scrittori che hanno avuto un grandissimo successo senza essere particolarmente apprezzati per il proprio stile, come Agatha Christie, ad esempio, nel cui caso il plot era tutto: scoprire chi è l'assassino. Altri hanno elevato il noir a livello della migliore letteratura, basti pensare a Chandler o a Graham Greene».

Lei ha uno stile caratteristico. Capitoli corti. Talvolta cortissimi. Nel suo ultimo romanzo ci sono 120 capitoli su 402 pagine di testo: uno ha 109 parole in tutto, un altro 74.

«Penso che il modo in cui si legge sia cambiato rispetto a cinquant'anni fa. Tutte le informazioni o l'intrattenimento che riceviamo, dalla tivù come da Internet, oggi sono somministrati in rapidi bocconi, molto diversamente dai romanzi di Dickens. Io scrivo nel modo in cui mi piace leggere. Quand'è che si legge un libro, di solito? La sera, a letto, dopo una lunga giornata di lavoro, prima di addormentarsi. Se inizi un capitolo e vedi che ha 53 pagine, pensi che non ce la farai mai. Se ne ha due, pensi che riesci a finirlo prima che ti si chiudano gli occhi. E se quello dopo ne ha solo una, magari leggi anche quello».

Perché il giallo è nato proprio in Inghilterra?

«Perché nell'Ottocento, quando l'Inghilterra era l'impero più grande e più ricco della Terra, avevamo la migliore forza di polizia del mondo. Scotland Yard ha ispirato a Conan Doyle le avventure di Sherlock Holmes, anche se nella finzione narrativa il suo detective privato arriva alla soluzione sempre prima dei poliziotti».

Lei è un fan di Sherlock Holmes? Concorda che il giallo nasce lì?

«Sono un fan e concordo, così come riconosco che Agatha Christie è stata un altro capostipite del genere. Ma personalmente preferisco gli scrittori *hard boiled* americani, come Chandler o Hammett. Ed McBain è il mio favorito in assoluto, perché nei suoi libri c'è l'odore di New York. Holmes o Poirot sono in sostanza delle figure sempre uguali a se stesse, invece il detective americano cambia nel corso della storia, è influenzato da quello che gli succede, in sostanza è più umano. Sebbene anche quel detective si sia estinto».

Perché?

«Perché l'investigatore solitario e romantico è stato rimpiazzato dagli enormi progressi fatti dalla squadra scientifica, dal lavoro al centro dei telefilm della serie *Csi* ma ormai da tempo anche in molti romanzi noir. In uno dei miei, per esempio, c'è un detective, ispirato alla realtà, convinto che ognuno di noi cammina in modo differente e per individuare un killer usa un programma software in grado di identificare le persone proprio dalla camminata».

Che tipo è il detective dei suoi libri, Roy Grace?

«Diverso dal cliché. I poliziotti di una volta avevano tutti un problema con l'alcol e un divorzio alle spalle. Oggi un poliziotto alcolizzato non durerebbe ventiquattr'ore, sarebbe licenziato subito. E il mio, oltre a non bere, è innamoratissimo della moglie. La seconda moglie, però, perché la prima è scomparsa da nove anni e lui non sa nemmeno se sia viva o morta».

Un mistero nel mistero che fornisce nuovi indizi in ogni suo libro. Ma lei sa almeno se quella donna è viva o morta?

«Sì. E lo rivelerò presto. A modo mio, naturalmente».

Gli italiani conoscono Brighton per le scuole private dove mandano i propri figli a studiare l'inglese in estate. È un buon posto per ambientare un giallo?

«Il migliore. Avendo un porto, è un luogo di contrabbandieri e avventurieri fin dal Medioevo. Nel 1932 era chiamata 'la capitale britannica del delitto'. E negli anni Cinquanta-Sessanta ci fuggivano le coppie illecite da Londra per le loro scappatelle. Ma oggi è anche un bel posto per vivere, gli italiani possono continuare a mandarci i figli».

È vero che sua madre, da un piccolo laboratorio di Brighton, confezionava i guanti per la regina Elisabetta?

«Sì e l'ha incontrata più volte. Nel 1946 mia madre fu la prima ad avere l'idea di colorare i guanti, 'Vogue' ci fece un servizio e qualche tempo dopo le arrivò una telefonata da Buckingham Palace».

Un accessorio perfetto per un delitto.

«Ne metterò un paio di colore scarlatto sulle mani della mia prossima assassina».

Paula Hawkins

Se un mattino vi capitasse di prendere la metropolitana da Brixton, capolinea meridionale della Victoria Line, per risalire fino al centro della sterminata città che vi sorge intorno, potreste trovarvi seduti di fronte a una donna sulla quarantina dall'aspetto non facilmente definibile: capelli rossicci, carnagione pallida, niente trucco, niente fede o anelli alle dita, vagamente intrigante senza essere appariscente, sguardo quieto ma curioso, sottile vena di malinconia. Eppure avrebbe ragioni per sprizzare felicità: il suo nome, Paula Hawkins, entrerà negli annali della narrativa contemporanea accanto a quelli della ristretta cerchia di autori esordienti che con un libro hanno istantaneamente conquistato il mondo. Un'altra J.K. Rowling? Sì, ma nel suo romanzo non ci sono maghetti: *La ragazza del treno* comincia con la scena annunciata dal titolo, una giovane donna su un treno, una pendolare che fa ogni giorno lo stesso percorso, guardando fuori dal finestrino, vedendo sempre le stesse case, le stesse cose, le stesse persone, alla stessa ora. Finché un mattino vede qualcosa che cambia la sua vita. La ripetitività si sblocca in modo così eccezionale da farle dubitare di ciò che ha visto. Risultato: uscito a Londra con una buona tiratura (l'editore ci credeva, come si suole dire), il suo thriller è andato al di là di ogni aspettativa, ha venduto in sei mesi 3 milioni di copie soltanto in Gran Bretagna e Stati Uniti, è in corso di traduzione in 45 paesi del globo, è diventato un film con Emily Blunt come protagonista. Un fenomeno planetario. Una di quelle circostanze rare come vincere una fortuna alla lotteria. E lei come reagisce? Continuando a vivere come prima. A comportarsi (quasi) come se non fosse successo nulla. C'è qualcosa di inafferrabile in questa ragazza sopra la quarantina. Adesso che è scesa dal treno, la interrogo tentando di decifrarla: ma temo di non esserci riuscito.

Da dove le è venuta l'idea del libro?

«Dai viaggi in treno che ho fatto anch'io per tanto tempo, prima per venire all'università a Londra, poi per lavorare come giornalista finanziaria nella City. Anch'io, come la mia protagonista, guardavo fuori dal finestrino, vedevo sempre le stesse facce e fantasticavo sui loro destini».

Viene in mente *La finestra sul cortile* di Hitchcock...

«Sì, ho pensato a quel film mentre scrivevo il mio libro e all'atmosfera che Hitchcock sa creare. Un punto di osservazione esterno. Una finestra o un finestrino affacciati alla banalità del vivere quotidiano. E poi, di colpo, un imprevisto».

Da *Assassinio sull'Orient Express* in poi, il treno è un veicolo per delitti e misteri...

«Ho pensato anche ad Agatha Christie, ovviamente. Ma non solo al suo giallo: il treno è un veicolo per incontri casuali, per una vicinanza tra sconosciuti in cui tutto è possibile, dall'amore, come nel film *Breve incontro*, a cambiamenti repentini, come in *Sliding doors*».

Cambiamenti così repentini che vorresti stropicciarti gli occhi, rivedere quella scena, essere ben certo che sia accaduta: ma è troppo tardi, il treno è già andato oltre...

«È uno degli ingredienti del mio romanzo. Ci ho aggiunto l'alcol, anzi l'alcolismo, che confonde le idee su quello che hai visto, e ancora di più su quello che ricordi o ti sembra di ricordare. Ma è un problema più generale. La memoria può giocarci degli scherzi. Confonderci le idee oppure rendere una fantasia più reale della realtà».

La sua fantasia, da piccola, era diventare una scrittrice?

«Era una delle mie fantasie. Ho sempre scritto storie, ma non le ho mai fatte vedere a nessuno. Poi, a vent'anni, ho cominciato a fare la giornalista perché sembrava un sogno più facile da realizzare. Ma sono finita per caso a occuparmi di finanza ed economia spicciola, mentre io sognavo un mestiere avventuroso, come il corrispondente estero, l'inviato in luoghi esotici».

Forse perché ci è nata, in un luogo esotico. Come mai?

«Sono nata a Harare, nello Zimbabwe, e sono cresciuta lì, perché i miei genitori ci vivevano e ancora ci vivono».

Non un posto facile per dei bianchi, da quando il presidente-dittatore Mugabe espropria loro le terre.

«Ma i miei sono accademici, insegnano, abitano in città».

Poi, seguendo i suoi studi, si è trasferita in Inghilterra. È lì che ha conosciuto la vita dei sobborghi, un altro elemento del suo romanzo?

«Sì. È un universo a due dimensioni. La facciata è rassicurante, linda, banale. Sotto, tuttavia, si percepiscono tensioni e nevrosi che talvolta esplodono. Allora l'orrore della vita suburbana non è più soltanto metaforico».

Perdoni una domanda inevitabile: trova che il suo libro abbia qualcosa in comune con *L'amore bugiardo* (*Gone Girl* nella versione originale), a partire dalla parola *girl*, ragazza, nel titolo?

«Ovviamente sì. Entrambi hanno una donna per protagonista. Entrambi hanno al centro un mistero che ruota attorno all'interpretazione della realtà. Ed entrambi hanno avuto molto successo, molto rapidamente. Ma *Gone Girl* è la storia della dissoluzione di un matrimonio. Nella mia il matrimonio, diciamo così senza rivelare troppo al lettore, si era già dissolto prima».

Un'altra cosa in comune tra i due romanzi è che sono entrambi opera di scrittrici. Le pare che le donne scrivano noir diversi dagli uomini?

«Non si dovrebbe generalizzare, ma un po' sì. Forse gli uomini scrivono thriller più politici e le donne thriller più intimisti, più legati ai rapporti interpersonali».

Mentre scriveva il suo pensava: sto scrivendo il prossimo best seller mondiale?

«Assolutamente no. Sapevo di essere in grado di scrivere un libro, perché ne avevo già pubblicati quattro, sotto pseudonimo: romanzetti rosa commissionati da un editore, ma insomma mi ero impadronita della tecnica. Poi quando ho fatto leggere il testo al mio agente, ho ricevuto una risposta molto positiva. Però non immaginavo di vendere milioni di copie».

Che effetto le ha fatto sentire che Stephen King non ha chiuso occhio per finirlo?

«Una grande gioia, venendo da un maestro del genere, anche perché l'ha detto su Twitter, non era uno di quei pareri sollecitati dagli editori per pubblicizzare un libro».

E lei ha dormito bene da quando è uscito il libro?

«All'inizio no. Ero eccitata e nervosa, spaventata e incredula. Adesso mi ci sto abituando».

Se avessi visto Paula Hawkins su un treno sei mesi fa e la rivedessi oggi, sarebbe la stessa persona?

«Direi di sì. Faccio le stesse cose. Abito sempre a Brixton. Non ero sposata e non lo sono, non avevo figli e non ne ho, non ho intenzione di trasferirmi a Hollywood. Sono molto più occupata di prima, questo sì, e sto scrivendo un altro libro. Ma rimango la stessa persona. La stessa che sei mesi fa si sarebbe seduta sul treno di fronte a lei o a chiunque altro».

Al Alvarez

Ti accorgi di essere a Hampstead, il quartiere dei radical chic, come lo chiameremmo noi italiani, o degli *champagne socialists*, dei socialisti allo champagne, come li chiamano gli inglesi, da più di un secolo elegante rifugio londinese di scrittori, artisti, accademici, intellettuali libertari e progressisti, già all'uscita della stazione della metro, dove su una lavagnetta, invece delle condizioni del traffico, come è la norma nelle altre 269 stazioni della città, è riportata una 'frase del giorno'. Quella odierna è del filosofo danese Kierkegaard ed è incentrata sulla solitudine. Fuori, giri a destra in una deliziosa viuzza in discesa, dapprima pedonale e di ciottoli, con vecchi pub e negozietti dell'usato sui due lati, quindi costeggiata di casette dall'aspetto emaciato ma dal prezzo con più di sei zeri. In una di queste abita da mezzo secolo Al Alvarez, ultraottantenne ex critico letterario dell'«Observer», poeta, romanziere, saggista, amico di Sylvia Plath (la cui morte gli ispirò un libro sul suicidio), ma noto soprattutto per il poker, passione della sua vita e tema del volume che gli ha dato la fama, *The Biggest Game in Town*. Era la storia di un campionato del mondo di poker a Las Vegas a cui Alvarez assistette da bordo tavolo, le World Series of Poker, come vengono definite echeggiando le finali del baseball. Pubblicato in inglese nel 1983, ora è stato finalmente tradotto in italiano, mantenendo il titolo originale. Un piccolo capolavoro, diventato un classico non solo per chi ha la passione per il poker, ma anche per i fan della città americana del gioco d'azzardo e del nuovo giornalismo, visto che prima uscì a puntate sulla più raffinata rivista del mondo, il «New Yorker». Se qualcuno pensa che poker e poesia non hanno niente in comune, a parte l'iniziale, ad Alvarez bastano poche righe per farlo ricredere: «Eccoli lì, i casinò, seduti sulla terra cotta dal sole, stravaganti giocattoli gettati sulla spiaggia, con le loro insegne intermittenti, allettanti, vertiginose, accompagnate da un ronzio incessante, come in quel glorioso istante che precede di un soffio il momento in cui la batteria esaurisce la sua carica». Ed eccolo qui l'autore: seduti in cucina, davanti a un tè e a un dolcetto comprato da sua moglie nella pasticceria ebraica all'angolo, gli confido che incontrarlo è come il compimento di un destino. Trent'anni fa, quando vivevo a New York, dopo aver letto il suo libro andai anch'io a seguire le World Series of Poker a Las Vegas, ma non riuscii a farmi pubblicare l'articolo dal giornale che mi ci aveva mandato. E dire che mi ero portato dietro il suo libro per copiarlo e fare bella figura.

«Forse non aveva copiato abbastanza. Come dice la nota massima: i buoni scrittori copiano, i grandi artisti rubano».

In verità credevo fosse stato un americano, magari di origine ispanica, a scriverlo. Non immaginavo che uno straniero potesse ricreare perfettamente l'essenza di Las Vegas.

«Alvarez è un nome ingannevole. Discendo da una famiglia di ebrei sefarditi fuggiti dalla Spagna e approdati in Inghilterra, dopo varie peripezie, svariate generazioni prima che io nascessi».

Comunque lei si è laureato a Oxford, faceva il critico per l'«Observer», scriveva poesie: non erano un po' lontani dai suoi interessi, il poker e Las Vegas?

«A poker ho sempre giocato, fin da ragazzo, con crescente passione. E la città del Nevada, per un pokerista, è come San Pietro per un cattolico: il paradiso. Se sommo tutto il tempo che ci ho trascorso, viene fuori qualche annetto».

Dovesse spiegare il fascino del poker a un non giocatore, cosa direbbe? Da lontano può sembrare un gioco fatto solo di fortuna e di bluff.

«È un gioco meraviglioso, di intelligenza e concentrazione, come gli scacchi. La fortuna può aiutarti in una mano di carte o in una partita, ma nel lungo periodo non conta: sono i giocatori più bravi a vincere, non i più fortunati».

Con chi giocava, qui a Londra?

«Nei casinò e nelle case private. Con gli amici del quartiere, ma anche con personaggi molto distanti da me, compresi soggetti poco raccomandabili e qualche gangster. Era proprio questo il suo bello».

Il libro è dedicato a David Cornwell, vero nome di John le Carré: ha giocato anche con lui?

«Naturalmente. È tuttora mio vicino di casa, anche se adesso passa gran parte del tempo in Cornovaglia. Mi ha sempre mandato i suoi manoscritti per avere un parere, prima di pubblicarli, e abbiamo condiviso tante cose, incluso il poker».

E il fascino di Las Vegas? Un luogo che alcuni trovano orrendo, una non-città, un incubo al neon e ad aria condizionata, dedito al vizio in tutte le sue forme, gioco, alcol, night club...

«Il vizio, ammettiamolo, ha qualcosa di innegabilmente seducente. Era quello ad attirarmi. Io adoro Las Vegas, o meglio l'adoravo, per ragioni di salute non ci vado più da tempo. Mi dicono che ora sia una specie di Disneyland per famiglie, in parte ripulita, purtroppo, dalla patina di peccaminosità che la ricopriva».

Fu difficile convincere William Shawn, leggendario direttore del «New Yorker», a commissionarle i pezzi che sono poi diventati questo libro?

«Non tanto. Collaboravo già col 'New Yorker'. E credo che anche Shawn, uomo di altissima cultura, giocasse a poker».

Mi capitò di intervistarlo in quegli stessi anni: diceva che il segreto del «New Yorker» era non considerare i lettori più stupidi dei giornalisti che vi scrivevano. Non facciamo un giornale per compiacere i lettori, spiegava, bensì ci mettiamo dentro quello che piace leggere a noi.

«Era un genio del giornalismo. E la sua formula vale anche per uno scrittore. Non si dovrebbe scrivere pensando a come accalappiare stuoli di stupidi lettori, dando loro quello che pensiamo che vogliono. Io scrivo per tre o quattro amici, per le persone che hanno i miei stessi gusti».

Anche quando ha scritto il libro sul poker?

«Con il poker è più facile. Sa cosa diceva l'attore Walter Matthau, grande appassionato di questo gioco? 'Il poker è come il sesso, solo che dura più a lungo'. Non mi sorprende che tanti si divertano a praticarlo, e perfino a leggerlo».

Tirando le somme, in una vita di poker lei ci ha guadagnato o ci ha perso?

«Diciamo che, più dei libri, mi ha dato una mano a pagare il mutuo! Forse ero più bravo come giocatore di poker che come scrittore».

Esther Freud

«Ho avuto a lungo un sogno ricorrente», confessa la scrittrice Esther Freud, autrice di ammirati romanzi, figlia del grande pittore Lucian Freud e pronipote di Sigmund Freud. «Sognavo che cercavo una casa, la casa perfetta per me e per la mia famiglia. In sogno sapevo com'era, come doveva essere fatta, questa casa, ma non riuscivo mai a trovarne una che le assomigliasse, che mi soddisfacesse. Ho smesso di fare quel sogno da qualche anno, quando con mio marito e i nostri tre figli siamo venuti ad abitare qui. Dal momento in cui l'ho trovata nella realtà, non ho più visto la casa nei sogni». Chissà che interpretazione avrebbe dato di questo sogno il suo celebre bisnonno, considerato che la casa in cui Esther ha traslocato, a Highgate, è vicina a quella in cui visse il fondatore della psicoanalisi, a Hampstead, ora diventata un museo. Una coincidenza? Non è lontana nemmeno la casa di Ernst Freud, nonno di Esther e figlio di Sigmund, a St. John's Wood, e in fondo anche la casa-studio in cui abitava il figlio di Ernst, il pittore Lucian, a Notting Hill, appartiene alla medesima zona di Londra: la parte settentrionale dell'immensa metropoli, la più intellettuale, progressista, influenzata e attraversata nel tempo dalla presenza ebraica. Sigmund Freud arrivò a Londra da Vienna nel 1938, l'anno in cui l'Austria fu annessa al Terzo Reich, mentre nella Germania nazista esplodeva l'antisemitismo, presagio dell'Olocausto e della seconda guerra mondiale: sarebbe morto appena un anno più tardi, nella capitale britannica. Suo figlio Ernst Ludwig Freud era un affermato architetto a Berlino, quando nel 1933 sentì che l'aria era pericolosamente cambiata e precedette il padre a Londra, dove ricominciò subito a lavorare con successo: fu lui a restaurare la casa di Hampstead in cui si trasferì Sigmund, quella che adesso è un museo. Ernst morì nel 1970. In Germania gli erano nati tre figli, di cui due maschi, uno dei quali, Clement, deceduto a Londra nel 2009, è stato un uomo politico e notissimo commentatore radiofonico nel Regno Unito; l'altro, Lucian, nato a Berlino nel 1922, immigrato in Inghilterra con i genitori quando era undicenne, è considerato uno dei maggiori pittori britannici[1]. I suoi quadri di parenti, amici, personalità dello spettacolo, della moda, dell'alta società, spesso ritratti nudi, distesi su un letto o su un divano, a tinte fosche, carichi di drammatico erotismo, sono un'icona dell'arte contemporanea. L'erotismo che lo contraddistingue non si limita al suo atelier di artista, dove quando è al lavoro rimane chiuso per ore, giorni, indossando un lungo grembiule da macellaio macchiato di vernice, e talvolta poco altro sotto di quello. Lucian Freud ha pure fama di insaziabile dongiovanni, o predatore sessuale, secondo i maligni. La leggenda vuole che abbia avuto quaranta figli, all'incirca da altrettante donne. Mesi fa lo incontrai a un party della Londra bene: c'erano Kristin Scott Thomas, Brian Eno, tanti vip, ma la vera star della serata era lui, che a ottantotto anni si aggirava silenzioso fra gli invitati, sguardo rapace, camicia di fuori e cravatta penzolante, seguito da una giovane donna che gli andava dietro come un cagnolino.

«Quaranta figli?», sorride Esther. Non pare imbarazzata, casomai divertita. «Non saprei il numero esatto. Di certo siamo tanti. Con molti mi sono incontrata, con alcuni abbiamo creato un bel rapporto. Ma sono consapevole che ve ne sono altri di cui nemmeno conosco l'esistenza. Penso che ci incontreremo tutti soltanto dopo la morte di mio padre, davanti a un notaio, alla lettura del testamento».

Esther Freud ha praticamente conosciuto suo padre soltanto dopo avere compiuto sedici anni. Sua madre ebbe una breve relazione con Lucian. «Non stavano già più insieme quando io sono nata», ricorda. «Da piccola andavo a trovarlo un paio di

---

[1] Lucian Freud è morto a Londra il 21 luglio 2011.

volte l'anno. Ma solo quando sono cresciuta abbiamo cominciato a frequentarci regolarmente e a sviluppare un vero rapporto padre-figlia».

I suoi due romanzi più famosi hanno una forte chiave autobiografica: *Innamoramenti* è la storia di una sedicenne che impara a conoscere il padre; e *Marrakech* è il ricordo del tumultuoso viaggio e delle impreviste avventure in Marocco, negli anni Sessanta dei figli dei fiori, di una bambina di cinque anni con la madre, proprio come accadde a lei da piccola. Un libro, quest'ultimo, che in Gran Bretagna la fece entrare nella classifica dei 'venti scrittori giovani più promettenti' stilata dalla rivista «Granta».

Nonostante i suoi successi nella narrativa e il matrimonio con un affermato attore inglese, David Morrissey (tra i suoi film c'è *Basic Instinct 2*, con Sharon Stone), Esther è abituata a suscitare curiosità per il suo cognome.

«Del mio bisnonno, naturalmente, ho solo sentito parlare», racconta. «E neanche molto. Mio padre aveva diciassette anni quando Sigmund Freud morì. Si ricorda del nonno, ma ne parla di rado. Dice che era buffo, divertente. Tirava i denti a lui e ai suoi fratelli, quando erano bambini, per gioco. Scherzava volentieri, almeno con loro. Non so quanto il nome Freud abbia pesato su mio padre, se e quanto si sia interrogato sul nonno. Una volta mi disse di avere scoperto un foglietto di carta, apparentemente nascosto in un vecchio tavolo che era stato nella casa di Sigmund e poi era finito nella sua. C'era scarabocchiato qualcosa in tedesco, mio padre lo fece tradurre pensando che potesse contenere un messaggio, magari, fantasticava, le ultime parole di Freud sulla psicoanalisi, dall'aldilà: invece era solo una lista della spesa, o qualcosa del genere, senza importanza, e probabilmente nella fessura del tavolo ci si era ficcato per sbaglio».

Lucian non ha nulla del nonno, secondo sua figlia.

«Ne è l'antitesi. Sigmund è lo scopritore dell'inconscio, fruga nei significati reconditi dietro ogni nostra azione. Mio padre è l'uomo più istintivo che io conosca. Per questo non si può criticare il suo comportamento privato, con le donne o con altri: tutto quello che fa, lo fa a pelle, di getto, con incredibile naturalezza. Mio padre non ha mai fatto analisi, non è mai stato da uno psicoterapeuta, non è il tipo».

La sessualità, però, è stata un tema al centro degli studi di Freud ed è un elemento cruciale anche dei quadri di Lucian. «È vero. Ma le confido un curioso aneddoto su mio padre. In uno solo dei miei romanzi ci sono pagine di sesso, che descrivono esplicitamente una coppia che fa l'amore. Poiché il protagonista è un artista, lo diedi da leggere a mio padre, per sapere se il personaggio era realistico. Mi disse che l'artista andava benissimo, ma che le scene di sesso, secondo lui, erano troppo esplicite, e non aggiungevano nulla alla storia. Suggerì di tagliarle».

Esther è stata a casa di Sigmund Freud solo dopo che l'edificio era diventato un museo.

«La prima volta mi ha fatto un effetto strano. La sentivo estranea e familiare al tempo stesso. Non sono una che si sveglia al mattino pensando: mi chiamo Freud. Eppure, in quella casa, provai un brivido».

Ernst Freud morì quando lei era una bambina di sette anni.

«Credo di averlo visto in tutto un paio di volte, il nonno. Più tardi visitai la nonna, nella casa di St. John's Wood, volevo sapere di più su di loro, e sul padre di Ernst, su Sigmund. Il genio, e la sregolatezza che spesso l'accompagna, forse si sono tramandati saltando una generazione, nella nostra famiglia: da Sigmund a mio padre Lucian, saltando Ernst, che era un architetto stimatissimo ma una persona molto ordinata e regolare, proprio come me. Mio nonno avrebbe potuto essere un ottimo rabbino, se fosse stato religioso, senonché suo padre, Sigmund, aveva respinto totalmente la fede e la religiosità, e i figli sono cresciuti alla stessa maniera».

Nella casa di Highgate, Esther apre un cassetto, estrae un vecchio quaderno: elenchi di nomi, appunti sparsi, il menù di una cena del 1928, vergati con bella calligrafia da suo nonno Ernst. Dalle pagine ingiallite salta fuori un foglietto piegato a metà.

«Una lettera di Sigmund Freud a suo figlio Ernst, avevo dimenticato di averla, non so nemmeno cosa ci sia scritto, né ricordo come l'ho avuta».

Cerca di tradurre qualche parola, con il poco tedesco che ha imparato: una lingua che ha voluto studiare, un legame anche quello con il bisnonno, con il passato. Alle sue spalle, appesa al muro, c'è una grande fotografia: ritrae suo padre Lucian che sta facendo il ritratto a suo figlio Albie. In un angolo della foto si intravede un piede, una gamba.

«È la mia, ero seduta per terra nello studio di papà, a Notting Hill, stavo leggendo l'*Hobbit* a mio figlio, per distrarlo nella lunga seduta di posa».

Si sofferma in silenzio a guardarla. È il ritratto di suo padre, grande pittore? O di suo padre che ritrae suo figlio, il più piccolo dei Freud, sebbene porti il cognome del padre? Oppure il vero soggetto dell'immagine è quello fuori quadro, che guarda non visto dall'esterno? È lei, Esther Freud?

«Forse è il ritratto di tutti e tre. Non capita spesso che più generazioni della nostra famiglia si ritrovino insieme, nella stessa casa».

Casa Freud. La casa che Esther infine ha trovato e che ora ha smesso di vedere in sogno.

Annalena McAfee

«Canto le notizie: qualunque l'epoca in cui circolano, sempre, fresche di stampa, l'occhio del lettore incantano». Ogni giornalista sottoscriverebbe questa massima di George Crabbe, poeta britannico dell'Ottocento e inventore di aforismi. Ma Annalena McAfee, per trent'anni giornalista in Inghilterra (ha diretto l'inserto culturale del «Guardian») e moglie dello scrittore Ian McEwan, la usa come epigrafe di *L'esclusiva*, suo primo romanzo, per sollevare un dubbio: possono ancora incantare, le notizie, nell'era di Internet? E che cosa rimane di romantico nel giornalismo, questo mestiere che, a partire dalla mitica Fleet Street, la via dell'inchiostro di Londra, sembrava sinonimo di pericoli, viaggi esotici e disinvolte note spese, mentre oggi appare prigioniero di gossip, blog e budget strozzati? La risposta dell'autrice arriva per bocca di due protagoniste che non potrebbero essere più diverse, un'anziana corrispondente di guerra in pensione e una giovane reporter rampante: Oriana Fallaci contro Bridget Jones, per rendere l'idea. Senza svelare i colpi di scena, le battute e le disavventure che rendono la vicenda divertente come *Prima pagina*, l'indimenticabile film di Billy Wilder, e pungente come *L'inviato speciale*, il capolavoro di Evelyn Waugh, basti dire che alla fine del libro il giornalismo sembra confermare i suoi difetti, ma pure i pregi: pronto a sopravvalutarsi quando si prende troppo sul serio e a sottovalutarsi quando insegue la leggerezza, ma in entrambi i casi necessario e in fondo, in ogni tempo e tecnologia, il mestiere più bello del mondo.

Si dice che ogni giornalista ha un romanzo nel cassetto: questo suo ci è rimasto a lungo?

«Come molti colleghi, avrei sempre voluto scrivere un romanzo. All'inizio ho scelto il giornalismo perché mi dava da vivere, poi però me ne sono innamorata. Finché una sera, in vacanza sulle Highlands scozzesi, ho buttato giù qualche paginetta e l'ho fatta leggere a mio marito».

E lui che consigli le ha dato?

«Soltanto uno: vai avanti».

La sua storia comincia nel 1997, anno fatidico per l'Inghilterra.

«È il momento in cui tornano al potere i laburisti, con Tony Blair, dopo ben diciassette anni all'opposizione. Ma è anche il momento in cui cambia definitivamente il giornalismo, il gossip la fa da padrone, le notizie diventano 24/7, come si dice da noi, un flusso non stop 24 ore su 24, 7 giorni alla settimana, e si intravede Internet all'orizzonte».

Però il suo non è un romanzo in difesa del vecchio contro il nuovo giornalismo.

«Non mi piacciono le semplificazioni, l'idea che il vecchio è buono e il nuovo è cattivo. La mia anziana corrispondente di guerra è un po' snob, mentre la mia giovane gossipara a suo modo è più autentica. C'era qualcosa di magnifico nel giornalismo di una volta, ma le mistificazioni esistevano anche allora. Internet è un mezzo di comunicazione fantastico, ma trasmette anche tanta inutile volgarità. Oggi in Inghilterra il giornalismo è sotto accusa per le pratiche illegali e corrotte del 'Tabloidgate', ma ci sono ancora tanti eroi nella carta stampata, come Marie Colvin e Anna Politkovskaja, per citarne due che hanno perso la vita per il loro lavoro».

Due donne. Come sono donne le protagoniste della sua storia. Vuol dire qualcosa?

«Nel 1880, su 12.308 giornalisti che lavoravano in America, le donne erano 288. In Gran Bretagna, fino agli anni Settanta, le redazioni erano club per gentiluomini, le poche donne che c'erano scrivevano di moda, cucina, posta del cuore. Oggi in certi giornali lavorano più donne che uomini e scrivono di tutto, anche di guerra, sport e cronaca giudiziaria, un tempo territori rigorosamente maschili. Ci stiamo prendendo l'informazione, e forse era ora. Ma non siamo immuni dai vizi degli uomini».

A proposito di posta del cuore: il suo è un romanzo non solo sulla competizione ma anche sull'amore tra diverse generazioni. Vi compare perfino un 'toy boy'.

«Volevo esplorare l'amore e il sesso nell'età che avanza. Il concetto di 'toy boy' non è nuovo, se ne parla già nella mitologia greca. Ma resta il fatto che, come osserva stizzita la più anziana delle mie due protagoniste, mentre è considerato accettabile per un vecchio accompagnarsi con una donna molto più giovane, il contrario viene solitamente accolto con orrore».

Si è ispirata a qualche giornalista della realtà, per la sua anziana corrispondente di guerra?

«Ho studiato la vita di alcune celebri reporter del XX secolo, come Martha Gellhorn e Marguerite Higgins. E sono rimasta colpita da una loro antesignana del XIX secolo, Margaret Fuller, femminista americana *ante litteram*, amica di Edgar Allan Poe, che nel 1848 diventò la prima donna inviata come corrispondente di guerra, quando il 'New-York Daily Tribune' la mandò in Italia a seguire il Risorgimento. Conobbe Mazzini e Garibaldi, si innamorò di un giovane rivoluzionario italiano, il conte Giovanni Ossoli, di sette anni più giovane di lei, mise al mondo il loro bambino durante la battaglia per la Repubblica Romana. Due anni dopo si imbarcò da Livorno per gli Usa, con il marito e il figlioletto in fasce. La traversata dell'Atlantico durò sei settimane per il maltempo e in prossimità di New York la nave colpì uno scoglio e affondò. I corpi di Margaret e del conte non furono mai rinvenuti, quello del bambino fu trovato su una spiaggia. Non ho potuto usare niente di questa storia per il mio libro, ma continuo a pensare che un personaggio come la Fuller meriterebbe un romanzo tutto per sé».

Pensa che le notizie continueranno a 'incantare', anche nell'era del web, per citare l'epigrafe che ha messo in testa a *L'esclusiva*?

«Io leggo i giornali sul Kindle, mi aggiorno sull'iPhone e scarico il 'Guardian' sull'iPad. Ma conservo un atavico attaccamento alla carta. Ogni anno con Ian andiamo in vacanza in Scozia in un luogo così selvaggio che non ci sono strade e le provviste arrivano via barca. Per l'esattezza arrivano avvolte in pagine di vecchi giornali di provincia, e la prima cosa che facciamo io e mio marito, ancor prima di mettere via il cibo, è stendere per bene quei giornali per leggere dalla prima all'ultima riga cronache locali, feste di beneficenza, orari dei traghetti e furti di pecore».

Jonathan Coe

Euro-trash significa eurospazzatura: è così che gli inglesi doc chiamano noi europei. Non c'entrano l'antipatia per l'euro e la nostalgia del British Empire. L'etichetta, applicata con una buona dose di umorismo più che come insulto, riguarda in particolare quella ricca e felice colonia di italiani, di francesi, di altri europei continentali, che ha invaso i quartieri più chic di Londra, se ne è appropriata e vi esibisce una moderna versione della dolce vita, a base di auto di lusso, abiti firmati, un evidente complesso di superiorità e un cattivo gusto che nemmeno i soldi riescono a mascherare. Potremmo replicare che loro, gli inglesi, hanno fatto lo stesso con il Chiantishire, un tempo bucolica area della Toscana, ora contea distaccata dell'Inghilterra. Ma a parte il fatto che gli inglesi nelle cascine del Chianti parlano a bassa voce e per lo più si astengono dai comportamenti kitsch, adesso sono seduto a un tavolino della piazza più euro-trash (Sloane Square) nel quartiere più euro-trash (Chelsea) di Londra, con uno scrittore che detesta l'euro-spazzatura. Eppure Jonathan Coe, autore di una decina di romanzi che messi insieme raccontano una storia a puntate della Gran Bretagna, dalla Thatcher a Blair, vive da un paio di decenni proprio a Chelsea, a due passi dalla brasserie dove ci siamo dati appuntamento. E dove l'euro-spazzatura, senza offesa per nessuno, si respira effettivamente a pieni polmoni.

Come mai ha scelto di abitare in mezzo a questo effluvio?

«Non certo perché mi piace Chelsea. O meglio, non certo perché mi piace Chelsea com'è oggi. Una ventina d'anni fa, quando mi sono sposato, la famiglia di mia moglie aveva un appartamento in questa zona e ci siamo venuti a stare. Conoscevo e amavo la

Chelsea della mia gioventù, ero consapevole di che cosa era stata ancora prima: il quartiere della Swinging London anni Sessanta, e poi dei punk, e ancora quando mi ci sono trasferito io era pieno di piccoli caffè, curiose botteghe, tipi strani, aveva insomma un suo fascino e una sua energia creativa, un'aria bohèmienne che apprezzavo. Adesso è un quartiere di banchieri francesi, di banchieri italiani, di banchieri russi, di banchieri svizzeri, insomma di banchieri, approdati a Londra da tutta Europa, e non è che io, se dovessi scegliermi dei vicini di casa con cui andare a bere una birra al pub, sceglierei dei banchieri, europei o meno».

Anni fa, quando ci conoscemmo, ricordo che Coe mi sorprese perché, caso forse unico nell'entusiasmo collettivo per la Londra del blairismo, per la Cool Britannia, la Britannia fichissima e pure (un po') di sinistra, lui dimostrava scarso entusiasmo per la capitale e confessava di non vedere l'ora di svignarsela. E ora?

«Le mie figlie vanno ancora a scuola e penso che per loro sia tutto sommato un bene crescere in una grande città. Rimando la mia fuga da Londra a quando di anni ne avrò quasi sessanta. Allora mi cercherò un posticino in campagna da qualche parte e a Londra ci verrò solo per visitare musei, andare a teatro o al cinema, passare pomeriggi in libreria e incontrare i vecchi amici».

Cosa non la convince di Londra?

«Mica vorrei tornare indietro, al passato remoto di una città sussiegosa, ammuffita e Old England. Apprezzo i benefici del multiculturalismo. Riconosco che culturalmente Londra offre più di quasi ogni altro luogo nel mondo. E, dopo tanti anni, ci sono affezionato, anche se sono nato e cresciuto altrove, a Birmingham. Non mi piace però che sia così costosa. Non mi vanno quelli che la esaltano perché vedono solo Chelsea e il centro, senza aver mai messo piede in certe zone di periferia dove si affettano i minorenni a coltellate. È ancora, per certi versi, una città dickensiana, di ricchissimi e poverissimi: e io, in assoluto, preferisco i posti dove sono quasi tutti né ricchi né poveri».

Potendo scegliere, in che parte della Londra d'oggi vorrebbe vivere?

«Forse a Hampstead, perché il suo parco non è un parco ma un vero, grande bosco, e perché il quartiere ha una certa aria intellettuale in cui mi riconosco. Però, da qualche tempo, mi sorprendo a passeggiare per Pall Mall, la grande strada dei club per gentiluomini, non perché pensi o desideri di esservi ammesso, ma perché conserva un po' di storia, di autenticità, è sfuggita all'omologazione che clona strade tutte uguali, con le stesse catene di caffè, librerie, farmacie e supermercati, di modo che non puoi nemmeno distinguere dove sei».

Un'altra cosa che ai miei occhi la distingueva dall'omologazione culturale, ossia dal vizio che porta tutti a seguire le stesse mode, era la prudenza, per non dire lo scetticismo, con cui guardava fin dall'inizio a Blair e al blairismo.

«Sono sempre stato laburista e ho votato per Blair, fino alla guerra in Iraq, poi ho smesso. Perché le bugie da lui raccontate per portare il nostro paese in guerra mi hanno fatto credere che fosse poco sincero anche su altre questioni. Il Regno Unito si trova in una fase di incertezza, rispetto agli anni della Thatcher e di Blair. Non sappiamo più bene chi siamo, né dove andiamo. Una condizione che può creare disagio ma che io trovo interessante, proprio perché induce a riflettere, a porsi domande, anziché fornire risposte preconfezionate».

L'incertezza del non sapere cosa ci aspetta è anche un elemento, se non l'elemento centrale, del suo ultimo romanzo, *I terribili segreti di Maxwell Sim*: quanto c'è di Jonathan Coe nel protagonista che dà il titolo al libro?

«Parecchio. Max ha la mia età, molti dei miei dubbi, alcune delle mie idiosincrasie. È uno che scappa da Londra, accettando una stravagante proposta di lavoro che lo conduce in Scozia, perché non sa mai cosa scegliere, non vuole decidere, preferisce che sia qualcun altro, e magari il destino, a farlo per lui. Anch'io sono così, e sarei potuto diventare uno come Max, se la scrittura non mi avesse fornito una direzione e un'identità».

Nelle prime pagine del romanzo c'è una bella metafora sulla somiglianza tra le persone e le automobili.

«Ogni giorno corriamo di qua e di là, arriviamo quasi a toccarci ma in realtà c'è pochissimo contatto. Tutti quegli scontri mancati. Tutte quelle possibilità perse. È inquietante, a pensarci bene. Forse è meglio non pensarci affatto».

Nella seconda parte del libro il protagonista, in auto, si innamora poco per volta della voce femminile del suo navigatore satellitare.

«L'idea mi è venuta durante un viaggio in Irlanda. La voce femminile del navigatore stava dando istruzioni, mia moglie parlava e io la zittii perché non riuscivo a sentire. Lei mi rimproverò di dare la precedenza a una persona inesistente. Ma quante persone inesistenti possono avere un ruolo, un peso, nella nostra vita? Oggi la maggior parte dei rapporti avvengono filtrati da un mezzo tecnologico, abbiamo amici su Facebook che non incontreremo mai, scambiamo email e messaggini invece di guardarci in faccia. Diamo talvolta perfino più valore al personaggio di un romanzo che a una persona vera. È un bene, è un male? Non sono sicuro della risposta».

Nel suo libro c'è un'altra osservazione conclusa da un interrogativo: «A mano a mano che invecchi, alcune amicizie ti sembrano più ingiustificate. E un bel giorno ti chiedi: a che servono?». Quanto è importante l'amicizia?

«Molto importante. Però, a una certa età, uno sente che il tempo a disposizione non è più infinito, non si può più sprecare, e comincia a diventare più selettivo, anche nelle amicizie. I miei romanzi in fondo sono la storia di un gruppo di amici, dall'adolescenza alla gioventù, dall'età adulta alla maturità: se in questa fase del viaggio uno riesce a conservare un po' di amici veri, con cui si fanno ancora cose insieme, con cui si condividono idee e passioni, è fortunato».

Gli scrittori inglesi considerati, insieme a lei, tra i migliori della sua generazione – Nick Hornby, Ian McEwan, Martin Amis – sono suoi amici?

«Conosco Nick, ma non ci vediamo spesso, Ian lo incontro a eventi e festival letterari, Martin l'ho solo intravisto qualche volta».

Potreste essere, insisto, i quattro moschettieri della nuova narrativa britannica, solo che bisognerebbe stabilire chi è chi: chi dei quattro, per esempio, è D'Artagnan?

«È un gioco a cui non posso partecipare, perché, per quanto possa sembrare strano, non ho mai letto I tre moschettieri. Ho visto una o due versioni cinematografiche, tanto tempo fa, da ragazzo. E so benissimo che è un gran libro. Ma non l'ho letto. È una lacuna che prima o poi dovrò colmare».

La narrativa riproduce efficacemente la realtà?

«Anche il realismo può diventare un cliché. Un suo limite è che non è più adeguato alla rapida evoluzione tecnologica. Un altro è posto dalla globalizzazione. In La famiglia Winshaw raccontavo un pezzo di vita inglese, con riferimenti tutti inglesi. Ma ha ancora senso scrivere così? Credo che andiamo verso forme espressive, nel romanzo come nella musica e nell'arte, che sappiano parlare di una realtà più globale. Come per esempio il film Borat: un comico inglese, che fa la parte di un kazako, che si aggira per l'America, facendo ridere il mondo intero».

Si sente uno scrittore comico?

«Saper far ridere è una grande sfida, induce a vedere la vita da una prospettiva differente. Noi inglesi abbiamo notoriamente la capacità di ridere di noi stessi, il famoso sense of humour: ma attenzione, è anche un modo di mettere le mani avanti, di smorzare le critiche prima che vengano pronunciate. L'impero britannico è stato costruito anche su questa autoironia, e non a caso ancora oggi ogni uomo politico anglosassone comincia i suoi discorsi con qualche battuta divertente su di sé. Anni fa c'era un programma comico di marionette alla tivù, e i nostri politici facevano a gara per esservi rappresentati. Era come una medaglia al valore. I politici italiani sono un po' differenti».

Da dove viene la capacità di far ridere?

«Ultimamente ho perso il mio senso dell'umorismo. E dire che una volta dicevo di odiare i romanzi senza humour. Però ho già in mente un romanzo che parte da una cosa molto buffa, una barzelletta. In generale ritengo la comicità superiore alla tragedia, perché nel comico c'è sempre anche un messaggio serio».

Le succede che un personaggio le prenda la mano, domandi più spazio di quello che gli aveva riservato oppure che sparisca nell'ombra di una pagina?

«Sono piuttosto dittatoriale con i miei personaggi, se qualcuno prova a pretendere più spazio lo rimetto al suo posto. Ma per esempio il mio ultimo libro volevo farlo molto semplice, diverso da tutti gli altri, e alla fine i personaggi hanno cambiato un po' i miei piani, prendendo il sopravvento».

Come scrive i suoi libri?

«Sono diventato schiavo del computer, tanto che quando non ce l'ho penso di non saper scrivere più niente. E invece, mentre ero in Sardegna per un festival letterario, mi sono ricordato che esistono anche la mano e la penna, e sono riuscito a trovare l'ispirazione lo stesso, con mia grande gioia».

A proposito di gioia, qual è stato il suo momento più felice, come scrittore?

«Sono felice ogni volta che finisco di scrivere due o tre pagine, con soddisfazione. Ma la vera felicità è quella della vita, nessuna è comparabile a quella che ho provato alla nascita delle mie figlie».

Lei ha tenuto lezioni di scrittura creativa alla Scuola Holden di Alessandro Baricco. Che impressione ne ha tratto?

«Ho pensato che se avessi potuto frequentare una scuola così, sarei diventato scrittore più in fretta e più facilmente. Ricordo che nella prima lezione che feci alla Holden parlai dei dubbi: i dubbi che avevo sul mio talento, che ho mentre scrivo un libro... Era una lezione a mio beneficio più che a beneficio degli studenti, perché speravo di dimostrare che avere dei dubbi è utile al processo creativo. Quando i ragazzi tempo dopo mi hanno detto che erano pieni di dubbi, ma scrivevano, ho pensato che forse anch'io avevo un futuro in questo mestiere».

Col senno di poi, perché è diventato uno scrittore?

«Credo di avere cominciato a scrivere perché ero annoiato. Tremendamente annoiato: la noia era la condizione esistenziale della mia gioventù. E oggi trovo che sia molto più difficile annoiarsi. Se guardo le mie due figlie adolescenti, loro per esempio non sono mai annoiate, non sanno neanche cosa sia la noia, perché sono bombardate da sollecitazioni continue, dal computer, dal tablet, dal telefonino, dalle miriadi di attività e opportunità che offre loro il web. Ecco, se fossi io il preside della Holden credo che qualche volta toglierei il wi-fi, spegnerei Internet e poi vedrei come reagiscono i giovani».

Ma da dove nasce la creatività?

«Personalmente non saprei dirlo. La mia forse viene da un'insoddisfazione per lo stato delle cose nel mondo, qualcosa che c'è nella realtà e che non mi piace e che io voglio rimodellare, plasmare di nuovo a modo mio».

Che cosa significa per lei raccontare?

«Per me raccontare è essere al tempo stesso egoista, perché scrivo le storie che crescono dentro di me, e generoso, perché desidero condividerle con gli altri, ma è una generosità obbligata, perché a un certo punto le storie in me crescono, crescono, crescono, e se non le condivido attraverso un libro temo di esplodere».

Cos'è l'immortalità per uno scrittore?

«Un giorno ho preso la metro e vicino a me una ragazza leggeva *Tom Jones*, un romanzo scritto da Fielding nel 1746 a lume di candela. E a un certo punto la ragazza si è messa a ridere. Una risata che le è arrivata da 250 anni prima. Questa è la magia del raccontare una storia, il modo in cui non finisce mai di esistere».

Cosa farebbe se non scrivesse?

«Io non faccio che scrivere perché non so fare altro. Me ne sto chiuso nella mia stanza e scrivo fino a sera. Sono sempre stato così. Forse è pigrizia. Quando sono entrato a Cambridge, a vent'anni, sarò andato in tutto a tre lezioni in tre anni. Non è che fossero lezioni poco interessanti. È che io intendevo l'università come una scusa per chiudermi in una stanza a scrivere, e questo ho fatto, più o meno, per tutto il tempo che l'ho frequentata. Poi mi sono iscritto a un dottorato di ricerca a Warwick. E anche lì i professori mi hanno visto poco: scrivevo e scrivevo. Ed è venuto fuori il mio primo libro».

Irvine Welsh

Rieccoli: Mark, Sick Boy, Spud. I ragazzi tossici, disperati e ribelli di Edimburgo, resi celebri da *Trainspotting*, il romanzo che ha raccontato una generazione e ne ha sconvolte parecchie altre: un best seller mondiale e un cult movie dallo stesso titolo. Ebbene, sono tornati. Irvine Welsh ci riporta le loro storie irruente, sboccate, beffarde, tornando indietro nella sua storia, fino all'antefatto, il momento in cui i suoi protagonisti scivolano nel baratro dell'eroina come unica alternativa al vicolo cieco di casa, famiglia, lavoro, in una Gran Bretagna in cui la Thatcher si accinge a spazzare via minatori, sindacati, solidarietà sociale. *Skagboys*, il nuovo romanzo dello scrittore scozzese, ripropone gli elementi di *Trainspotting* – sballo, sesso, rabbia, crudezza, depravazione – con un linguaggio altrettanto esplosivo, esuberante, eccentrico. Non sempre prequel o sequel sono all'altezza dell'opera che li ha generati, ma in questo caso la critica inglese giudica il risultato perfino superiore. «La vita dovrebbe essere sempre come quando sei strafatto», scrive Welsh. Diciamo che incontrare lui, per restare in tema, è un'esperienza piuttosto stupefacente.

In Inghilterra una delle recensioni più positive al suo libro, anzi entusiastica, è uscita sul «Financial Times»: si è sorpreso a sentirsi apprezzato dal quotidiano della finanza e dell'establishment?

«Non mi sono sorpreso. Il 'Financial Times' è di gran lunga il miglior quotidiano britannico, in effetti è l'unico giornale serio rimasto nel nostro paese e il solo che io leggo. Ci lavora un sacco di gente creativa che resiste alla tentazione di proiettare il proprio ego sulla propria intelligenza. Comunque la vita è abbastanza scioccante e spaventosa senza bisogno che ci sia l'arte a ricordarcelo».

Proprio secondo quella recensione, questo suo libro ha più a che fare con peccato e redenzione che con eroina e tossicodipendenti. Concorda?

«Fino a un certo punto, sì. Per me il libro ha a che fare con le scelte che facciamo. Un ragazzo che vive in un alloggio popolare si trova di fronte tutti i giorni a scelte più dure di quelle che fanno i politici ipocriti».

A proposito di peccato e redenzione, ha trovato qualche ispirazione in Dostoevskij?

«Specialmente in *Delitto e castigo* e nei *Fratelli Karamazov*. Ma anche in Tolstoj».

C'è una citazione di Melville all'inizio di *Skagboys* che dice, più o meno: la depravazione è parte di una mente sensibile. È il suo giudizio morale, o meglio la sua assoluzione postuma, nei confronti dei giovani degradati della sua storia?

«Ho messo in testa al libro anche una citazione della Thatcher, la sua famosa frase sull'inesistenza di una 'cosa chiamata società', per sottolineare le condizioni avverse in cui quei ragazzi sono cresciuti. L'allusione alla depravazione, nella frase di Melville, richiama l'innata tendenza umana a farsi fottere, a sbagliare. Ma gli uomini, compresi i ragazzi, non sono marionette. C'è anche la libertà di scegliere una cosa o l'altra, a dispetto delle difficoltà che incontriamo».

A proposito di Melville, il suo libro viene paragonato dalla critica a *Moby Dick*, con l'eroina al posto della balena bianca. Accetta il parallelo?

«Sì, mi piace, penso sia appropriato. *Moby Dick*, per quanto sia ovviamente una vicenda completamente diversa, ha avuto enorme influenza su questo romanzo».

Viene anche avvicinato a Céline, per le invenzioni linguistiche, la foga, l'energia del racconto. Pensa di avere qualche affinità con l'autore di *Viaggio al termine della notte*?

«Credo di sì. Ma ammiro anche altri: Waugh, Orwell, Balzac, Burroughs, Beckett, Zola, Faulkner, Dickens, Chandler, Shakespeare, oltre ai succitati Dostoevskij e Tolstoj».

Messi insieme, *Skagboys* e *Trainspotting* sono la sua risposta al thatcherismo e a tutto ciò che è venuto dopo, alla distruzione del collettivismo, al trionfo di un capitalismo rapace?

«Socialismo e capitalismo, come erano intesi tradizionalmente, sono entrambi morti, per conto mio. Il regime che abbiamo oggi è una *corporation* transnazionale, basata su una dittatura monopartitica, in Cina, o su un sistema bipartitico, in Usa e Gran Bretagna. In modo diverso queste forze esprimono la negazione dell'autentica democrazia e intontiscono la gente con eventi patriottici alla *panem et circenses*».

Ma esiste una 'terza via', per parafrasare Blair e il New Labour, tra la Thatcher e l'eroina, tra quella 'dittatura' e la vita ai margini?

«Se esiste un'altra via, non è certo il New Labour di Blair, che era solo il volto servile del neoliberalismo thatcheriano. A fine anni Settanta soltanto un pazzo avrebbe potuto negare che il mondo stava cambiando e c'era bisogno di ristrutturazione, ma solo un'avida élite senz'anima avrebbe imboccato la strada presa dalla Gran Bretagna per farlo».

Vede qualche speranza tra i giovani d'oggi? Qualcosa in comune tra i ragazzi di 'Occupy Wall Street' e quelli di *Skagboys*?

«La speranza è che non si fottano, non si vendano, non si facciano macinare come le generazioni precedenti. Eliminerei tutti quelli al di sopra dei quarant'anni, per lo più sono una perdita di tempo e sono troppi, anzi siamo troppi, e non abbiamo altro scopo che svuotarci le tasche, stuprare il pianeta e impedire il cambiamento. Tutti i giovani hanno vitalità e idealismo: è questa l'unica connessione tra 'Occupy' e *Skagboys*».

Le è piaciuto il film che il regista Danny Boyle ha tratto da *Trainspotting*?

«Sì, non c'era alcun motivo per cui dovesse dispiacermi. È un formidabile pezzo di cinema».

E ha visto la cerimonia di apertura delle Olimpiadi di Londra 2012 diretta da Boyle, con il suo omaggio alle ciminiere delle fabbriche, alle infermiere degli ospedali di Stato, al welfare?

«Ne ho vista qualche immagine in tivù e sul web. Penso che Boyle abbia presentato una Gran Bretagna alternativa ai trent'anni di neoliberismo che abbiamo avuto. Ma molto del fascino della sua presentazione sapeva di nostalgico, come a dire: questo è quello che abbiamo perduto, non quello che ancora siamo».

Il «Times» ha pubblicato un articolo che riportava un autorevole rapporto britannico secondo cui la marijuana andrebbe legalizzata e bisognerebbe ammettere che le droghe non fanno più danni dell'alcol. Lei che ne dice?

«Io legalizzerei tutte le droghe. Certo che sono dannose e pericolose, ma molte cose lo sono. Diamo alla gente informazioni sui rischi e lasciamo che faccia le sue scelte, tanto se vogliono farsi si faranno lo stesso. Mantenere le droghe illegali significa soltanto aiutare la criminalità a prosperare».

E per finire: la sua storia si svolge in Scozia, lei è scozzese anche se ha vissuto a lungo a Dublino e ora negli Usa. Che cosa pensa della questione dell'indipendenza della Scozia?

«Sarei felice se la Scozia diventasse indipendente. Paradossalmente, penso che Scozia e Inghilterra sarebbero più forti come nazioni separate. Non ho niente contro la britannicità come categoria generale: ciò a cui sono contrario è il Regno Unito, che è uno Stato imperialista».

John Banville

Uno stereotipo del mondo culturale vuole che ogni clown sogni di recitare l'*Amleto*. Ma talvolta avviene il contrario: un Amleto prova a fare il clown. Si è tentati di sintetizzare così la scelta di John Banville, il grande scrittore irlandese, autore di una ventina di apprezzati romanzi, tra cui *Il mare*, vincitore nel 2005 del Booker Prize. Definito da Martin Amis «un maestro la cui prosa regala un piacere fisico», a un certo punto Banville ha scelto la strada per lui del tutto nuova del giallo. Un giallo in apparenza tradizionale: *Dove è sempre notte* si svolge a Dublino fra gli anni Trenta e gli anni Cinquanta, tra battelli postali, pub male illuminati, profonde solitudini. Ci sono un investigatore per caso strattonato dalla vita, donne della buona borghesia eleganti e prigioniere delle convenzioni, l'opprimente potere della Chiesa cattolica irlandese, un cadavere misterioso e la ricerca di un assassino. Soprattutto, c'è l'atmosfera di uno dei maestri del genere noir, indizio sufficiente a capire che Amleto, anche nei panni del clown, resta pur sempre Amleto.

Molti giallisti prima o poi ambiscono a scrivere un romanzo 'serio'. Come mai lei ha fatto, in un certo senso, il percorso inverso?

«Sono stato un lettore di gialli per tutta la vita. Ho cominciato da ragazzo con le scrittrici come Agatha Christie, scialli a fiori e l'omicidio nel cuore. In seguito, non appagato dalla natura enigmistica della detective story inglese, sono passato ad autori più tosti, come Raymond Chandler e James M. Cain. Infine ho scoperto Simenon, non i libri di Maigret, che trovo ripetitivi, bensì quelli che lui definiva i suoi 'romanzi duri', veri capolavori. Vedendo ciò che Simenon riusciva a realizzare con un materiale così esiguo, mi è venuta voglia di provare a scrivere un giallo anch'io».

Perché nell'edizione inglese usa uno pseudonimo, invece del suo vero nome?

«Non per nascondermi. Intendevo solo far sapere ai lettori che mi muovevo in una nuova direzione. Temevo che prendessero questo romanzo per uno scherzo postmoderno. Mentre è un libro serio».

Appunto. Graham Greene diceva che è sbagliato distinguere tra gialli e romanzi letterari, perché l'unica distinzione dovrebbe essere tra buona letteratura e cattiva letteratura.

«Sono d'accordo con Greene, fino a un certo punto. In senso ampio è vero, c'è una sola distinzione che conta, tra romanzi belli e brutti. Ciononostante, i miei gialli – ne ho già finito un secondo e sto pensando a un terzo – sono diversi dagli altri miei romanzi per almeno una ragione: scrivo un giallo in pochi mesi, mentre per un romanzo mi servono da tre a cinque anni».

Simenon si vantava di scrivere un intero romanzo utilizzando un vocabolario estremamente limitato, poche centinaia di parole, il linguaggio dell'uomo della strada. Non sembra il suo caso.

«Mi ha sempre impressionato la profondità e varietà di effetti che Simenon realizza con mezzi così limitati, così come mi attrae che non scada mai nella psicologizzazione dei personaggi. Su questo concordo totalmente: basta presentare i fatti. Per realizzare i miei effetti, però, io necessito di un vocabolario più ricco del suo».

In *Dove è sempre notte*, la Chiesa cattolica occupa un ruolo chiave. È un libro contro il cattolicesimo, che tanta parte ha avuto nella storia del suo paese?

«Nel ventunesimo secolo l'Irlanda si è notevolmente secolarizzata, perlomeno nei centri urbani. Il potere della Chiesa ha cominciato a incrinarsi a causa delle rivelazioni sessuali e degli scandali finanziari dei primi anni Novanta. Liberati dal cappio dei preti, gli irlandesi hanno imboccato con fervore una nuova religione: fare quattrini. E in effetti ne fanno sempre di più. Ma fare quattrini ha un prezzo, ed è che l'Irlanda sta perdendo molte delle cose che la rendevano un posto decente in cui vivere. Quando la gente si arricchisce, si indurisce, e l'Irlanda oggi è un posto molto duro».

Senza rivelare troppo della trama, il suo è un finale che può far pensare a un film, *Chinatown* di Roman Polanski, o a un altro giallo atipico, *Quer pasticciaccio brutto de via Merulana* di Gadda. «La mia storia era nata come una sceneggiatura, che poi non s'è fatta, e allora ho deciso di scriverla come libro: sarebbe curioso che finisse per ridiventare un film. Quanto al libro di Gadda, è una strana coincidenza che lei me lo chieda: dopo avere provato a leggerlo tre volte senza successo, l'ho appena ricomprato. È indubbiamente un capolavoro».

Secondo lei perché ci sono così tanti buoni scrittori in un paese piccolo come l'Irlanda?

«Abbiamo perso la nostra lingua, il gaelico, a metà del XIX secolo. Era un linguaggio obliquo, vago, poetico. La lingua che lo ha rimpiazzato, l'inglese, era per noi come il latino dell'impero romano, la lingua del comando, della chiarezza, dei fatti. E io penso che, pur non avendo più il gaelico come lingua nazionale da centocinquant'anni, possediamo ancora il suo ritmo nella nostra sensibilità interiore, col risultato che non ci sentiamo interamente a casa nella lingua inglese. Questa è una posizione molto buona per uno scrittore, perché lo porta a esaminare costantemente il linguaggio dall'esterno, a mettersi in discussione, a provare, a riscrivere. Paradossalmente, penso che sia questa sorta di estraneità nei confronti dell'inglese a spingere così tanti di noi verso la scrittura».

A proposito di scrittura, lei è stato a lungo un giornalista. Aveva ragione Hemingway a dire che il giornalismo è una buona scuola per diventare scrittori, a condizione di abbandonarla presto?

«Per anni ho fatto il redattore, passando il mio tempo a correggere, limare, impaginare gli articoli degli altri. Non ero un giornalista che scrive, ero una specie di meccanico che cambia le gomme, fa il pieno e controlla i motori all'auto del pilota. Anche quello, comunque, è un mestiere che ti insegna a controllare il linguaggio. In generale penso che giornalismo e narrativa siano totalmente differenti, con regole ed esigenze diverse, ma anche il giornalismo insegna a usare le parole, e questa in fondo è la prima lezione che uno scrittore deve apprendere».

Roddy Doyle

Una madre che arriva dall'America in Irlanda, per incontrare la figlia abbandonata quando era una bambina di pochi anni. E un'altra madre che, per non disturbare la prima, lascia l'Irlanda diretta con i suoi due figli in Finlandia, per una vacanza nella neve e nel gelo. Due storie che s'intrecciano misteriosamente, portando i figli verso un'avventura che li farà crescere e li spingerà a fare i conti con le passioni, i problemi, i turbamenti dell'adolescenza. Così, dopo avere raccontato la famiglia dei grandi, Roddy Doyle, capofila della nuova narrativa irlandese, indaga la famiglia dei piccoli, affinché siano loro a spiegarci cosa vuol dire oggi essere un teenager. L'autore di *Paddy Clarke ah ah ah!*, il romanzo con cui vinse il prestigioso premio Booker, lo scrittore che J.K. Rowling definisce semplicemente «un genio», stavolta perlustra un territorio vergine: *Dentro la foresta* evoca, fin dal titolo, un viaggio geografico e psicologico al termine del quale nulla sarà più come prima.

Da dove viene l'idea di questo romanzo?

«Ho fatto una vacanza con la mia famiglia in Lapponia, qualche anno fa. Trovai che l'esperienza e il panorama erano di grande ispirazione. Particolarmente mi colpì la reazione dei miei bambini alla neve. Ricordo che all'epoca pensai: c'è un libro in tutto questo».

C'è qualche sua esperienza personale o un ricordo della sua adolescenza nel libro?

«Avevo sedici anni la prima volta che sono uscito dall'Irlanda, e fu per andare a Rimini, per una settimana, nel luglio del '74: niente a che vedere con la neve, dunque. No, non c'è nulla di consapevolmente autobiografico nel libro, solo cose che sono capitate durante quel viaggio in Lapponia: l'eccitazione dei miei figli per la neve e per i cani da slitta, la mia caduta da una slitta, il freddo intenso, l'angolazione del sole, il rumore della slitta sul ghiaccio».

Questo è un romanzo sull'adolescenza, ma dai cinquant'anni si entra in un'età di bilanci, riflessioni, talvolta di crisi d'identità.

«Non do importanza all'età, perlomeno da quando sono diventato maggiorenne. Avere cinquant'anni significa molto poco per me. Quanto alle crisi d'identità, la mia intera vita è stata una lunga crisi d'identità».

Il suo libro, sia nel titolo italiano, *Dentro la foresta*, che in quello inglese, *The Wilderness*, riecheggia il famoso romanzo di Jack London *Il richiamo della foresta* (*The Call of the Wild*, in inglese). Pensa che ci sia qualcosa in comune con il suo?

«Facendo ricerche per *Dentro la foresta*, in effetti ho riletto *Il richiamo della foresta* e anche *Zanna Bianca*, così come molti dei racconti di London. Il mondo dei suoi libri è molto più selvaggio del mio. I suoi racconti sono tra i più feroci che io abbia mai letto, e sono molto belli proprio per questo. Gli esseri umani sono selvaggi; i cani sono selvaggi – ma la neve è bianca. Nel mio libro direi che è questo l'unico tratto in comune: gli esseri umani sono brave persone, i cani sono adorabili – ma la neve è bianca anche lì».

Nel libro, i figli si sentono meglio quando gli adulti cominciano ad avere bisogno di loro: è come se i ruoli si rovesciassero. Qual è il messaggio, se ce n'è uno?

«Non c'è un vero messaggio. Non voglio certo suggerire ai genitori di mettersi in pericolo, affinché i figli possano venire a salvarli e così maturare emotivamente. Sostanzialmente, la mia è soltanto la storia di un'avventura».

Ma qual è il suo punto di vista sulla famiglia moderna? Una sana istituzione o un manicomio?

«Una via di mezzo tra una sana istituzione e un manicomio. Una pazza istituzione, ma una sana forma di follia, se sei fortunato. In verità non saprei definire cosa sia la famiglia moderna: forse una famiglia che comunica attraverso i messaggini».

Le sembra che, come molti dicono, gli anni dell'adolescenza siano i peggiori, i più difficili?

«Non ne ho idea. Ricordo i miei con affetto, ma non vorrei essere di nuovo un teenager. D'altra parte, quando avevo quattordici anni, non desideravo neppure di averne cinquanta e diventare calvo».

Com'è il suo stile di lavoro? Sa già all'inizio tutto quello che scriverà, o la storia si evolve mentre la scrive?

«Non pianifico troppo meticolosamente. Aiuta sapere la trama prima di cominciare, ma mi succede di rado. La trama, comunque, è solo un elemento della storia. Il ritmo, il carattere, il dialogo sono altrettanto cruciali, e non possono essere pianificati. Scrivo generalmente dalle 9,30 del mattino fino alle 6 di sera, ma non ho una durata media per completare un libro: uno l'ho finito in sei mesi, per un altro ho impiegato cinque anni».

Vivrebbe da qualche altra parte, anziché a Dublino?

«Sono molto felice di vivere a Dublino. Ma mi piacerebbe stare per un po' a New York o a Chicago, magnifiche città. E vivere per un anno in Islanda, per sperimentare il ciclo della luce e del buio».

Perché ci sono così tanti buoni scrittori in Irlanda?

«È molto semplice. Noi irlandesi parliamo un sacco, e nel nostro paese gli scrittori non pagano le tasse sul reddito».

Quali scrittori hanno avuto più importanza per lei, e quali sta leggendo adesso?

«Tutti i buoni libri sono importanti per me. Philip Roth, Richard Ford: è sempre una buona notizia quando scrivono un nuovo libro. Anne Enright, Dermot Healy, Dermot Bolger, sono alcuni dei miei scrittori irlandesi preferiti. Mi piace quando leggo un buon libro di uno scrittore di cui non avevo mai letto nulla, o il libro di un esordiente. Al momento sto leggendo *Il resto è rumore*, di Alex Ross, una storia della musica del XX secolo, fantastico; e un romanzo, *Il caso dei manghi esplosivi*, di Mohammed Hanif, che mi piace molto, sulla morte di un dittatore pakistano».

C'è qualche scrittore italiano, vivo o morto, tra le sue letture?

«Giorgio Bassani: *Il giardino dei Finzi-Contini* è uno dei miei libri preferiti. E poi quel giovane poeta, Dante, che mi pare molto promettente».

Cambiamo argomento. Abbiamo passato i cinquant'anni, qualcuno ha fatto dei figli, continuiamo ad avere più o meno le stesse idee, uno di noi ha scoperto di avere quello che si chiama, eufemisticamente, 'un brutto male'. Che cosa ci rimane, ora che vediamo la vita da questo mutato punto di vista rispetto al periodo magico della gioventù? È la premessa, e il quesito di fondo, di *La musica è cambiata*, un altro romanzo di Roddy Doyle. Il protagonista è Jimmy Rabbitte, lo stesso del suo fortunato esordio narrativo, *The Commitments*, e il suo alter ego letterario, qui però più vecchio, con meno illusioni e un serio acciacco. La scena è come sempre Dublino. E fra tanto rock, fiumi di birra nei pub, un rapporto più facile con il padre e uno più difficile con i figli, il libro di Doyle cerca la risposta a una domanda molto semplice: la 'musica' cambia, a un certo punto, ma quanto siamo cambiati noi, che cosa ci resta nel cuore e qual è il senso di tutto questo? La risposta sta nella «grande scoperta di avere degli amici veri», come in realtà avevamo sempre saputo ma come non sempre ci accorgiamo, presi nel turbinio dell'esistenza.

Dunque torna in scena l'eroe di *The Commitments*. Perché ha rivolto ancora una volta la sua attenzione a Jimmy Rabbitte?

«In vita mia ho scritto dieci romanzi e solo uno di essi, *Paddy Clarke ah ah ah!*, è una storia a se stante. Torno sempre a occuparmi dei miei personaggi, quando penso che il momento sia giusto e dentro di loro ci sia altro materiale. Basta aggiungergli un po' di anni ed è quasi come se fossero nuovi, e meritevoli di andarli a rivisitare. Scrissi il mio primo romanzo, *The Commitments*, in un'epoca di recessione in Irlanda, a metà anni Ottanta. In quel libro Jimmy era un giovane uomo. Quando la parola 'recessione' è tornata a circolare nel mio paese, nel 2009, mi sono chiesto come stava Jimmy e come se la stava cavando con la nuova crisi economica».

Fin dalle prime pagine, e addirittura fin dal titolo nell'edizione inglese, che vi allude, un nuovo elemento nella vita di Jimmy è quello che in America chiamano 'The Big C': cosa l'ha spinta a confrontarsi con il cancro?

«Ho un'età in cui vado più a funerali che a concerti rock: vecchi vicini di casa, familiari, genitori degli amici, amici. Diverse persone a me care hanno avuto il cancro. Alcuni sono morti: li conoscevo e gli volevo bene da quando eravamo giovani. Così ho fatto ammalare anche Jimmy, ma non volevo scrivere un libro solo sul cancro, piuttosto sulla risposta del protagonista alla malattia. Il messaggio, e non vale solo per il cancro, è: vivi la vita di corsa, buttatici dentro alla carica».

La mezza età, la crisi economica, il cancro: non sono argomenti particolarmente allegri, eppure nel suo romanzo li racconta con ironia, coraggio, perfino ottimismo.

«La vita è piena di trappole. La vita stessa è una trappola, perché un giorno moriremo. Una condizione che può apparire buffa, ma anche disperatamente triste quando arriva la fine per qualcuno che amiamo. La mezza età poi a me sembra una situazione ilare, piena di assurdità e umiliazioni quotidiane. I peli smettono di crescere dove dovrebbero e cominciano a spuntare dove non sarebbero benvenuti. Diventi più saggio, ma troppo tardi perché possa esserti utile. La grande scoperta di Jimmy in mezzo a tutto questo è che ha degli amici. Dei veri amici, con cui condividere le piccole miserie della mezza età, le ansietà della recessione e tutto il resto, incluse le belle cose, a cominciare dalla musica. Non servono orecchie giovani per ascoltarla».

A proposito di musica, come in *The Commitments* gioca un ruolo importante anche in questo libro. E nella sua vita?

«La musica è molto importante per me. Ne ascolto sempre quando scrivo. Il ritmo sembra influire sulle mie dita mentre battono sui tasti. Una canzone evoca ricordi, immagini, parole. Una musica triste può farmi venire il buon umore. La musica secondo me è l'uomo, e la donna, al loro meglio. Perché la musica ci commuove? Non lo sapremo mai veramente, e questo mi pare meraviglioso».

Forse in questo romanzo ha inventato un nuovo genere letterario, una storia triste che fa ridere: la commedia malinconica, dopo la commedia romantica?

«Non spetta a me dirlo. Ma 'The Melancholic Comedy' sarebbe un buon nome per una rock band».

Come per altri suoi romanzi, anche di questo i critici inglesi hanno particolarmente elogiato l'incredibile uso del dialogo, davvero una musica, come una colonna sonora. Dave Eggers disse una volta che nessuno scrittore vivente scrive dialoghi bene come lei. Perché pensa di essere così bravo?

«Mi è sempre piaciuto ascoltare la gente parlare. Mi è piaciuto ancora di più quando nel 1979 sono diventato un insegnante di scuola media superiore. La sfida, quando ho iniziato a scrivere, è stata rendere sulla pagina gli accenti, i tic, le diverse meccaniche del linguaggio. Mi hanno insegnato molto, al riguardo, il commediografo Sean O'Casey, Flann O'Brien, Flannery O'Connor e Raymond Carver».

Oggi l'Irlanda è uscita dalla recessione, anche se non è tornata al lungo boom economico che mise fine alla sua immagine di paese di fame e di emigranti. Le sembra che la recente crisi abbia cambiato o insegnato una lezione al suo paese?

«Non sono convinto che l'Irlanda sia davvero uscita dalla crisi e stia economicamente meglio. Forse ne è uscita nella maniera astratta che adorano gli economisti, 'la fiducia dei consumatori è in aumento' e stereotipi analoghi. Ma nella vita di tutti i giorni, non credo. Ho letto di recente la storia di una donna con tre figli che abitano in un'auto perché non hanno altro posto in cui vivere. È troppo presto per dire che lezioni sono state apprese. L'altro giorno ero con un gruppo di persone della mia età e qualcuno ha menzionato una casa in vendita e il prezzo: tutti gli si sono stretti intorno per sentire, come se raccontasse qualche scandalo sessuale».

Come lei stesso ricordava, c'era la recessione anche all'epoca in cui ha scritto *The Commitments*: forse i tempi difficili ispirano gli scrittori più dei bei tempi?

«Sarei tentato di dire di sì e sarebbe la risposta più facile. Ma penso di no. In verità, tutti i tempi sono belli e brutti. E personalmente considero il mio romanzo *Paula Spencer*, scritto quando l'economia irlandese andava al massimo, uno dei miei migliori».

In conclusione, quanto c'è di lei in Jimmy Rabbitte, il protagonista di questo romanzo?

«Ci dev'essere una parte di me, suppongo, visto che l'ho creato. Ma Jimmy non sono io. Condivido con lui soprattutto i suoi gusti e lo snobismo in campo musicale e il suo grande amore per il caffè».

Catherine Dunne

Siamo stati tutti innamorati. Quasi tutti, una volta o l'altra, siamo stati lasciati. E i più fortunati tra noi, a quel punto, dopo un'attesa breve o lunga hanno ritrovato l'amore. È una storia classica, universale, che non ci stanchiamo di ascoltare. Nel suo nuovo romanzo, Catherine Dunne la racconta dal punto di vista di una coppia, divisa e quindi improvvisamente ricomposta: otto anni dopo avere lasciato la moglie perché s'è accorto di non amarla più, un uomo torna a casa, da lei e dai figli. I due scopriranno che cosa non aveva funzionato? Torneranno ad amarsi? Oppure riapriranno vecchie ferite, accorgendosi che nel frattempo ciascuno è cambiato, è diventato una persona differente e l'amore, dopo avere spazzato via spettri e rottami del vecchio matrimonio, deve cercarlo altrove? *L'amore o quasi* ripropone ai lettori Ben e Rose, gli stessi protagonisti di *La metà di niente*, il libro che nel 1998 diventò un best seller internazionale lanciando la scrittrice irlandese. Come il primo, è un romanzo sulla fragilità e la forza dei sentimenti: un'indagine sulla capacità di reagire ai colpi della vita e di continuare a sperare nell'incontro inatteso che può cambiarcela. «Quei personaggi erano rimasti dentro di me, sentivo che erano incompiuti, che avevano ancora qualcosa da dire, o meglio da chiarire», dice l'autrice, considerata uno dei capofila della vibrante *nouvelle vague* letteraria d'Irlanda.

Senza sciupare la sorpresa di scoprire come va a finire, è verosimile che un uomo e una donna tornino insieme, dopo essersi bruscamente separati otto anni prima?

«Gli amori importanti di una vita, anche quando finiscono, e perfino quando finiscono male, non se ne vanno mai del tutto. Penso che la curiosità reciproca di sapere come è oggi l'altro, cosa fa, cosa pensa, resti sempre viva. Ma anche i conti col passato non finiscono mai. Dunque, senza rivelare di chi s'innamora Rose alla fine del romanzo, diciamo che è molto difficile ricominciare ad amarsi dopo molto tempo. O anche dopo poco tempo. Anzi è quasi impossibile, a meno che non si sia cambiati entrambi, nell'intervallo, allo stesso modo».

L'amore è il motivo centrale dei suoi libri: vecchi amori, nuovi amori, amori perduti, amori ritrovati. Vuole provare a dirci cos'è esattamente l'amore, secondo lei?

«Che domanda difficile! Direi che la risposta varia con l'età: quando hai vent'anni l'amore è una cosa, a quaranta o cinquanta è un'altra. Ma ci sono delle costanti: l'amore è la ricerca dell'anima gemella, la scoperta di avere molto in comune, di poter sempre contare su qualcuno, è saper ridere insieme, e deve esserci naturalmente anche un significativo elemento di attrazione sessuale».

Come mai è diventato sempre più difficile amarsi per tutta la vita?

«Mi viene in mente una frase pronunciata, quando aveva passato i cinquant'anni, da Jane Fonda: 'Di colpo capisci che è iniziato il terzo atto, e che dopo di quello la commedia è finita'. Oggi, in amore, siamo tutti meno tolleranti di quanto lo fossero i nostri genitori, non ci accontentiamo più: se il primo atto o il secondo non ci soddisfano, cerchiamo l'amore almeno nel terzo, prima che cali il sipario».

E questo è un bene o un male?

«Certamente più un bene che un male. Sono felice che le donne di oggi non siano più prigioniere di matrimoni senza amore, come capitò a mia madre. Oggi le donne sanno di poter scegliere, sempre, anche a cinquant'anni, anche a sessanta. E mi limito a parlare di donne perché un uomo, in generale, era più libero di andarsene anche prima, se un rapporto non gli andava più bene».

Si sente una scrittrice femminista?

«Detesto le etichette. Mi sento una scrittrice e basta, attirata in particolare dai personaggi femminili. Ma non è che nei miei libri manchino gli uomini, così come nella mia vita: ho un padre, un marito, un figlio, tanto per dire».

Lei però scrive che i rapporti tra i due sessi sono complicati dal fatto che gli uomini non hanno lo stesso linguaggio emotivo delle donne.

«Beh, mi pare ovvio. Quando una donna ha un problema, ne parla: con le amiche, con le sorelle, con chiunque. La parola è la prima terapia per affrontarlo. L'uomo invece tende di più a chiudersi in se stesso, a risolvere il problema da solo e poi presentare la soluzione. L'immagine del maschio forte e taciturno, lo riconosco, sta cambiando, mio figlio e le giovani generazioni sono indubbiamente più aperti. Ma la differenza di linguaggio emotivo, per adesso, rimane».

Non sarà una caratteristica degli uomini irlandesi, o anglosassoni? I maschi latini sono decisamente più chiacchieroni, non le pare?

«Non ho abbastanza esperienza di maschi latini! A questa domanda dovrebbe rispondere lei».

Come mai la piccola isola d'Irlanda ha così tanti bravi scrittori?

«Perché abbiamo la cultura del racconto. Una cultura che magari odora di birra e di whisky, perché nasce al pub, ma è pur sempre straordinaria. Ho preso un treno in Francia, recentemente: i passeggeri erano tutti zitti. Su un treno irlandese uno non riesce a sentire il suono della propria voce: tutti i passeggeri si raccontano cose. Un'altra ragione è che vent'anni fa ci siamo finalmente liberati da secoli d'oppressione, da parte della Chiesa, dell'Inghilterra che ci dominava, della fame che ci immiseriva e ci costringeva a emigrare. Il miracolo economico dell'Irlanda ha generato anche un boom letterario: la voglia e la possibilità di esprimerci».

Un altro piccolo paese in guerra da sempre, Israele, è altrettanto ricco di talenti letterari: forse sono anche i conflitti a generare scrittori?

«Probabilmente, e non solo nei piccoli paesi, basti pensare all'India. Ma, per quel che ci riguarda, mi meraviglia che pochi scrittori irlandesi abbiano finora scritto romanzi sul conflitto in

Irlanda del Nord. Può darsi che sia ancora troppo vicino per parlarne».

È un conflitto ormai risolto, però.

«Non si muore e non si spara più, o quasi. Sono stati fatti grandi progressi e bisogna essere ottimisti che prima o poi si troverà un accordo di pace definitivo. Ma resta ancora tanta intransigenza e sfiducia reciproca».

Le piace l'Irlanda di oggi, l'Irlanda del boom, la tigre celtica?

«Se penso a com'era prima, non può non piacermi. Ci siamo liberati dall'oppressione, dal conformismo, dalla povertà di massa. Ma c'è un detto secondo cui, a cinquant'anni, ognuno diventa uno straniero nel proprio paese: nel senso che non lo riconosci più rispetto a com'era quando eri giovane. Oggi c'è anche molto più egoismo, più edonismo. E questo mi piace meno».

Per concludere, tornando ai suoi romanzi di eroine femminili, ne scriverà mai uno su un uomo bravo e buono, vittima di una donna tremenda?

«È proprio quello che sto pensando di fare. Mi ha letto nel pensiero».

Sam Millar

La sua vita sembra un romanzo. Era inevitabile che prima o poi lo scrivesse. Madre suicida, scuole interrotte, apprendista in un mattatoio, militante nell'Ira al tempo di Bobby Sands, undici anni di carcere britannico per atti di guerriglia, emigrazione clandestina in America sotto falso nome, rapina da milioni di dollari al camion blindato di una banca, tre anni di prigione negli Usa, la grazia inaspettatamente concessa da Bill Clinton al termine della presidenza, il ritorno in Irlanda: dove a quel punto Sam Millar pubblica le sue memorie, che diventano un best seller in patria, in Europa e negli Stati Uniti, Hollywood ne compra i diritti.

Quando te lo trovi di fronte, sulla porta della sua modesta casetta nel quartiere cattolico di Belfast, capisci la differenza fra chi scrive di vita vissuta e chi esce dai corsi di scrittura creativa. Basso, tozzo, muscoloso, Millar ha la faccia di uno che ne ha passate di tutti i colori ed è sopravvissuto. Ora gli si prospetta davanti una nuova esistenza, la terza, forse la più imprevista per uno nato in mezzo ai Troubles, i problemi, i guai, come era soprannominato il trentennale e sanguinoso conflitto tra cattolici e protestanti, ovvero tra repubblicani indipendentisti e monarchici unionisti, in Irlanda del Nord: la parte dello scrittore. *On the Brinks. Memorie di un irriducibile irlandese*, il suo romanzo autobiografico, esce in Italia dopo essere stato in testa alla classifiche delle vendite in Francia e in Germania; la sceneggiatura è pronta per il film che ne dovrebbe essere tratto, prodotto dalla Warner Bros, interpretato da Jeremy Renner, l'attore protagonista di *Bourne Legacy*; un'altra decina di romanzi, tutti noir ispirati ai suoi ricordi, sono apparsi con successo sull'Isola di Smeraldo e in un'altra mezza dozzina di paesi. Seduto al tavolo della cucina, questo Papillon irlandese si passa la mano nei capelli e sospira: «La vita ha più fantasia di noi. E certamente la mia ne ha abbastanza per scrivere ancora tanti libri».

Cominciamo dalla fine: che cosa è successo quando è rientrato in Irlanda, dopo la rapina, la condanna, il carcere e il perdono in America?

«Avevo 48 anni, neanche un penny in tasca, nessun lavoro né la possibilità di trovarne facilmente uno perché la mia fedina penale era sporca anche qui. Passavo le giornate a leggere alla biblioteca pubblica di Belfast. Un giorno trovo sul 'Belfast Telegraph', il quotidiano locale, un concorso per un racconto. Premio: mille sterline! Non potevo crederci».

E lo ha vinto?

«Sì, ma prima ho fatto un corso di dattilografo perché non sapevo nemmeno scrivere su un computer. Lo spedisco, non ci penso più, tre mesi dopo una telefonata mi comunica che sono io il vincitore».

Fu allora che decise di scrivere le sue memorie?

«Quelle le avevo scritte in America, in carcere, per mantenere la sanità mentale. Ma non mi ero mai immaginato di pubblicarle. Dopo aver vinto il concorso con il racconto, ho cambiato idea. Ho fatto un po' di tentativi e ho trovato un editore. Il libro è uscito, è andato bene e ho pensato che fosse un modo per guadagnare qualche soldo. Dall'America ero tornato con moglie e tre figli, dovevo dare una mano a mantenerli».

Non aveva mai pensato di diventare uno scrittore?

«Ci avevo pensato, sì. Mi è sempre piaciuto leggere, ma da ragazzo ho studiato poco, non avevo gli strumenti, non sapevo nemmeno cosa fosse un libro. Però mi passavano per le mani i giornalini a fumetti. Ero innamorato di quelli sui supereroi. Sognavo di scrivere testi per fumetti come Stan Lee, il mio mito, l'inventore dell'Uomo Ragno e dei Fantastici Quattro. Adesso leggo di tutto, leggo voracemente».

Chi sono i suoi modelli, i suoi scrittori preferiti?

«Cormac McCarthy, adoro *Non è un paese per vecchi*. E Raymond Chandler, un po' datato, ma scrive come un dio».

L'amore per i fumetti però non è finito.

«No di certo. Quando sono arrivato a New York, a Jackson Heights, nel Queens, sotto falso nome, utilizzando il passaporto di un americano morto, procuratomi da un prete cattolico in Canada, aprii proprio un negozio di fumetti. E ancora adesso li colleziono, sono la mia passione».

Ha nostalgia dei tempi in cui era un combattente dell'Ira, l'Irish Republican Army, l'esercito clandestino indipendentista nord irlandese?

«Per nulla. Ero giovane, volevo avere la ragazza, divertirmi, come tutti quelli della mia età. Ma la mia era una famiglia di militanti repubblicani, ci si aspettava che lavorassi per l'Ira e così feci. Significava essere pronti a uccidere e vivere con la costante paura di essere uccisi. Nulla di cui essere nostalgici».

Crede che un giorno l'Irlanda tornerà a essere unita?

«Non credo che lo vedrò io ma lo vedranno i miei figli. Un tempo pensavo che, così come il colonialismo ci era stato imposto dalla Gran Bretagna con la forza, avremmo ottenuto la liberazione con la forza, come del resto ha fatto il resto di quest'isola, la repubblica irlandese sorta dalla rivolta del 1916 contro Londra. Ora sono meno romantico, più realista, penso che ci arriveremo pacificamente, con un referendum. Dal Regno Unito se ne andrà per prima la Scozia e poi sarà il turno dell'Irlanda del Nord. Ma ci vorrà tempo».

È vero che i soldi della rapina al furgone blindato a New York non sono mai stati trovati? Dove sono finiti?

«Quelli che avevo io me li hanno trovati addosso, sono stati la prova per arrestarmi. Il resto, chi lo sa? Auguri a chi ce li ha e se li gode!».

Era peggio il carcere sotto i britannici o il carcere in America?

«Quello britannico: gli inglesi ci maltrattavano e ci torturavano quotidianamente. Ma nel carcere britannico avevo la solidarietà dei miei compagni. In America ero solo. Fortunatamente in quella prigione c'erano dei gangster di origine irlandese, sapevano che ero un ex dell'Ira e mi presero sotto la loro protezione».

Ha visto *Gangs of New York*, il film di Scorsese? Racconta come è nato il crimine irlandese in America.

«Sì, ma narra un passato lontano e a me ignaro. Mi è piaciuto di più *The Departed*, sempre di Scorsese: i gangster irlandesi che descrive, come quello impersonato da Jack Nicholson, li ho conosciuti anch'io».

Da buon irlandese, nonostante una vita di violenza e crimine, lei è cattolico praticante?

«La religione cattolica, com'è noto, consente di pentirsi dei propri peccati e chiedere perdono. In ogni modo io sono praticante alla mia maniera. Vado a messa tutte le domeniche, ma prego Dio, non la Chiesa cattolica, che non ha mai veramente aiutato la causa dell'indipendenza irlandese e per questo non mi è mai piaciuta troppo».

Sono autobiografici anche i suoi romanzi noir su un detective privato nella Belfast di oggi?

«L'ispirazione viene da cose che ho fatto, visto o sentito. Parlo di una vita che, se non ho vissuto direttamente, perlomeno conosco bene. Penso che piacciano per questo, perché suonano autentici».

E ci sta bene nella Belfast di oggi?

«Sono contento che i miei figli abbiano studiato e siano riusciti a trovare un buon lavoro. Se potessi scegliere il posto in cui vivere, tuttavia, tornerei a New York, al mio quartiere di Jackson Heights nel Queens, dove mi bastava mettere il naso fuori dalla porta per sentirmi eccitato dagli odori, dai rumori, dalla varietà di lingue, personaggi, storie».

Può sempre tornarci.

«No che non posso. Quando Bill Clinton mi ha concesso la grazia, è stata accompagnata dal decreto di espulsione a vita. Non potrò mai più tornare a New York. È un prezzo che sono stato pronto a pagare, pur di uscire di galera e tornare libero. Non mi lamento certo di come sono andato a finire. Ma la notte sogno ancora a occhi aperti la mia New York. E vuol sapere una cosa? Ancora oggi, quando penso ai taxi gialli che sfrecciano nel traffico di Manhattan, quasi quasi mi commuovo».

Eugen O. Chirovici

Provate a chiedervi quale sia il vostro più lontano ricordo. Forse un episodio lieto dell'infanzia: il momento in cui si impara ad andare in bicicletta, per esempio. Oppure un evento storico: lo sbarco sulla luna, l'assassinio di Kennedy, la morte di un papa, visti in tivù. Magari qualcosa di triste: una caduta, un infortunio, una sgridata. O un vero e proprio trauma, che continua ancora a tormentarvi, di cui non vi siete liberati per il resto della vostra esistenza e vi accompagnerà per sempre. A questo punto dovreste prendere in mano *Il libro degli specchi*, uno dei casi editoriali dell'anno, diritti venduti in quaranta paesi, Italia compresa, un'opzione per farne un film a Hollywood – e andare a leggere l'ultima frase dell'ultima pagina: «Il ricordo delle cose passate non è necessariamente il ricordo di come sono state veramente». Può darsi che ci fosse il papà a sorreggervi mentre pensavate di stare in equilibrio da soli sulla bici. Può essere che lo sbarco sulla luna non lo abbiate visto personalmente in tivù, ma che i vostri genitori vi abbiano raccontato la loro emozione talmente tante volte da avervela fatta condividere. Non è escluso che il trauma che vi tormenta non sia veramente accaduto, ma lo abbiate immaginato con tale convinzione da poterlo descrivere nei minimi particolari a uno psicoanalista. Per poi esclamare: «Ecco, è riaffiorato in me dopo quarant'anni!».

L'ispirazione per la storia narrata da Chirovici, scrittore di origine rumena, viene da un'esperienza simile.

«Tre anni fa mia madre venne a farmi visita a Londra. Non so perché le dissi che ricordavo il funerale di un calciatore, deceduto in un incidente quando era ancora giovane, a cui avevo assistito da bambino. La mamma rispose che non era possibile, all'epoca ero appena un neonato, non mi avrebbero mai portato al cimitero. Replicai che ricordavo perfino la bara aperta e un pallone posato sul petto del defunto. Ebbene, il dettaglio era vero, ma probabilmente me lo avevano raccontato loro. A quel funerale non c'ero mai stato».

Quel giorno comprese che la nostra immaginazione è capace di farci brutti scherzi, trasformando un avvenimento fittizio in realtà.

«Non significa semplicemente essere dei bugiardi, ma che la mente umana può riscrivere qualunque evento del passato. E, proprio perché il passato è lontano, l'80 per cento di quel che ricordiamo è modificato, abbellito o imbruttito dalla nostra memoria».

Per restare ancorati, per ora, alla realtà: ci incontriamo in un pub di Covent Garden, davanti a birra e caffè. Economista di formazione, ex giornalista, Chirovici è autore di una dozzina di libri di narrativa e saggistica, incluso un thriller ispirato al generale Dalla Chiesa. Poi ha fatto centro con *The Book of Mirrors*, il primo romanzo che ha scritto in inglese, dopo anni passati in Inghilterra. Ora abita a Bruxelles, seguendo un contratto da consulente ottenuto dalla moglie. «Non m'aspettavo certo un successo così travolgente», ammette pensoso. «Il manoscritto era stato respinto da una decina di agenti letterari americani e ogni rifiuto è stato come un pugno in faccia. Scelsi a caso tre agenti inglesi da un sito Internet e lo mandai anche a loro. Due giorni dopo, uno si offrì di rappresentarmi. E un mese più tardi il libro era stato già venduto in mezzo mondo».

Farcela dopo i cinquant'anni, diceva Charles Bukowski, è diverso da farcela a venti o trenta.

«Concordo. Per un paio di settimane mi sono sentito come ubriaco. Ma poi sono tornato alla mia routine e ho ripreso a scrivere, come faccio tutti i giorni, concentrandomi su un nuovo romanzo, che stavo già progettando. La vita è tornata alla normalità. Mi fosse capitato qualcosa del genere da giovane, suppongo che l'eccitazione mi avrebbe dato alla testa per un pezzo».

Come sboccia un best seller nella testa di uno scrittore?

«Quando nasce non puoi sapere se sarà un best seller o no. Posso dire come è nato questo nella mia testa. Se l'ispirazione è arrivata da quel dialogo con mia madre su un funerale che ero sicuro di ricordare ma a cui non potevo essere stato, la trama viene invece da un'immagine molto precisa. L'immagine di uno studente che torna nel suo piccolo appartamento all'università e trova in cucina una coetanea, una ragazza con i capelli biondi. Un'immagine ordinaria, eppure ho cominciato a fantasticare su che cosa sarebbe avvenuto fra quei due e nel giro di qualche ora sapevo che l'università era Princeton, che la giovane donna era la protetta di un famoso professore e che il professore sarebbe morto in circostanze misteriose, lasciando dietro di sé un manoscritto scomparso. Tutti i miei libri nascono così, da una singola immagine. Non so da dove o perché mi arrivi. È l'enigma della narrazione. Alcune persone sanno immaginare storie e le raccontano. È sempre stato così, da Omero in poi».

L'accenno ai classici è dovuto: l'iniziale del suo secondo nome sta per Ovidiu, forse era predestinato a scrivere.

«Ho scritto il mio primo racconto a sette anni», riconosce, «e ho sempre desiderato fare lo scrittore di mestiere, anche se non è un vero mestiere. Oggi ci sono i corsi di scrittura creativa che ti aiutano a diventarlo, ma io tendo a pensare che scrittori si nasca».

Senza rivelare troppo, perché è un thriller, il suo romanzo può evocare *Assassinio sull'Orient Express* di Agatha Christie e *La finestra sul cortile* di Alfred Hitchcock per il tipo di colpi di scena che riserva, ma non sono soltanto questi a renderlo un libro impossibile da mettere giù, una volta che si è cominciato a leggerlo. Il gioco «di specchi» del titolo allude ai differenti punti di vista dei protagonisti e, come ammonisce l'ultima frase, alle differenti ricostruzioni che può dare la memoria di un fatto.

«Mi va bene qualunque definizione, thriller, noir, detective story», osserva lui. «L'importante non è l'etichetta, bensì se la storia è buona. Anche *Delitto e castigo* di Dostoevskij è un noir, eppure è grande letteratura. E l'importanza della trama è relativa: credo che molti lettori scordino quella di *Il lungo ad-*

dio poco dopo averlo letto, tanto è complessa, ma sicuramente non dimenticheranno Philip Marlowe, l'investigatore creato da Raymond Chandler. Quello che più conta è sapere esprimere avidità, coraggio, dolore, compassione, paura, amore, i sentimenti che scandiscono le nostre vite».

Non per nulla i suoi scrittori preferiti sono Hemingway, Steinbeck e Camus, oltre a Chandler.

«Il processo di scrivere», riflette Chirovici, «ha una propria chimica che talvolta nemmeno lo scrittore medesimo può controllare. Qualche volta l'immagine di partenza a cui accennavo prima e la storia che ne scaturisce arrivano rapidamente. In altre circostanze ci può volere più tempo. Bisogna essere pazienti e lasciare che, per così dire, sia la storia da raccontare a scriversi da sola, scegliendo tempi e modi».

Se arriverete in fondo alla sua, nelle ultime pagine scoprirete chi ha ucciso l'anziano professore e perché l'ha fatto. Ma soprattutto non sarete più tanto sicuri dei vostri ricordi: ed è questa, in fondo, la vera soluzione del giallo. Fisserete il libro che avete fra le mani e vi sembrerà, tutto a un tratto, di guardarvi in uno specchio.

Bret Easton Ellis

Il protagonista di *Lunar Park* è uno scrittore di nome Bret Easton Ellis, autore di altri quattro romanzi, *Meno di zero, Le regole dell'attrazione, American Psycho* e *Glamorama*, grande amico del collega Jay McInerney con cui si fa occasionalmente di cocaina, personaggio mondano rincorso da top model, paparazzi, tabloid, che un bel giorno mette la testa a posto, sposa una giovane attrice con la quale ha due figli, e va ad abitare con la sua famigliola nel lindo, confortevole, tranquillo sobborgo di una città americana. Senonché il sobborgo, mentre lui cerca di scrivere un romanzo intitolato *Teenage Pussy* (Figa minorenne), si rivela non troppo tranquillo: scompaiono bambini, lo spettro di suo padre viene a fargli visita, quindi salta fuori Patrick Bateman, il serial killer di *American Psycho*, determinato a spargere sangue nel quartiere. La trama è spudoratamente autobiografica, fino a un certo punto. Lo stile è da horror story postmoderna: un omaggio a *The Shining*, il romanzo di Stephen King da cui Stanley Kubrick trasse uno straordinario film con Jack Nicholson. E il ritmo è quello di un indiavolato giro della morte in ottovolante. Seduto a fare colazione in una suite sul Tamigi all'Hotel Savoy, poco dopo una notte brava e poco prima di un'altra tappa di un tour pubblicitario internazionale degno di una rockstar, Bret Easton Ellis sembra pronto a montarci sopra e farsi un'altra corsa.

Allora, quanto c'è di vero nel Bret Easton Ellis di *Lunar Park*?

«È una versione modificata di me stesso. Diventare qualcun altro per un po', senza abbandonare del tutto se stessi, è uno dei desideri realizzabili da un romanziere».

Dostoevskij, nei *Demoni*, scrive: «La verità è sempre inverosimile. Per renderla più verosimile, occorre mescolarla con un po' di menzogna». Concorda?

«Bella frase. In un primo tempo avevo dato al protagonista di *Lunar Park* un altro nome. Poi ho capito che, chiamandolo Bret Easton Ellis e dandogli le mie caratteristiche, la storia diventava più autentica, credibile. Eppure non è un romanzo autobiografico».

Molti ritengono che tutti i suoi romanzi lo siano.

«C'è solo una parte di me. Nei primi quattro romanzi volevo fare una satira della società americana: descrivere la decadenza dell'America d'oggi. In questo, il quinto, mi sono soprattutto divertito a scrivere una horror story, una storia di fantasmi, spiriti, soprannaturale, come nei libri di Edgar Allan Poe e Stephen King».

Crede nei fantasmi?

«No. Nemmeno negli spiriti. E neppure, ahimè, in Dio. Non credo nella religiosità. Ma credo nell'irrazionale, credo che si possa parlare a una persona scomparsa, anche se lei non ti ascolta, quando una canzone, un odore, qualcosa, te la ricordano. Credo che sia possibile essere stregati, nel senso di ossessionati, da qualcuno e da qualcosa».

Accadono cose da racconto dell'orrore, in *Lunar Park*. Ma accadono davvero o se le immagina il protagonista? Lo stesso dubbio esisteva sui massacri di donne commessi da Patrick Bateman in *American Psycho*.

«Ad essere sincero, non so neanch'io se è realtà o fantasia».

Molti anni fa posi la stessa domanda a Sergio Leone a proposito di *C'era una volta in America* e mi diede la sua stessa risposta.

«Ricordo il film, mi piacque molto: nemmeno io ero sicuro se quello che scorre sullo schermo è una fantasia di De Niro nella fumeria d'oppio o la realtà. Certo è più facile restare in bilico tra realtà e fantasia sulla pagina scritta che al cinema. In ogni caso, spetta al lettore e allo spettatore decidere di che si tratta».

Un tema di *Lunar Park* è il rapporto padre-figlio. Ha letto il romanzo di Turgenev che ha proprio quel titolo?

«No. Mi sono basato solo sulle mie esperienze personali. Mio padre è stato un uomo tremendo, con cui ho avuto continui conflitti. Ma da quando è morto ho un giudizio meno drastico nei suoi confronti: non era un mostro dickensiano, anche se qualcuno lo crederà leggendo il ritratto del padre di Bret Easton Ellis in *Lunar Park*. L'altra sera a un reading, sentendomi dire questo, una lettrice mi ha accusato di essermi rammollito. Penso di avere semplicemente un po' più di cuore rispetto ai miei vent'anni».

Un altro tema è il culto della celebrità. L'epigrafe di *Lunar Park* afferma che il culto, prima o poi, divora la celebrità.

«È quello che è successo a me. Il Bret Easton Ellis celebre, poco alla volta, ha preso il mio posto. La gente si aspetta sempre di incontrare una specie di vip strambo e strafatto, poi quando mi conosce dice che non sono così male come mi dipingono».

Celebrità e droga è un binomio che lei conosce. Che cosa pensa delle sniffate attribuite a tanti vip, dalla moda al rock?

«Non mi permetterei, con il mio passato di vizioso, di fare il moralista. La cocaina, comunque, è una brutta bestia».

Si riconosce nell'etichetta di minimalista?

«Ho scritto un solo libro minimalista, *Meno di zero*, in un periodo in cui il minimalismo impazzava. Leggevamo tutti Raymond Carver e sognavamo di scrivere come lui».

Breve carrellata su altri scrittori americani. Ernest Hemingway?

«Colui che mi ha fatto diventare uno scrittore. Ricordo perfettamente la notte che terminai *Fiesta* alle tre del mattino, saltai in piedi sul letto e gridai: 'Io voglio scrivere'. Dovevo avere sedici anni».

Jack Kerouac?

«L'altro scrittore che mi ha fatto diventare uno scrittore. Non tanto per i suoi romanzi. Per com'era. Avrei voluto vivere la sua vita, essere il suo migliore amico, sballarmi con lui, fare sesso con lui. Kerouac era Dio».

John Fante?

«In testa al mio libro di racconti, *Acqua dal sole*, c'è una citazione di *Chiedi alla polvere*, gran bel romanzo».

Charles Bukowski?

«Ah, che tipi, voi italiani! Vi piacciono gli uomini con un grande appetito per la vita. E fate bene. Bukowski lo era».

Ha letto *Vent'anni dopo* di Alexandre Dumas?

«No, perché?».

È il seguito dei *Tre moschettieri*, e gira voce che il suo prossimo romanzo sarà il seguito di *Meno di zero* a vent'anni di distanza.

«È vero. Era un'idea vaga, ma adesso ho cominciato a scriverlo. È un progetto difficile, rischioso, ma mi tenta. Ho voglia di raccontare come sono andati a finire i protagonisti di *Meno di zero*, dalla Los Angeles del 1985, quando uscì il libro, a quella odierna. Vent'anni dopo, appunto»[1].

A proposito di Los Angeles: perché ci è tornato a vivere, lasciando New York?

«Non ho lasciato del tutto New York, ho sempre il mio appartamento al Greenwich Village. Ero lì, l'11 settembre 2001, a venti isolati da dove gli aerei dei kamikaze colpirono le Torri Gemelle. Ma trovo che Los Angeles sia più rilassata, spaziosa, anonima, più adeguata a come sono oggi. Più adeguata alla mezza età, che a 41 anni ho infine raggiunto».

Ho letto che, pur avendo avuto rapporti omosessuali, lei non si definirebbe gay. Perché?

«Sono sessualmente confuso. È strano, ma è così. Ho amato molto alcuni uomini. Ho avuto una storia con una donna, a Los Angeles, finché lei mi ha lasciato. La mia sessualità dipende dal mio umore».

Marlon Brando sosteneva che nella vita bisogna provare tutto almeno due volte, una non basta per capire se ci piace.

«Sottoscrivo».

[1] È uscito nel 2010 con il titolo *Imperial Bedrooms*.

Clive Cussler

C'è chi prova l'avventura nella vita e chi la immagina nelle pagine di un libro. Clive Cussler ha fatto tutte e due le cose. Come fondatore e animatore della Numa, la National Underwater Marine Agency, da lui definita la Nasa degli oceani, ha ritrovato più di sessanta navi nel profondo degli abissi. Come autore di romanzi best seller ha pubblicato settantacinque titoli in quaranta lingue in cento paesi, tutti dedicati a mirabolanti imprese: e soltanto in Italia ha venduto otto milioni di copie. In entrambi i casi l'elemento dominante è il mare: una passione personale, nata dall'hobby delle immersioni subacquee, diventata una fortunata professione.

«Faccio intrattenimento, non letteratura», dice l'ultraottantenne scrittore americano, senza falsa modestia, nella sua casa di Phoenix, in Arizona. «Scrivo di avventure per la stessa ragione che mi ha spinto ad andare in cerca di vascelli fantasma: combattere la noia. E se un lettore non si è annoiato, quando arriva alla fine di una delle mie storie, sono soddisfatto». Nella storia intitolata *Piranha* ci sono l'isola della Martinica, l'eruzione di un vulcano, un misterioso scienziato tedesco, la supertecnologica nave del capitano Cabrillo (uno dei suoi eroi ricorrenti), un sottomarino invisibile e l'Air Force One su cui viaggia il presidente degli Stati Uniti. Non sarà Proust, ma di sicuro non fa sbadigliare.

È vero che cominciò a scrivere perché sua moglie aveva un lavoro serale?

«Sembra un particolare inventato, ma è proprio così. La mia signora faceva i turni di notte come segretaria in una stazione di polizia, io mettevo a letto i nostri tre figli e a quel punto non sapevo più che fare. Pensai che per ingannare la noia potevo provare a scrivere un libro. E non mi sono più fermato».

C'erano tante possibili alternative: guardare la tivù, fare i cruciverba, al limite leggere un libro, invece che scriverlo... «Naturalmente. Ma i libri li divoravo fin da piccolo: i miei genitori, quando dovevano andare da qualche parte, mi parcheggiavano alla biblioteca del quartiere e io tornavo a casa sempre carico di volumi. Leggere mi ha insegnato a scrivere: a scuola mi riusciva bene, terminati gli studi fui assunto da un ufficio marketing per coniare slogan pubblicitari. Perciò scrivere libri mi sembrava un passaggio naturale».

Fu facile?

«Per niente, all'inizio. Il mio primo editore, quando gli portai il manoscritto, disse che i libri di avventure erano roba da antiquariato, non vendevano. Ma si convinse a pubblicarlo lo stesso, il mio vendette, me ne chiese un altro e non ho più smesso».

Perché ha scelto il mare per i suoi libri di avventura?

«Perché era libero. Nessuno, negli anni Sessanta, ambientava più storie tra navi, marinai e oceani. Un genere che aveva avuto successo ai tempi di Conrad e di Stevenson era totalmente passato di moda. Io ho provato a rigenerarlo con le nuove tecnologie e un po' di fantasia».

Che cosa serve per scrivere un'avventura?

«Un inizio avvincente e un finale emozionante, innanzi tutto. Di solito non faccio troppa fatica a immaginare l'inizio e la fine: la parte più difficile, per me, sta nel mezzo. Poi occorre un protagonista seducente, qualche bella donna e uno scenario esotico. Infine bisogna che lo stile non distragga troppo dalla vicenda. Io non scrivo difficile. Non faccio letteratura. Voglio solo intrattenere il lettore».

Eppure dicono che il suo modello sia Hemingway.

«Non penso certo di scrivere come lui. Ma Hemingway non è mai noioso. E sebbene abbia vinto il Nobel per la letteratura, i suoi sono in fondo tutti libri di avventure: hanno per sfondo la guerra, la caccia grossa in Africa, la pesca d'altura, le corride. E poi Hemingway aveva vissuto di persona gran parte delle avventure che descriveva nei suoi romanzi, conosceva da vicino la guerra e la caccia, la pesca e le corride. Un po' come me con il mare».

Perché adesso scrive libri insieme a uno stuolo di collaboratori?

«Perché sono vecchio. Non ho più l'energia di una volta, ma la fantasia è sempre quella. Pubblicando quattro o cinque romanzi l'anno, ciascuno inserito in una serie differente, ho bisogno di collaboratori. Io preparo la trama, i personaggi, l'inizio e la fine, loro buttano giù il resto, me lo sottopongono, facciamo insieme la revisione e il libro è pronto».

C'è un sistema per non rimanere mai a corto di trame?

«Il mio è la storia alternativa. Lo riassumo con la massima del 'what if'. Cosa succederebbe, se venisse ripescato il Titanic? Cosa succederebbe, se il Canada fosse annesso agli Stati Uniti? Cosa sarebbe successo, se Lincoln non fosse stato assassinato? Tutto quello che accade nel mondo sembra il risultato di scelte inevitabili e razionali, ma spesso è frutto del caso. E il caso può portarti a girare a destra al prossimo incrocio, e continuare la tua vita di sempre, oppure a sinistra e imbatterti in una persona che te la cambierà».

Consiglierebbe a un giovane che vuole scrivere romanzi di frequentare un corso di scrittura creativa?

«È una possibilità. Ma ho un consiglio più semplice ed economico. Scelga il genere di libri che vuole scrivere e poi legga i più grandi autori di quel genere. È quello che ho fatto io: mi sono letto e riletto tutti i romanzi di Fleming su James Bond, tutto Sherlock Holmes, tutti i libri dei più grandi maestri di avventure. Non è plagio o imitazione: è studiare i più bravi per impadronirsi della tecnica. Del resto da Omero in poi, in materia di avventura, nessuno ha inventato più niente».

George Simenon scriveva un romanzo in quindici giorni: lei quanto ci mette, da solo o con i suoi collaboratori?

«Non sono così veloce. Anzi, direi che sono piuttosto lento. La mia media è quattro pagine al giorno. La mia regola è che, quando mi stanco, devo smettere, perché vuol dire che non mi diverto più. E se non mi diverto io a scrivere, non si divertirebbero neanche i lettori a leggermi».

Anche le auto d'epoca fanno parte del suo gusto per l'avventura?

«Appena ho potuto permettermelo, ho cominciato a comprarne. Prima per guidarle io stesso, poi per collezionarle. Ora ne ho 140, inclusa una meravigliosa Isotta Fraschini. Le ho donate a un museo. E ne infilo sempre qualcuna nei miei romanzi».

L'unica cosa poco avventurosa della sua vita sembra essere la sua residenza: cosa ci fa il re dei romanzi di mare a Phoenix, in Arizona?

«Mio figlio ha studiato qui, io e mia moglie siamo venuti a fargli visita, ci siamo trovati bene, l'aria del deserto è secca e fa bene alla salute, almeno alla mia età. Ma appena posso, anche se sono vecchio, faccio una scappata al mare. Per davvero o con la fantasia».

J.J. Abrams

Il libro più strano che vi capiterà di prendere in mano è opera dello scrittore meno stravagante che potreste incontrare. In effetti, Jeffrey Jacob (ma tutti lo chiamano J.J.) Abrams ha l'aspetto di un insegnante, magari di matematica, o piuttosto di un 'nerd', il secchione dello stereotipo americano. Eppure non solo è autore di un romanzo come non se n'erano mai visti, ma è anche – o meglio, soprattutto – un fantasmagorico creatore di storie per il cinema e la televisione, produttore, sceneggiatore e regista di serie come *Lost* e *Star Trek*, film come *Mission impossible* e un sequel della saga *Guerre stellari*. Negli Usa e in Gran Bretagna i critici lo definiscono il padrone o quanto meno uno dei padroni dell'immaginario mondiale, l'erede della generazione di Steven Spielberg e George Lucas, sebbene lui respinga il paragone con modestia. L'appuntamento con questo novello mago di Hollywood è nel luogo che di Hollywood ha preso il posto: i Pinewood Studios a nord di Londra, sterminata 'cinecittà' inglese che ha rimpiazzato la capitale californiana del cinema, poiché ormai la maggioranza dei film si realizzano in questi studi. È qui che Abrams sta ultimando il settimo capitolo di *Guerre stellari*: ancora tre giorni e si chiude, dopo sette mesi di riprese. Harrison Ford, Carrie Fisher e le altre stelle del cast si aggirano fra i capannoni seguiti da stuoli di truccatori e assistenti. Il regista dirige su due set contemporaneamente. E il cronista, per poterlo intervistare, attende inutilmente una pausa nella lavorazione, chiuso in uno dei trailer di lusso riservati alla troupe: una roulotte con salotto, cucina, camera da letto, bagno, tivù, stereo, frigo pieno e catering a disposizione. Vita da movie star. C'è tutto il tempo di rituffarsi nel libro di J.J. che, parafrasando una massima di Churchill, si potrebbe definire un'avventura, avvolta in un giallo, dentro un mistero: *S* – questo è il titolo sulla sovracopertina, mentre sulla copertina rigida c'è un altro titolo, *La nave di Teseo* –, è un pesante volume dalla carta ingiallita, che un uomo e una donna si sono passati a vicenda nella biblioteca in cui l'hanno trovato, lasciando scritti a margine del testo dei messaggi su quasi ogni pagina; e a questo loro dialogo scritto si aggiungono reperti che il lettore pesca infilati qui e là, una cartolina dal Brasile, una mappa, un foglio dattiloscritto, una lettera. Un gioco? Un rebus? Un puzzle? Non solo, perché arrivati in fondo la vicenda ha un senso, anzi un doppio, o forse un triplo senso, capace di chiamare in causa l'amore, gli ideali, il significato dell'esistenza. Leggendolo, si fa sera. Finalmente terminano le riprese. Stanco, Abrams ha fretta di tornare in albergo a Londra. Mi offre un passaggio sulla sua limousine e parliamo durante il viaggio.

Dove ha preso l'idea per un libro così insolito?

«All'aeroporto di Los Angeles, dove un giorno trovai sul tavolino di un caffè un romanzo lasciato lì da qualcuno. Dimenticato, pensavo, ma dentro c'era un messaggio: la richiesta di leggerlo e di passarlo nuovamente a un altro lettore. Ebbi un flash: i libri che trovavo da ragazzo nella biblioteca del college, con le sottolineature e gli appunti degli studenti che li avevano presi in prestito prima di me. L'ispirazione è partita da lì».

Come per i film, anche questo libro è frutto di un lavoro di squadra: c'è un coautore, ci sono collaboratori, aiutanti, consiglieri...

«Io ho creato il concetto, il romanziere Doug Dorst lo ha scritto, la casa editrice ci ha fornito altri supporti, siamo andati avanti così a scambiarci idee e manoscritto sino alla fine, un po' come i due protagonisti della nostra storia. Se il lavoro di squadra funziona nel cinema, perché non nella narrativa?».

Esiste anche un ebook di *S*, ma l'impressione è che il progetto volesse difendere il libro-libro, il libro di carta.

«L'editore è stato bravissimo a confezionare una versione digitale che riproduce le stesse sensazioni. Ma l'effetto è comunque diverso. E ha ragione, l'intento era fare una battaglia per il libro cartaceo, per questo oggetto meraviglioso che alcuni giudicano obsoleto. Volevamo rinnovarlo e al tempo stesso salvarne la tradizione, dimostrando che con un libro di carta puoi fare tante cose, sporcarlo, scriverci sopra, strappare una pagina, infilarci dentro una foto, che non puoi fare con un ebook».

Qual è il segreto di una storia che funziona, che cattura l'attenzione del grande pubblico, in un libro, in tivù, al cinema?

«Non puoi sapere prima se il pubblico sarà grande o piccolo. Ma un segreto forse c'è o almeno è il mio: metterci cuore, passione. Nessuno può sedersi a tavolino e scrivere un romanzo o un film con gli ingredienti sicuri del successo, perché quegli ingredienti cambiano in continuazione».

Ma uno dei mantra di Hollywood era che niente ha successo come il successo.

«È stato vero nella Hollywood dei tempi d'oro ma poi il cinema e l'industria dell'intrattenimento di massa sono rimasti prigionieri della formula, continuando a ripetere sempre le stesse storie, gli stessi personaggi, gli stessi cliché. Oggi si fanno meno film, costano troppo e devono guadagnare moltissimo, perciò ci sono enormi interessi in gioco e si è perso il gusto di rischiare, provare strade nuove, far correre la fantasia».

Al cinema, non in televisione.

«I serial tivù, da *Lost* al *Trono di spade*, da *Girls* a *True Detective*, sono diventati in questi anni la migliore espressione creativa proprio perché rischiano. E possono rischiare perché costano meno di un film. Nessuna di queste storie avrebbe visto la luce al cinema. Ma io spero che il cinema capisca la lezione della tivù e torni a usare la fantasia anche sul grande schermo».

L'America è in declino politico ed economico, ma il *soft power* del suo intrattenimento di massa continua a dominare il mondo: perché?

«È stato a lungo così, ma non sono più d'accordo con questa affermazione. La globalizzazione fa circolare idee e talenti. Il web e le nuove tecnologie permettono di fare cinema anche con pochi mezzi. L'America non regnerà più suprema neppure nel campo dell'intrattenimento. Vedo registi e autori formidabili in Cina, Corea, Iran».

Chi sono stati i suoi modelli letterari, televisivi, cinematografici?

«Rod Serling con *Ai confini della realtà*. Stephen King. Più tardi Graham Greene, Fitzgerald, Chandler. E al cinema due su tutti, Spielberg e Lucas».

Dicono che lei sia il loro erede.

«Non scherziamo. Li conosco e so che non possono avere eredi».

Pensa che la nuova Hollywood sia davvero a Londra?

«Qui ci sono grandissime qualità tecniche e strutture di primo piano. In più si parla inglese e ci danno incentivi fiscali imbattibili. A Los Angeles non si fanno più film e sempre meno anche serial tivù. Se la California non fa qualcosa, Hollywood diventerà un parco divertimenti».

Nel frattempo la limousine è arrivata a destinazione. Chiedo se posso filmare un'ultima domanda per il nostro sito: J.J. acconsente, controlla le luci all'interno della vettura, quindi vuole rivedere il video che ho fatto col telefonino. Sorride: il mago di Hollywood approva. Poi lui scende e s'infila tra i paparazzi al Chiltern Firehouse, l'ex stazione dei pompieri trasformata nell'hotel più alla moda della città, al cui ristorante, se chiami per prenotare, rispondono che non accettano prenotazioni (ma per quanto non le accettate? «*Sorry*, sir, non siamo in grado di dirglielo»). Io completo la giornata da movie star facendomi portare a casa dalla sua limousine.

Nathan Englander

Un ragazzo ebreo cresce a New York in una famiglia di ebrei rigorosamente ortodossi, in una comunità di parenti, amici, vicini di casa tutti ebrei, frequentando scuole religiose ebraiche, seguendo per filo e per segno le regole della Torah, evitando disgustato le mille tentazioni materialistiche della più peccatrice fra le metropoli americane; finché un giorno, compiuti diciotto anni, il giovane e ardente zelota ortodosso tutto vestito di nero visita Gerusalemme, fonte inesauribile delle sue preghiere, e nel giro di una settimana perde la fede, comincia a guidare l'auto di Shabbat, mangiare carne di maiale, violare ogni precetto religioso, vestendo come un hippy e infischiandosene della Torah. Potrebbe essere il soggetto di un film di Woody Allen o un racconto di Isaac B. Singer, invece questa è la storia vera di Nathan Englander, lo scrittore newyorkese di nascita e gerosolimitano d'adozione, diventato a neanche trent'anni un caso letterario e un best seller mondiale col suo libro d'esordio, una raccolta di racconti intitolata *Per alleviare insopportabili impulsi*, tradotto in una decina di lingue, pubblicato anche in Italia. «Forse dovevo vedere il Muro del Pianto per scoprirmi ateo», ride Englander a un tavolino di Ocean, il miglior ristorante di pesce non *kasher* – ovvero non osservante delle norme religiose in materia di alimentazione – della Città Santa. Definito l'erede di Singer e Bernard Malamud dalla critica americana, paragonato per il suo umorismo ebraico al Woody Allen degli esordi, reduce da sei mesi di tour promozionale della sua opera prima in giro per il mondo, Englander arriva a Mantova per il Festivaletteratura: e chi, avendo letto il libro o sentito parlare dell'autore, si aspettasse una sorta di timido, allampanato, saccente 'prete spretato' in salsa ebraica, resterà deluso. Sembra un capellone 'made in Usa' con orecchino al lobo; più che parlare, spara lunghe raffiche di mille parole al minuto, passando da un argomento all'altro senza mai finire l'ultimo; della sua 'conversione' all'ateismo dialoga senza complessi, ma ha l'aria di prendere veramente sul serio una cosa soltanto: i giganti della letteratura.

«Ho perso la fede nell'ebraismo proprio a Gerusalemme», racconta, «perché venendo qui mi sono reso conto di quanti modi differenti esistessero di sentirsi ebreo senza essere religioso, osservante, credente. In realtà, è stato un graduale processo di scetticismo, iniziato durante l'adolescenza quando nella mia *yeshivah*[1] ho cominciato a porre domande a cui nessuno voleva dare risposta e un insegnante ha preso a passarmi di nascosto un po' di libri per aprirmi una finestra sul mondo».

Che rapporto pensa di avere adesso con Dio?

«Una volta ho sentito dire da un mio amico cattolico che lui all'esistenza di Dio non credeva, ma se per caso esistevano Dio e la vita eterna ne sarebbe stato contento. Sarei tentato di rispondere alla stessa maniera riguardo al Dio degli ebrei. Ma non passo molto tempo a interrogarmi sui rapporti fra me e Dio. Mi basta interrogarmi sul rapporto fra Dio e i personaggi delle mie storie».

I suoi sono personaggi colti in contraddizione o in dubbio tra fede e ateismo, tra tradizione e progresso. È così anche lei?

«Una mia fede per la verità io ce l'ho ed è solidissima, la fede nella letteratura, nei miei eroi, che incidentalmente non sono eroi ebraici. Il pantheon delle mie divinità era originariamente composto da Orwell, Kafka e Camus, forse perché *1984*, *Il processo* e *La peste* descrivevano un mondo chiuso, claustrofobico, intollerante, come era il mondo dell'ortodossia ebraica in cui sono cresciuto io. Oggi la mia fede negli eroi della parola scritta è rafforzata da Dostoevskij e da Gogol', da un romanzo come *L'idiota* e dal racconto più bello che sia mai stato scritto, su un tizio che si sveglia scoprendo che il suo naso si è staccato ed è andato a passeggio da solo per le vie di San Pietroburgo».

Uno immagina la scena di lei che torna da Gerusalemme a

---

[1] Il catechismo ebraico.

New York e comunica ai suoi genitori di aver perso la fede e di voler fare lo scrittore. Come andò veramente?

«Un po' se l'aspettavano, perché il cambiamento era in atto ed era evidente. Devo dire che la mia famiglia è stata molto comprensiva. Mia madre si è rivelata in quella occasione la tipica madre ebraica dello stereotipo: ha compreso la mia crisi religiosa e le mie aspirazioni letterarie, pur restando convinta che io non sappia attraversare la strada da solo né prepararmi una cena senza di lei».

Che cosa pensa del dilagante conflitto tra ebrei religiosi ed ebrei laici in Israele?

«Penso che Israele aspiri a diventare una piena democrazia e che in una democrazia ci debba essere spazio per tutto, religione e secolarismo. Io rispetto chi crede in Dio o in qualunque altra cosa, ma non ho alcuna simpatia per il fanatismo, di qualsiasi genere. E siccome ci vorrà tempo prima che uomini diversi imparino a convivere sotto lo stesso tetto, io ho una proposta che risolverebbe anche il processo di pace: tutti quelli che vogliono vivere in pace vadano a vivere in un angolo di Israele, tutti quelli che vogliono ammazzarsi l'uno con l'altro per ragioni politiche, etniche o religiose vadano a stare in un altro angolo. Poi ognuno faccia quello che gli pare».

Ma lei preferisce vivere a Gerusalemme o a New York?

«Quando sono a New York mi manca Gerusalemme, e viceversa. New York è la città più incredibile e fantastica della terra, ma da tre anni vivo prevalentemente a Gerusalemme, dove mi trovo a meraviglia. Strano a dirsi, di solito la gente ci viene in pellegrinaggio o per sentirsi più vicina a Dio, io invece qui, a parte la perdita della fede, mi sento più normale e più libero che altrove, certamente più che a New York».

Si aspettava di ottenere un successo simile coi suoi racconti?

«Nemmeno nei miei sogni più folli. Fatico ancora a credere che sia vero. Il mio caso sembra la negazione di ogni pianificazione di marketing per avere successo. Si vede che il Dio delle lettere ha voluto essere benigno con me. E confesso che quando attendevo le prime recensioni, ho pregato con un fervore che non provavo neppure nella *yeshivah*».

Amos Oz

Una strada si inerpica dalla pozza blu del Mar Morto, il punto più basso della terra, più di 400 metri sotto il livello del mare, e sale ripida tra canyon rocciosi e gole a strapiombo fino ai 600 metri di altitudine di Arad, la cittadina di 20.000 abitanti in cui vive Amos Oz. Tutto intorno, deserto, silenzio, mulinelli di sabbia agitati dal vento, accampamenti di tende nere dove i beduini cercano riparo da un sole implacabile, capre, smunti asinelli, branchi di cammelli immobili. La casa dello scrittore è un villino a due piani sull'ultima via abitata prima della vastità del Negev. Oz si alza ogni mattina alle cinque, prepara il caffè, fa una passeggiata di mezz'ora nel deserto, poi lavora sino al pomeriggio inoltrato in uno studio vecchio stile dalle pareti tappezzate di libri: c'è un antico ventilatore, una cigolante sedia a dondolo, un mappamondo, un divano dal tessuto un po' liso, un leggio sul quale scrive in piedi – come faceva Hemingway – quando lo tormenta il mal di schiena, una vecchia scrivania sormontata da carte su cui spicca una fotografia ingiallita dei genitori. Tutto vecchio, tranne lui, che sembra non invecchiare mai e conserva intatta nei lineamenti e nello spirito la fierezza del sionista della prima ora, l'intellettuale pacifista passato attraverso tutte le guerre di Israele, qualcuna anche sul campo di battaglia, il romanziere considerato il decano della letteratura israeliana contemporanea.

«Ho ormai l'età giusta per fare un bilancio», dice Oz, e il suo bilancio di scrittore e uomo di pace è *Lo stesso mare*, accolto nello Stato ebraico come un capolavoro. Un libro difficile da definire, romanzo, poema, memoria personale, come si capisce subito aprendo una pagina a caso: «Polvere perduta, madre mia, nulla impalpabile, cenere di case dimenticate vissute e distrutte, sabbie sperdute e sospinte dal vento, polvere su polvere, una manciata di polvere primordiale e fu questa stella, che alla fauce nera tornerà».

Come è nato nella sua mente *Lo stesso mare?*

«Non è stato un crimine premeditato. All'inizio era un romanzo tradizionale, in cui si intrecciano le vicende di tre o quattro protagonisti, un professionista rimasto vedovo, suo figlio partito per il Tibet in cerca di sé, la giovane fidanzata che quest'ultimo ha lasciato in Israele. Ma poco per volta si è allargato fino a includere i miei ricordi familiari, la storia del mio paese, il ruolo dello scrittore, la guerra e la pace, l'amore e la morte. Un critico ha detto che contiene tutto quanto è oggi Israele, e lo ringrazio del complimento, pur non sapendo fino a che punto è meritato».

È più romanzo o più poesia?

«Vorrei che i lettori gli cambiassero scaffale ogni settimana, mettendolo una volta vicino ai romanzi, un'altra vicino alla poesia. La poesia a un certo punto è diventata un linguaggio obbligato, nel tentativo di essere preciso, sintetico e chiaro allo stesso tempo, nella speranza di dare a queste pagine una carica di molteplici significati, in cui ogni discorso, ogni frase, ogni parola, ha un suo messaggio. Ma se è un poema, il mio obiettivo era che si potesse leggere con la stessa facilità della prosa, come un poema d'altri tempi, quando il bardo girava di villaggio in villaggio strimpellando uno strumento, cantando qualche strofa, completando la narrazione con un racconto in prosa, entrando e uscendo lui stesso dalla storia raccontata».

Il mare del titolo è il Mediterraneo su cui si affaccia Israele e a cui tornano tutti i personaggi principali?

«È anche il Mediterraneo. Ma in senso più metaforico è il mare della vita, che ci unisce tutti in una mistica comunione anche se possiamo essere distanti migliaia di chilometri geograficamente e diversi tra noi come il giorno e la notte. E poi il mare è un elemento primordiale che ci fa sentire piccoli e inermi, dotato di una forza sovrannaturale, un po' come il deserto che mi circonda qui ad Arad».

Lei, nato e cresciuto a Gerusalemme, ha scelto da anni di vivere nel deserto. Non le manca la città?

«Non fu una scelta letteraria, ma personale: mio figlio soffriva di asma e i medici consigliarono l'aria secca del deserto, che in effetti in sedici anni lo ha quasi completamente guarito. Ma, come tante scelte dettate dal caso, si è rivelata importante anche per me. Il deserto ha avuto e ha tuttora un peso cruciale nella mia esperienza di scrittore. Quanto a Gerusalemme, devo dire che ora preferisco stare qui, il fanatismo religioso della Città Santa non mi manca per niente».

La pace tra Israele e i palestinesi, per la quale lei si è sempre battuto, dipende in larga misura proprio dalla sorte di Gerusalemme, da come e quanto dividerla tra due popoli. Come crede che finirà?

«La verità è che Gerusalemme è già da trent'anni una città divisa, con gli arabi da una parte e gli ebrei dall'altra. Il problema non è come dividerla, è come riunificarla, come insegnare agli ebrei che anche i palestinesi hanno dei diritti su questa città, e viceversa. Ci vorrà tempo, forse ci vorranno altro sangue e altre sofferenze, ma prima o poi mi auguro che entrambi lo capiranno».

Visto che sta partendo per l'Italia, c'è qualche scrittore italiano al quale si sente particolarmente affezionato o legato?

«Ce ne sono tanti, da Natalia Ginzburg a Elsa Morante a Italo Calvino. Ma in questo momento, o per l'esattezza in questa fase della mia vita, quello che amo di più è Giuseppe Tomasi di Lampedusa, forse perché rileggendo *Il Gattopardo* a sessant'anni uno si immedesima meglio nella testa di un patriarca, nel tempo che passa, nell'atroce confronto tra la vita e la morte».

La morte è anche uno dei temi centrali di *Lo stesso mare*.

«Sì, perché l'ho scritto dopo essere diventato nonno e questo mi ha spinto a pensare di più ai miei genitori, nonni e bisnonni, ai miei antenati che non ci sono più, e anche al giorno in cui non ci sarò più io. In questo senso registro un cambiamento: una volta ero convinto che la mia vita sarebbe finita in battaglia, in una guerra per la sopravvivenza di Israele. Adesso non lo penso più: non sarà un nemico esterno a uccidermi, bensì il mio stesso corpo, quando avrà stabilito da sé che è giunta l'ora di spegnersi. Avrò insomma una morte banale, normale, come sarebbe giusto e lecito in una nazione finalmente avviata a diventare come tutte le altre».

David Grossman

Israele ha tre grandi scrittori. Tutti e tre scrivono di Gerusalemme, si appassionano alla sorte di Gerusalemme, litigano per Gerusalemme. Ma nessuno dei tre, curiosamente, ha scelto di vivere nella Città Santa. Sembra piuttosto che la rifuggano. Amos Oz è andato ad abitare nel deserto. Abraham B. Yehoshua in riva al Mediterraneo. David Grossman non si è allontanato troppo: sta in un villaggio a dieci minuti dalla capitale, Mevaseret Zion, nome biblico che significa 'L'annunciazione di Sion'. Infatti Sion, che è uno dei tanti modi di chiamare Gerusalemme, si intravede oltre la collina successiva. Ma il villaggio non potrebbe essere più diverso e culturalmente distante dalla culla delle tre religioni monoteiste: somiglia a un placido sobborgo americano, linde villette attorno a uno shopping center, in mezzo al quale svetta la 'M' gialla di un McDonald's. Non un luogo particolarmente pittoresco, ma Grossman ci si è stabilito con la moglie e i tre figli e qui ha scritto la maggior parte dei suoi romanzi, da *Vedi alla voce: amore*, che divenne un caso letterario nel 1988, fino a *Qualcuno con cui correre*, che è stato in testa alle classifiche dei best seller in Israele e che in Italia è stato pubblicato da Mondadori. La sua casa ricorda un ostello studentesco, libri, biancheria, stoviglie sparpagliati dappertutto; e lui ha l'aspetto di uno studente fuori corso. Invece dopo sette romanzi, due saggi, una decina di libri per bambini, è uno scrittore nel pieno della maturità artistica, tradotto in mezzo mondo, oltre che un assiduo commentatore della crisi mediorientale su numerose testate nazionali e straniere, con articoli in cui riversa tutto il suo impegno di pacifista militante.

Un impegno messo a dura prova. Il terrorismo attacca l'America. Il mondo è in guerra, non più soltanto il Medio Oriente.

«Sì, ma proprio perché ora siamo tutti sconvolti dalla catastrofe che ha colpito l'America, dovrebbe essere più forte l'impegno per arrivare alla pace fra noi e i palestinesi. Se il mondo intero è in guerra con il terrorismo, proviamo almeno a risolvere il nostro piccolo conflitto: potrebbe contribuire a spegnere tensioni molto più estese e più grandi. Io non credo che sarà possibile sconfiggere completamente il terrorismo, però credo che sia possibile creare le condizioni per fermare il terrorismo palestinese».

Che cosa pensa dei palestinesi che hanno festeggiato come una vittoria gli attentati degli aerei-kamikaze a New York e Washington?

«So che a molti israeliani verrà la tentazione di dire: ecco la prova che con questa gente non possiamo fare la pace. Ma anche in un momento terribile io cerco di non generalizzare. Tra i palestinesi ci sono estremisti e terroristi, ma pure moderati che desiderano la pace e provano orrore, come noi, per l'attacco all'America».

Vivere in Israele significa convivere con il terrorismo. Non ha mai paura?

«L'altro giorno, accompagnando mia figlia a Gerusalemme, siamo passati da una strada dove cinque minuti più tardi un kamikaze palestinese si è fatto saltare in aria. Certo che ho paura. Ma la mia vita è qui, da qui non me ne andrei».

Da Gerusalemme, però, se n'è andato. Perché?

«Perché Gerusalemme è un onere. Può suonare strano a chi la guarda da lontano, ma è una città pesante, piena di tensioni religiose, etniche, sociali. È la Città Santa ma pure la città dell'odio e del fanatismo. Un giorno, quindici anni fa, io e mia moglie ci accorgemmo che sulla strada di casa nostra c'erano ormai ben tredici *yeshivah*. Decidemmo che era troppo, prima o poi gli ultraortodossi ci avrebbero impedito persino di usare l'auto il sabato. Volevamo vivere in un luogo laico, libero, normale, così ci siamo trasferiti qui».

C'è qualcosa che salva, di Gerusalemme? Non ne sente il fascino?

«Lo sento eccome, talvolta le cose che amiamo di più sono proprio quelle che ci fanno più soffrire. Anche se non ci vivo, Gerusalemme resta la mia città, il luogo in cui sono nato e cresciuto. Mio padre ci si stabilì nel 1936, quando emigrò in Palestina dalla Polonia; mia madre ci è nata nel '48, l'anno della guerra d'indipendenza e della fondazione di Israele».

Dunque la sua famiglia è scampata agli orrori dell'Olocausto...

«Non del tutto. In quella di mio nonno paterno, sedici persone sono finite nei forni crematori di Hitler. Ma quando ero bambino i miei genitori non parlavano mai della Shoah, che a quell'epoca in Israele era vissuta come un tabù. All'uomo nuovo creato dal sionismo sembrava inammissibile che sei milioni di ebrei si fossero lasciati massacrare dai nazisti. I sopravvissuti si vergognavano. Solo più tardi, col processo a Eichmann, negli anni Sessanta, l'atteggiamento cambiò».

Lei parla dell'Olocausto ai suoi figli?

«Oggi se ne parla a scuola, in tivù, al cinema. Ma è difficile lo stesso rispondere alle loro domande. Un bambino, un ragazzo ancora immerso nell'innocenza, viene di colpo esposto all'orrore più totale. È sconvolgente per lui, imbarazzante per un genitore. In Occidente i genitori si imbarazzano a rivelare ai figli i fatti della vita, il sesso, la riproduzione; noi israeliani siamo imbarazzati a spiegare i fatti della morte».

La sua è stata un'infanzia felice?

«Molto. Mio padre era autista di bus, mia madre segretaria, non eravamo certo agiati, ma non mi hanno fatto mancare niente. La mia generazione era considerata l'equivalente di un miracolo. Quella dei miei genitori pensava di essere sfuggita al genocidio per un pelo, e di colpo qui aveva uno Stato, un esercito, dei figli che spesso parlavano ebraico meglio di loro e che incarnavano tutte le aspettative, tutti i sogni del popolo ebraico. Ma proprio per questo c'era molto nazionalismo in Israele in quegli anni, era difficile mantenere una visione individuale, dubitare, pensare diversamente. Ho dovuto finire le scuole e fare il soldato per cominciare ad aprire gli occhi».

Nei suoi tre anni di leva ha mai sparato contro un arabo?

«No. E nessun arabo ha sparato contro di me. Ma mi sono trovato lo stesso, come tutti, in situazioni pericolose».

Da piccolo sognava di fare lo scrittore?

«Non esattamente. Però fantasticavo tutto il giorno e leggevo molto. A dieci anni vinsi un concorso alla radio, cominciai a fare prima l'attore radiofonico e poi il minigiornalista. Dopo il servizio militare ho continuato a fare il giornalista alla radio sul serio. E nel tempo libero scrivevo».

Chi sono gli scrittori che ha amato di più?

«Virginia Woolf, Kafka, Bruno Schulz, Borges. L'*Ulisse* di Joyce. Tra i miei compatrioti, devo molto a Yaakov Shabtai, oltre che a Amos Oz e Abraham Yehoshua, più anziani di me, che ho letto come un discepolo. E poi un nutrito gruppo di italiani: Italo Calvino, Primo Levi, Leonardo Sciascia, Elsa Morante».

Isaac B. Singer?

«Un maestro, ovviamente, affascinante da leggere. Ma appartiene a una sintassi differente, a un altro codice letterario, rispetto a me».

Le piace il cinema di Woody Allen?

«Non amo tutti i suoi film, ma vado sempre a vederli. È come incontrare una volta all'anno un lontano parente, sapendo che potrà farti sorridere o irritarti, ma sarà sempre un incontro stimolante».

Il suo romanzo *Qualcuno con cui correre* in un certo senso è il suo primo giallo.

«Sì, ma non è un thriller tradizionale, per me è anche una storia d'amore, e un modo per descrivere una realtà di Gerusalemme che pochi conoscono, quella dei giovani, degli sbandati, degli alternativi...».

Da dove viene il titolo?

«C'entra un cane, poi diventato uno dei personaggi della mia storia. Un mattino, appena uscito di casa, stavo per salire in macchina, quando ho visto un uomo che correva dietro un grosso cagnone. 'È suo questo cane?', mi ha chiesto. Ho detto di no, e mi ha spiegato che gli correva dietro da ore per vedere se tornava a casa, dal legittimo proprietario. Ho elogiato il suo amore per gli animali, ma l'uomo ha risposto che l'amore non c'entrava, quello era il suo lavoro, faceva l'accalappiacani e se trovava il proprietario del cane gli avrebbe dato una bella multa. L'idea del romanzo, e il titolo, sono partiti da lì».

Non c'è il conflitto con i palestinesi, in questo romanzo?

«Direttamente, no. Ma a modo suo è un libro che tiene viva la speranza: la storia di due individui che cercano di far trionfare i sentimenti contro tutte le circostanze avverse. Spero che dia un briciolo di conforto al lettore. La speranza in un domani migliore non deve scomparire, nemmeno ora, dopo la spaventosa tragedia che ha colpito l'America e il mondo».

E lei tiene vive le sue speranze su Israele?

«Qualche volta è difficile. Vedo tanti errori, tante cose che non mi piacciono, nel mio paese. Ma certi errori sono inevitabili, sono il frutto dell'animosità del mondo arabo verso di noi. E poi penso che, nonostante tutte le guerre e le crisi che Israele ha attraversato, se il mio bisnonno potesse vederlo ora si stropiccerebbe gli occhi incredulo e commosso. In fondo, qui viviamo ancora dentro a un miracolo. Non dobbiamo permettere che si guasti».

Un altro suo titolo uscito in Italia è *Un bambino e il suo papà*, una raccolta di racconti indirizzati ai lettori «dai 7 anni in su», come avverte una dicitura in copertina. Come fa ad alternare la scrittura per adulti a quella per ragazzi?

«Io credo che sia soprattutto merito dei miei figli, che mi aiutano, o forse mi costringono, a restare mentalmente in sintonia con i lettori più giovani».

Ha cominciato come scrittore per l'infanzia.

«Forse perché tanti anni fa, quando lavoravo alla radio, ero autore di programmi per bambini, e mi sembrava che scrivere libri per loro fosse un passo naturale, confortevole. Ma la vera spinta in quella direzione è stata la nascita dei miei figli: la sera inventavo favole per farli addormentare, come capita a qualunque genitore, e anche come scrittore ho sentito il bisogno di comunicare con loro prima che con chiunque altro. È stata un'ispirazione dettata dall'amore paterno. E continua a funzionare così: i racconti del mio ultimo libro per ragazzi, *Un bambino e il suo papà*, partono dal problema reale creato nella nostra famiglia dall'arrivo di un fratellino. Che cosa si aspetta il primogenito, quello che sino a un attimo prima era il figlio unico? Che tipo di fratellino vorrebbe? Un fratello pallone da lanciare in cielo, un fratello di cioccolata da leccare fino a consumarlo, oppure un fratellino vero, uguale a lui? Una situazione reale, su cui interviene la fantasia».

Che differenza c'è tra scrivere per i bambini e per gli adulti?

«Penso che il processo creativo sia molto simile. La differenza, almeno per me, sta nella ricerca di un soggetto adatto, che possa aiutare bambini o ragazzi nella loro eterna lotta per interpretare e codificare la società degli adulti. Scrivendo per loro, cerco di avvolgerli in un sentimento di solidarietà, rispetto e compassione. L'infanzia non è una stagione facile come sembra. Al contrario, è una fase di continue prove, di ostacoli e problemi, che spesso i più piccoli non riescono ad affrontare serenamente perché non hanno ancora il raziocinio, l'autocontrollo degli adulti. Penso all'arrivo di un fratellino o di una sorellina: una novità sconvolgente, dal loro punto di vista. O al momento di andare a dormire: la paura, la notte, le ombre, il silenzio, restare soli a letto al buio mentre gli altri, i genitori, sono ancora alzati, insieme… Perciò vorrei che alla fine le mie storie fossero una specie di bacio della buonanotte, che culli dolcemente i loro sogni».

Allora è più facile o più difficile scrivere per i ragazzi?

«È difficile scrivere per tutti, grandi e piccoli. Ma certamente i ragazzi sono un pubblico severo, da non sottovalutare. Quando scrivo un racconto per ragazzi, lo leggo sempre prima ai miei figli: sanno valutare bene e, se a loro non piace, significa che qualcosa non va o addirittura è da buttare. Ho i cassetti pieni di racconti cestinati dai miei figli».

Che cosa leggeva da ragazzo?

«Tutti i classici del genere: Dumas, Kipling, Stevenson, Verne, Jack London, *I ragazzi della via Pál* e *I viaggi di Gulliver*, naturalmente vari scrittori ebraici, e poi *Cuore* di De Amicis, che ha fatto piangere tutta la mia generazione e resta uno dei libri a cui sono più affezionato. Poi, come succede a tanti, ho riletto Dumas, Stevenson o London da adulto, e ho capito che non erano soltanto libri per ragazzi».

C'è chi pensa che qualche libro generalmente destinato all'infanzia, almeno in prima lettura, come *Moby Dick* o *Il piccolo principe*, sia in realtà troppo difficile e che un bambino non possa comprenderlo fino in fondo.

«Se alla prima lettura non lo si capisce fino in fondo, non c'è poi niente di male. E comunque i bambini del 2000 sono ormai esposti a informazioni così numerose e complesse da poter leggere e capire anche libri un tempo considerati difficili o per adulti. Comunque, una selezione è necessaria: non è il caso di *Moby Dick* o del *Piccolo principe*, ma esistono un sacco di libri inadatti ai più giovani. I ragazzi vanno protetti dagli aspetti più tragici della vita».

Gli autori come lei, che scrivono sia per i ragazzi sia per gli adulti, sono un'esigua minoranza. Come mai?

«Probabilmente perché non a tutti interessa parlare ai lettori più giovani. Ma non siamo poi così pochi a scrivere per gli uni e per gli altri: basti pensare a Charles M. Schulz, lo scomparso autore dei Peanuts, un grande poeta a fumetti che sapeva commuovere ugualmente grandi e piccini. Penso che non ci sia gioia più grande, per uno scrittore».

E come si accinge invece a scrivere editoriali e commenti per i giornali?

«Non voglio sapere come finirò un pezzo, quando lo comincio. Voglio lasciarmi sorprendere da me stesso, nel giornalismo come nella letteratura. Credo sia il modo migliore per avvicinarsi alla verità o perlomeno alla sincerità, che è già qualcosa».

I suoi editoriali, diari di viaggio, reportage, pubblicati in questi anni su «Repubblica» ma anche su «Libération», «Frankfurter Allgemeine», «El País», «The Guardian», «The New Yorker», sono usciti in una raccolta dal titolo volutamente provocatorio, *La guerra che non si può vincere*, evidente allusione al conflitto israeliano-palestinese. Perché è una guerra che non si può vincere?

«Perché nessuna delle due parti può prevalere e imporre

la sua volontà sull'altra. Ciascuna delle due ci ha provato, per mezzo secolo, entrambe hanno fallito. Eppure, per molti israeliani così come per molti palestinesi, continua a essere difficile accettare l'idea che non può esistere una soluzione al conflitto in cui uno vince tutto e l'altro perde tutto. L'idea di un compromesso, che dovrebbe apparire ragionevole ai più, rimane spesso un anatema».

I romanzieri israeliani, come lei, Oz, Yehoshua, incarnano una figura quasi estinta in altri paesi, o considerata da alcuni addirittura patetica: l'intellettuale impegnato, l'artista di sinistra come Sartre o Moravia. È un ruolo che accetta consapevolmente?

«Non penso a confronti del genere. Per me è tutto molto semplice. Talvolta scrivo articoli sui giornali perché solo scrivendo mi pare di capire meglio la realtà impazzita che mi sta intorno. I nomi con cui viene descritta questa realtà non mi piacciono, non mi convincono: allora provo a raccontarla con parole mie».

È più forte l'impegno politico per la pace o l'amore per la narrativa?

«Fondamentalmente, mi considero un romanziere. Non c'è nulla che preferisca a ritrovarmi solo nella mia stanza a scrivere. Ma l'impegno politico, compresi gli articoli sui giornali, viene da un desiderio collegato all'amore per la narrativa: la voglia di comprendere perché la gente si comporta in un certo modo. E poi Gerusalemme, Israele, il Medio Oriente, sono un luogo particolare, che ti costringe a confrontarti con scelte esistenziali, con le grandi questioni morali del bene e del male. Un obbligo che è molto utile per uno scrittore. Anche se non sempre piacevole per un cittadino che sogna solo di vivere in pace».

Qualcuno degli articoli di questa raccolta le ha procurato dei fastidi?

«In qualche caso sì. Quando Israele confiscò una nave piena di armi destinate ai palestinesi, per esempio, scrissi un commento in cui mi congratulavo per la cattura della nave: quelle armi potevano servire per attentati terroristici. Ma notavo anche che ogni popolo sotto occupazione straniera ha il diritto di difendersi. Lo vorrei esercitare anch'io, quel diritto, se qualcuno occupasse la mia terra, anche se personalmente non approverei mai l'uso del terrorismo. Ecco, quell'articolo mi causò un po' di critiche, nel mio paese. Il fatto è che condannare il traffico d'armi senza chiedersi cosa c'era dietro mi sembrava piuttosto ipocrita».

Scrivere un editoriale per un giornale straniero ha esigenze diverse rispetto a farlo per un giornale israeliano?

«Le mie opinioni restano identiche in un caso e nell'altro. Ma scrivendo per la stampa israeliana ci sono cose che posso dare per scontato. Non soltanto fatti. Anche sensazioni. Ad esempio, ho riscontrato che spesso è difficile, per uno straniero, a meno che non viva qui, rendersi conto di quanta paura ci sia nella vita di noi israeliani. In Europa sentite parlare di Israele superpotenza militare, delle nostre rappresaglie, della miserabile condizione dei palestinesi, ed è tutto vero. Ma non è il quadro intero. Manca qualcosa. Manca il profondo senso di incertezza del popolo ebraico, un timore che a volte detta le nostre scelte e determina i nostri errori. Intendo dire che non si può capire un popolo senza conoscere la sua emotività. E questa conoscenza del popolo di Israele a volte manca all'opinione pubblica internazionale».

Lei ha cominciato a scrivere come giornalista politico, poi è passato alla narrativa. Ernest Hemingway una volta disse che il giornalismo è una buona scuola per diventare uno scrittore, a condizione che non la si frequenti a lungo. È d'accordo?

«Sì. Anche se io violo la regola continuando a scrivere sui giornali. Mi difendo applicando due norme di comportamento che consiglio modestamente a tutti gli scrittori dediti anche al giornalismo: primo, non scrivere troppo spesso per i giornali; secondo, scrivere soltanto quando si sente di avere una cosa importante, urgente, da dire».

Ha qualche consiglio anche per i giornalisti? Come le sembrano scritti i giornali di oggi?

«Mediamente bene. Ma anche in questo caso, sempre con modestia, un paio di suggerimenti mi azzardo a darli: uno, provare sempre a reinventare, rivitalizzare il proprio linguaggio, ovvero non diventare prigionieri di cliché e frasi fatte; due, non sapere sempre, quando si comincia a scrivere un pezzo o si prepara un'inchiesta, quale sarà la tesi conclusiva. Nel giornalismo, come in letteratura, bisognerebbe lasciarsi sorprendere anche da se stessi, anziché cercare soltanto la conferma di un'idea di partenza, che potrebbe anche rivelarsi sbagliata».

Se la guerra che «non si può vincere» un giorno finisse, se scoppiasse la pace in Terrasanta, smetterebbe di scrivere questi pezzi per i giornali?

«Glielo prometto: smetterei. Ma è una promessa facile da farsi perché sia io che lei, purtroppo, sappiamo perfettamente che la pace e la tranquillità sono ancora infinitamente distanti da questa regione. A meno che un giorno, davanti a questa guerra infinita, io non senta di avere scritto tutto quello che potevo e di non avere più nulla da aggiungere. E allora potrò rinchiudermi nella mia stanza a scrivere solo di letteratura».

Abraham B. Yehoshua

La letteratura come alternativa alla religione. Il romanzo come codice morale, che dialoga con la coscienza del lettore, lo spinge verso nuovi orizzonti, lo pone davanti a pressanti dilemmi sul bene e sul male. *Il potere terribile di una piccola colpa* è un saggio di Abraham B. Yehoshua sul rapporto tra etica e arte che, attraverso l'analisi di nove opere, diverse quanto possono esserlo la Bibbia e i racconti minimalisti di Raymond Carver, richiama l'attenzione sull'importanza della questione morale nel romanzo. «Il tema in fondo è lo stesso», dice l'autore di *L'amante, Un divorzio tardivo, Il signor Mani*, «ovvero la moralità delle nostre scelte. E la letteratura può, deve dare risposte, o meglio ancora deve provocare domande, sulle scelte che facciamo nella vita pubblica così come in quella privata».

Ha scritto questo saggio perché le sembra che oggi il romanzo abbia rinunciato a un ruolo simile?

«Un po' sì. Mi pare che la letteratura contemporanea sia diventata soprattutto evasione, intrattenimento, intreccio psicologico, complessità della trama, mentre a mio avviso il romanzo non può completamente smettere di porre dilemmi di carattere morale. Se lo fa, gli manca qualcosa, è come non sfamare abbastanza il lettore. E la mia protesta, per così dire, non si rivolge soltanto ai romanzieri odierni, ma pure alla critica, che non cerca a sufficienza l'aspetto morale nelle opere di oggi e spesso dimentica pure di sottolinearlo nelle opere di ieri».

Col suo libro, trattando autori come Euripide e Camus, Dostoevskij e Faulkner, lei vuole invece dimostrare che la letteratura è una sorta di guida in campo morale?

«Non contiene tutte le soluzioni. Ma solleva tutti, o quasi, gli interrogativi necessari a stimolare la nostra coscienza. È una specie di laboratorio dell'anima umana. Un laboratorio dove tutto è possibile, dove i confini morali a noi conosciuti possono essere varcati, ampliati, superati, sconvolti. Dove l'azione di un personaggio, che nella vita reale potrebbe apparirci ingiustificata, incomprensibile o esecrabile, può essere invece accettata e suscitare simpatia».

Per esempio?

«Nell'*Alcesti*, la tragedia di Euripide, una donna è disposta a morire per amore al posto del proprio marito. Ebbene, il confine morale dell'amore ci appare di colpo sfuggente, siamo portati a sostenere il suo supremo sacrificio. Oppure, nell'*Eterno marito*, Dostoevskij porta il lettore a identificarsi con un sentimento che nella vita reale sarebbe da condannare: la terribile vendetta di un marito contro l'amante della moglie, una vendetta che va ben al di là della piccola colpa commessa».

Lei riesamina anche la storia biblica di Abele e Caino...

«Una storia universale, nota a gran parte dell'umanità. Eppure, analizzandola con attenzione, possiamo trarne una sorprendente interpretazione di carattere morale: Caino, che ha ucciso suo fratello, non viene punito dal Signore, in apparenza la sua vita migliora, ha una donna, un figlio, si sposta da un villaggio alla città e non gli succede nulla di tremendo. E ci rendiamo conto che Dio è stato un complice in quel misfatto, ha probabilmente spinto Caino ad agire: non lo punirà per l'azione in se stessa ma perché Caino è un peccatore nell'anima, è cattivo dentro, nei suoi pensieri, nei suoi desideri».

In Medio Oriente Abele e Caino continuano la lotta biblica: due popoli fratelli hanno ripreso a massacrarsi sulla stessa terra.

«Un'altra questione morale. Ma non letteraria. Qui Dio non giudica i pensieri, i desideri, i sogni: giudica i fatti, le azioni concrete. I due fratelli sono arrivati a un passo dalla soluzione, hanno capito che non devono uccidersi a vicenda ma semplicemente separarsi, dividere il territorio. Purtroppo, a ogni ostacolo tornano alla linea di partenza, indietro di anni, come se il negoziato di pace non fosse mai cominciato».

Che cosa serve per superare l'ultimo ostacolo?

«Un'autorità morale più alta, che aiuti i due popoli a fare l'ultimo passo. E io credo che questo ruolo possa essere svolto dalla comunità internazionale, cui spetta il compito di intervenire, mediare, sospingere, pretendere un accordo».

L'Onu, il mondo, come autorità morale: in altre parole, Dio?

«Chiamiamolo Dio, chiamiamolo come si vuole. La chiave di tutto è che nel conflitto in Medio Oriente deve vincere la morale, le forze del bene devono battere quelle del male. Cosa che del resto avviene sempre».

Intende che il bene trionfa in tutte le guerre?

«Non posso generalizzare, anche perché esistono conflitti in cui non è facile distinguere la parte del bene da quella del male. Ma prendiamo la vittoria su Hitler: non è stata soltanto il frutto della superiorità militare degli Alleati, ha vinto la parte che aveva la superiorità morale. In Vietnam, la stessa cosa. Nella guerra del Golfo scatenata da Saddam Hussein, idem. Israele ha vinto in sei giorni, con perdite minime, la guerra del '67, una guerra giusta. Mentre l'invasione del Libano del 1982, una guerra ingiusta, è finita per noi in un disastro».

La regola vale anche per il conflitto tra Israele e palestinesi?

«Certo. Nel '48, dopo l'Olocausto, era giusto che nascesse uno Stato ebraico nella terra dei nostri padri: ed è nato. Ma i palestinesi subirono un grave torto perché su quella terra c'erano già loro: per ripararlo bisogna dare uno Stato anche a loro e lo avranno, si tratta solo di stabilirne le dimensioni».

E di dividere i luoghi santi. In una sua recente intervista, lei sembrava favorevole alla distruzione di tutte le tombe dei profeti e dei santi scomparsi da millenni, affinché gli uomini odierni non si ammazzino per contendersene il possesso.

«Mi riferivo in particolare al caso della tomba di Giuseppe, un luogo ebraico in pieno territorio palestinese. Le tombe e i santuari non devono diventare come ambasciate o fortezze militari: non importa in quale paese si trovino, purché chiunque possa visitarle».

E la Spianata delle Moschee, ovvero il Monte del Tempio,

nella città vecchia di Gerusalemme, cuore della disputa tra israeliani e palestinesi, a chi deve andare?

«Io darei la sovranità ai palestinesi. La Spianata è in mano ai musulmani da secoli. Gli unici ebrei che la vogliono davvero indietro sono quelli che sognano un giorno di distruggere le moschee che ci sono sopra, per ricostruirci al loro posto il tempio ebraico di re Salomone. Dei pazzi, che provocherebbero la guerra santa o una terza guerra mondiale. Quando la religione diventa fanatismo, è estremamente pericolosa».

È la religione, tuttavia, che offre all'uomo un codice morale.

«Lo offre al credente. E spesso anche il non credente finisce per cercare nella religione una risposta agli interrogativi di carattere morale che gli pone la vita: perché non sa dove altro rivolgersi. Io dico che la letteratura, in questo senso, può offrire un'alternativa alla religione. Almeno per l'uomo laico».

Leggere Dostoevskij anziché la Bibbia?

«Va benissimo leggere l'uno e l'altra. Ma in particolare agli israeliani in cerca di principi morali consiglio una massiccia dose di Dostoevskij, perché nel nostro paese la religione è diventata fonte di grandi pericoli».

Ma arabi ed ebrei sono simili o differenti, secondo lei?

«Secondo me siamo cugini, membri della stessa famiglia. Specie per quanto riguarda i sefarditi[1]. Io penso che la comunanza con gli arabi sia un valore molto importante per noi. Oggi Israele è dominato, nel bene e nel male, dalla cultura occidentale, ma nella nostra storia c'è anche una importante componente orientale. Arabi ed ebrei sefarditi hanno molti punti in comune, come tradizioni, mentalità, stile di vita: in altre parole, il modo di essere mediterraneo. Adesso il conflitto con i palestinesi ci impedisce di vedere questa somiglianza, ma prima o poi il conflitto finirà, e allora ci accorgeremo che arabi ed ebrei sono due popoli del Mediterraneo. Israele si sentirà meno isolato e straniero, in Medio Oriente, grazie a questo».

[1] Gli ebrei emigrati in Spagna all'epoca della diaspora e i loro discendenti.

Aleksandr Solgenitsyn

Dostoevskij aveva previsto tutto: parola di Aleksandr Solgenitsyn. Tornato in patria come un eroe dopo vent'anni di esilio, poi autoesiliatosi in una Russia che stenta a riconoscere, il premio Nobel per la letteratura esce dall'ombra per partecipare a un convegno presso l'università di Mosca centrato sull'influenza dell'autore di *Delitto e castigo* sulla cultura mondiale. E nel suo intervento presenta il grande scrittore dell'Ottocento come un profeta delle sventure odierne della Russia. «Nel nostro paese si è realizzato esattamente quello che temeva Dostoevskij», dice Solgenitsyn. «Nelle sue opere narrative si celano i futuri drammi della Russia, e oggi è evidente che, insieme a romanzi come *I demoni* e *I fratelli Karamazov*, è diventato straordinariamente attuale *Umiliati e offesi*. Dostoevskij ha individuato e scoperto l'uomo clandestino, ha dimostrato che l'uomo clandestino, una volta arrivato al potere, impone al proprio mondo una morale clandestina e un'economia clandestina. Che è appunto quanto si è verificato nella Russia d'oggi».

Da campione dell'anticomunismo quale era in esilio, da quando è rientrato in Russia Solgenitsyn si è rapidamente evoluto in un critico feroce dell'Occidente e del nuovo 'regime' democratico di Mosca, accusando il presidente russo Boris Eltsin e il suo governo di metodi autoritari e di avere portato il paese alla miseria, privandolo delle sue tradizioni e del suo orgoglio nazionale. Indicando in Dostoevskij un profeta dell'odierna crisi della società russa, Solgenitsyn ne fa insomma un antesignano delle proprie teorie, a causa delle quali oggi è lui stesso un profeta dimenticato e ignorato dalla maggior parte dei suoi compatrioti, che non ascoltano le sue filippiche in tivù né comprano più i suoi libri. Anche al convegno su Dostoevskij lo seguono in pochi: l'aula magna dell'università incredibilmente è mezza vuota durante il suo intervento, tanto che è facile avvicinarlo, sederglisi vicino, parlargli.

All'inizio la sua riapparizione in Russia, nell'estate del 1994, dopo vent'anni di forzato esilio in America, sembrò il 'ritorno del Messia': rientrava in patria il più celebre dissidente dell'era sovietica, lo scrittore premio Nobel, l'autore che aveva denunciato i peggiori misfatti del comunismo in *Arcipelago Gulag* e che aveva profetizzato il crollo dell'Urss con qualche anno di anticipo in un discusso pamphlet, *Come far rinascere la Russia*, auspicando la dissoluzione dell'impero sovietico e la creazione di un''unione slava' formata da Russia, Ucraina e Bielorussia. Due anni più tardi, a Mosca e in Russia si parla poco di Aleksandr Solgenitsyn. Lo scrittore settantottenne[1] abita con la moglie in una dacia fuori città, si sposta in autobus, ma non incide minimamente sul dibattito politico e sul destino del suo paese. I suoi libri non vendono più, la gente preferisce i manuali sull'uso del computer o i gialli d'importazione. La trasmissione televisiva che gli era stata affidata, un talk show settimanale di un'ora, è stata rapidamente cancellata: per i bassi indici d'ascolto, secondo il direttore della tivù; perché criticava aspramente il Cremlino, secondo lui. Boris Eltsin gli concesse una breve udienza subito dopo il suo ritorno, e non lo ha più interpellato; il parlamento lo invitò a tenere un discorso di fronte ai deputati, e non lo ha più rifatto. Un po' come Gorbaciov, nella Russia d'oggi Solgenitsyn non va bene a nessuno. Non ai comunisti, di cui è stato il primo, grande inquisitore. Non agli eltsiniani, ai 'nuovi ricchi', a banchieri e imprenditori, che non ascoltano volentieri i suoi feroci attacchi al capitalismo e a una 'falsa democrazia'. Eppure c'è almeno un fondo di verità nei *j'accuse* del Solgenitsyn attuale, anche se la Russia non ha più voglia, né bisogno, di profeti. Né con Eltsin, né con Zjuganov, dice lui. Ovvero, né col comunismo, né col capitalismo. E a due mesi dalle elezioni presidenziali, scaglia strali contro tutti: «Le

---

[1] Aleksandr Solgenitsyn si è spento a Mosca il 3 agosto 2008.

elezioni non serviranno a niente», proclama, ripetendo che l'unica salvezza per il paese deve venire da una riforma delle coscienze, «dal basso e non dall'alto».

Aleksandr Isaevič, per chi voterà alle presidenziali di giugno? «Le elezioni non sono la cosa più importante. Non vedo alcuna differenza tra Eltsin e il candidato comunista Zjuganov, tranne una: quelli attualmente al potere sono già riusciti a sistemarsi, quelli che vorrebbero conquistarlo non ci sono ancora riusciti. I candidati in lizza sono tutti comunisti o ex comunisti camuffati da democratici per convenienza. Per chiunque votino i russi, chiunque vinca, non c'è da aspettarsi un miracolo o un miglioramento. Da un anno e mezzo, a causa delle campagne elettorali, abbiamo perso la testa, non è più possibile parlare di problemi seri quali l'educazione del popolo, la sua capacità di autogestirsi, di pensare e decidere da solo della propria vita. Ho provato a farlo con la mia trasmissione televisiva, e mi hanno subito criticato, è noiosa, dicevano, cambia argomento, ai nostri leader interessa solo una cosa: sapere chi è schierato con chi, la politica come spettacolo».

Che cosa pensa del ritorno in politica di Gorbaciov?

«Ha avuto dieci anni di tempo per fare qualcosa per questo paese, e non ha fatto niente, tranne che demolire. E quelli venuti dopo di lui hanno cercato solo vie irrazionali per uscire dal nostro passato».

Non ha paura di un ritorno al potere dei comunisti?

«Non avevo paura dei comunisti quando erano al potere in Urss, né ho paura di questo governo di ex comunisti, tantomeno avrei paura di Zjuganov se vincesse le presidenziali. Qualunque sia l'esito delle elezioni, non intendo emigrare, resterò in Russia. La mia anima era in Russia anche quando vivevo in America, e sia io che mia moglie non ci siamo pentiti di essere tornati in patria».

Come pensa che andrebbe risolta la guerra in Cecenia?

«Con una sorta di esperimento che avevo già suggerito quattro anni fa. Diamo alla Cecenia l'indipendenza, ad eccezione dei territori che storicamente appartenevano ai cosacchi e che un

Krusciov ubriaco regalò alla Repubblica autonoma di Cecenia. E poi vediamo come se la caveranno da soli, senza l'aiuto e i finanziamenti della Russia. Che costruiscano il loro Stato col sostegno dei musulmani di tutto il mondo. In questa vicenda, Mosca ha commesso un errore dopo l'altro».

Si parla molto di rinascita dell'Urss, di integrazione fra Russia e altre repubbliche...

«La mia vecchia idea di una unione fra le repubbliche slave, Russia, Bielorussia, Ucraina, più il Kazakistan dove i russi sono la maggioranza della popolazione, si sta rivelando esatta. Quanto al Caucaso e all'Asia centrale, ormai sono perduti, non c'è più niente da fare».

Lei è tornato in Russia, le sue opere finalmente possono essere pubblicate senza censura, ma la gente non la legge, sembra anzi che la letteratura russa sia morta, sepolta dalla cultura di massa, dal consumismo...

«La grande letteratura russa non è morta e mai morirà, la Russia potrebbe anche scomparire come nazione ma la sua letteratura, la sua cultura, sopravvivrebbero, come il latino è sopravvissuto per secoli alla decadenza e al crollo dell'impero romano. I russi non solo non leggono me, ma non leggono niente, perché sono scombussolati, travolti da un'ideologia di depravazione. L'editoria russa è in crisi, trovare i miei libri è difficile, e faccio fatica anche a farli pubblicare, adesso li stampa la rivista 'Novyj Mir' ma ha una tiratura di poche migliaia di copie».

Anatolij Rybakov

I figli dell'Arbat sono diventati vecchi, e non riconoscono più il loro paese. Avevano creduto in Lenin, sfidato Stalin, disprezzato Brežnev, sperato in Gorbaciov: ma oggi la loro generazione, la generazione dell''Ottobre Rosso', è delusa dalla Russia di Eltsin. «Sono un vecchio nostalgico, prigioniero della propria epoca, lo ammetto», dice quasi per giustificarsi Anatolij Rybakov, che di quella generazione è diventato l'interprete, grazie al romanzo che lo ha reso famoso in tutto il mondo. Quando apparve in Urss nel 1987, *I figli dell'Arbat* fece l'effetto di una bomba. Il mito di Stalin ne usciva distrutto. Gorbaciov lo adottò come vessillo della *perestrojka*. La rivista che lo pubblicava a puntate passò di colpo da 150.000 a un milione e mezzo di copie. Il libro fu tradotto in 52 paesi, Italia compresa, diventando un caso e un best seller internazionale. Adesso Rybakov ha 84 anni[1] e il terzo, ultimo volume della sua trilogia sulle ginocchia. Titolo: *Prakh i pepel* (*Cenere e polvere*). Esce in questi giorni in Russia, lo stanno già traducendo in una dozzina di lingue. Ma nell'appartamento con vista sul Cremlino, al dodicesimo piano del più celebre edificio di Mosca, la Casa sul lungofiume, pantheon vivente di letterati, ministri, generali, l'anziano scrittore è in preda alla malinconia.

«Il romanzo si conclude nel 1943, con la morte dei miei due protagonisti, al fronte», dice Rybakov. «I figli dell'Arbat non si vedevano da dieci anni, da dieci anni si amavano, e così finisce la loro storia. Una fine tragica, che simboleggia la fine della mia generazione: sterminata negli anni Trenta, nel gulag del terrore staliniano, oppure morta in guerra. Ho scelto questo titolo,

---

[1] Anatolij Rybakov è deceduto il 23 dicembre 1998.

'Cenere e polvere', preso dalla Bibbia, proprio perché la gente di cui ho scritto, la mia generazione, le sue idee, i suoi ideali e i suoi sogni, sono stati tutti ridotti in cenere».

Ma oggi è rinata una Russia libera. Se Sasha Pankratov, il personaggio principale del suo romanzo e il suo alter ego, fosse vivo, che cosa penserebbe?

«Non credo che gli piacerebbe quello che è accaduto al suo paese. Magari sarebbe un seguace di Žirinovskij, o di qualcun altro. Non credo che gli piacerebbe Eltsin. Debbo dire la verità, non mi entusiasma nessuno dei leader politici di oggi. Forse sbaglio, nei miei giudizi c'è il conservatorismo e la nostalgia dei vecchi, che non accettano facilmente il 'nuovo'. Ma è così, che cosa posso farci?».

Vuol dire che ha nostalgia del passato?

«Ho trascorso otto mesi in prigione, tre anni in esilio, per altri dieci non avevo il permesso di vivere nelle grandi città. Non sono mai stato iscritto al Partito comunista, non li potevo soffrire. Sasha Pankratov però, come me, è un figlio della Rivoluzione. Le rivoluzioni sono vicende sanguinose, e la nostra non fa eccezione: ma Lenin non era un cannibale assetato di sangue, la sua ascesa al potere non fu cosparsa dai cadaveri dei suoi compagni di partito, come fu invece quella di Stalin. Nel '21 Lenin capì che non poteva costruire il socialismo in un paese arretrato come il nostro, così introdusse la Nep, che fu un movimento nella direzione opposta: non fu solo una svolta economica, ma anche politica, comportava cambiamenti democratici. Le terre tornarono ai contadini, furono privatizzati i negozi e le piccole aziende: io stesso ricordo che a Mosca c'erano case editrici private, giornali privati».

Come parlerebbe di Lenin ai ragazzi di oggi?

«Lenin è un personaggio controverso, non voglio giustificarlo. Ma come reagirebbe un italiano se un bel giorno si abbattessero tutte le statue di Garibaldi? Male, vero? Perché gli italiani rispettano il loro passato, anche se magari un sacco di gente non condivide la 'rivoluzione' fatta da Garibaldi. E qui sta la disgrazia della Russia. Prima ci hanno detto per settant'anni che la causa di tutti i nostri guai era il capitalismo. Adesso qualsiasi cosa va male, la colpa è dei sette decenni di comunismo. Solo la Russia ha un atteggiamento simile verso il proprio passato. Rifiuta di impararne le lezioni. Anche nella Rivoluzione francese è scorso sangue a fiumi, ma i francesi continuano a celebrarla, e la *Marsigliese* è rimasta il loro inno nazionale. Lenin era un marxista, sapeva che l'economia è la base di tutto, e voleva riformare la Rivoluzione, stava passando gradualmente all'economia di mercato. Come avrebbero dovuto fare oggi. Ma oggi, invece di riformare per gradi, hanno ripreso i vecchi metodi bolscevichi: sono passati in due giorni dal socialismo al capitalismo. Dove troveranno gli agricoltori privati, in Russia? Non si creano in un istante. Ci vuole un secolo. C'è bisogno del trattore, di una buona strada che conduca al campo, dell'autobus che porterà a scuola i figli, di risorse finanziarie, di grandi infrastrutture che si formano in dieci, in cento anni: noi invece abbiamo deciso che domani nascerà bello e pronto il contadino privato. Ma non è possibile».

Eppure Mosca è molto cambiata in questi due anni, è piena di negozi, di supermarket...

«Anche le capitali degli Stati africani hanno dei bei supermarket, ma questo non vuol dire che siano paesi ricchi. Tutte quelle merci sui banconi dei negozi noi siamo costretti a importarle. La Russia non è più in grado di produrre niente. La sua economia è a pezzi. Siamo come un paese colonizzato. Guardi i cartelloni pubblicitari: sono tutti in inglese. Ma perché?».

L'economia non funzionava meglio sotto il comunismo.

«Certo che no, quello di prima era uno sviluppo economico insensato, Stalin incanalava tutto verso l'industria pesante: metallurgia, metallurgia, metallurgia. Così si è fatto in modo che crescesse il complesso militar-industriale, invece di investire nell'industria leggera o di dar da mangiare e da vestire alla gente. Uno andava all'estero e quando tornava qui portava come regalo una biro. Una biro! Perché noi non le avevamo. Il popolo soffriva, c'erano code senza fine, banchi vuoti nei negozi. Qualsiasi vestitino straniero era da guardare con ammirazione e invidia. Non c'è bisogno di aggiungere altro, tutti sappiamo che cosa è stato il passato».

Ma lei si sente tradito. Da che cosa?

«In quel passato c'era anche l'Unione Sovietica. Che non era, badi bene, un impero coloniale. Noi non avevamo l'Abissinia, non avevamo l'India. Il nostro impero era tenuto insieme dall'integrazione economica. Poi è arrivato Eltsin e insieme ad altri due tizi[2] ha deciso dalla sera alla mattina che l'Urss non esisteva più. Così oggi le nostre fabbriche tessili sono ferme, perché il cotone ce l'ha l'Uzbekistan, un paese straniero. Pensa che la Georgia ce la farà a sopravvivere soltanto con i suoi mandarini? E l'Ucraina come raccoglierà il grano, se non ha la benzina? Il Caucaso era la nostra barriera naturale davanti alla Turchia e al mondo musulmano, perché Georgia e Armenia sono paesi cristiani, come la Russia. Ma no, è stato deciso che non ci servono, e non ci serve neppure l'Asia centrale. Lo capisco, quei tre volevano comandare da soli, ma perché non hanno pensato a come faranno a campare i loro popoli?».

Allora aveva ragione Gorbaciov a difendere l'Unione?

«Gorbaciov era un gran chiacchierone. Quella è stata la sua sciagura. A suo merito ci sono la *glasnost'*, la coesistenza pacifica col resto del mondo, la fine della reciproca minaccia nucleare. Ma ha commesso un errore imperdonabile: in sette anni neanche una iniziativa concreta per la riforma dell'economia. Ha discusso tanti piani, ma non ha fatto neanche una mossa, bisognava dare qualcosa al popolo ma lui stava lì a contemplare se stesso. E di anno in anno l'economia peggiorava».

Gorbaciov ha permesso all'Europa orientale di liberarsi dalle catene sovietiche.

«Certo, quarant'anni dopo la fine della seconda guerra mondiale non si dovevano più tenere tante truppe sovietiche in Europa. Ma anche gli americani avevano truppe in Germania. E non siamo stati noi ad aggredire la Germania. O la Romania. Sì,

[2] I presidenti di Ucraina e Bielorussia.

211

bisognava farla finita con il retaggio della guerra, ma i fatti storici sono fatti: in quarant'anni l'Europa dell'Est si era completamente integrata con noi. Non si potevano tagliare tutti i ponti in un giorno, bisognava trattare, conservare per almeno dieci anni i rapporti economici. E guardi che anche loro ne avrebbero tratto vantaggio. Crede che sia un caso che in Polonia, Ungheria, Lituania, sono tornati al potere gli ex comunisti? Anche là la gente s'è accorta che ora vive peggio di prima. E perché Gorbaciov ha accettato di ritirare le nostre truppe dalla Germania in tre anni? Perché non in nove? Siamo venuti via come un esercito in fuga. È chiaro perché all'estero lo applaudite: Gorbaciov ha fatto crollare il comunismo, ha demolito l'impero del male. Ma non ha pensato a quello che sarebbe accaduto dopo. E io non vedo alcuna prospettiva di miglioramento nel nostro prossimo futuro».

Anche Solgenitsyn è preoccupato per il futuro della Russia.

«Sì, ma io non condivido il suo modo di fare. Quando uno scrittore si dà arie di grande profeta, non è più uno scrittore. Uno scrittore pensa in modo diverso da un politico. Ha un altro tipo di coscienza. Scrivere e far politica sono due professioni assolutamente incompatibili. La letteratura può influenzare la società, ma in nessun modo può avere influenza politica. Cominciare a dire che la Russia si deve ricostruire così, o cosà, fa soltanto ridere. Si immagini se Checov avesse dato consigli agli zar. Tolstoj parlava di spiritualità, invitava a non rispondere al male con la violenza, ma non si metteva certamente a spiegare come bisogna suddividere i governatorati russi: come fa ora Solgenitsyn. Io non do consigli a nessuno, non pubblico pamphlet politici sui giornali. Perché non mi ritengo qualificato per farlo. Gliel'ho detto, sono solo un vecchio scrittore, con qualche nostalgia per gli anni della sua giovinezza. Non ho messaggi per il popolo. Tranne uno, forse: leggete i miei libri».

Evgenij Evtushenko

Alla fine della nostra chiacchierata, sulla porta della sua dacia di Peredelkino, Evgenij Evtushenko[1] ricorda una lontana occasione perduta: «Pasolini voleva farmi fare la parte di Gesù nel suo film sul Vangelo, ma il potere sovietico non mi permise di andare in Italia, peccato». Due ore e mezzo prima, aveva cominciato dicendo che nelle presidenziali del giugno 1996 i russi non dovrebbero votare né per Eltsin né per i comunisti, ma per Gesù Cristo, che è anche il protagonista del suo ultimo poema, appena pubblicato dalla «Literaturnaja Gazeta». Mai dissidente, mai comunista, ma nemmeno eltsiniano, oggi il sessantatreenne poeta, scrittore, saggista, regista, ultimo cantore dell'anima russa', cerca rifugio in un pentimento collettivo di sapore dostoevskiano a cui vorrebbe sottoporre tutto il paese. «Perché questo voto», avverte, «è l'ultima battaglia tra comunisti. Se lo superiamo indenni, la Russia ce la farà».

Evgenij Aleksandrovič, lei come si considera? Democratico? Ex comunista? Eltsiniano? Antieltsiniano?

«Non sono mai stato con nessuno, non ho mai avuto la tessera di un partito e non ce l'ho neanche adesso. Una volta ero un socialista romantico, poi mi sono disilluso, ma non per questo sono diventato un anticomunista viscerale. In sé per sé, l'idea astratta del comunismo è una bellissima utopia, ma nella pratica il comunismo ha assunto i tratti dell'ideologia contro cui ha combattuto, il fascismo».

In era sovietica lei non diventò un dissidente come Solgenitsyn. Si è pentito di non aver fatto quella scelta?

---

[1] Evtushenko è morto il 1° aprile 2017.

213

«No. Solgenitsyn è un eroe, lo stimo immensamente, e la Russia dovrebbe erigergli un monumento per la sua lotta allo stalinismo. Ma in *Arcipelago Gulag* accusa perfino Majakovskij di aver aperto la strada con le sue poesie ai crimini di Stalin del 1937. Voglio dire che molti dissidenti manifestavano la stessa intolleranza che il potere sovietico ha dimostrato nei loro confronti: come due lottatori di wrestling che, a forza di abbracciarsi, si passano a vicenda il sudore, la sporcizia interiore».

Per chi voterà alle presidenziali?

«Il voto è segreto, e il mio non lo rivelo. Purtroppo non è facile scegliere. La cosa migliore, per la Russia, sarebbe votare per Gesù Cristo: nel senso che la gente vorrebbe votare un candidato che non c'è, tra quelli in lizza. Ci toccherà di aspettare le elezioni successive, e allora forse un uomo nuovo salterà fuori. Uno come Boris Nemtsov, il governatore di Nižnij Novgorod: 36 anni, bravo manager, intellettuale ma non troppo, concreto, esperto, pulito. Un anno e mezzo fa proprio Eltsin lo indicò e disse: 'Ecco il futuro presidente della Russia'. Non è ancora il suo momento, ma verrà»[2].

Che cosa rimprovera all'attuale potere?

«Molte cose, ma basta citarne una: non ha cercato la collaborazione dell'intellighenzia, cosicché la burocrazia ha di nuovo preso il sopravvento, è tornata a comandare. Mancano persone intelligenti al vertice del paese, in grado di riempire il vuoto ideologico in cui siamo caduti. Non si può vivere in una società senza ideali, che non crede in niente. Persino il nuovo inno nazionale russo, quello che ha sostituito l'inno sovietico, ha la musica ma non le parole: anche questo è un segno del vuoto. Due anni fa io ho inviato a Eltsin un testo, la mia proposta per le parole dell'inno, ma mi hanno fatto sapere che non gli andava bene. Motivo? Perché un paio di strofe si concludono con un punto interrogativo. Secondo il presidente non è ammissibile che ci siano interrogativi nell'inno della Russia».

---

[2] Nemtsov non è diventato presidente, è stato un oppositore di Vladimir Putin ed è morto assassinato a Mosca nel 2015.

Lei è convinto, come Solgenitsyn, che la Russia sia profondamente diversa dall'Occidente?

«Senza dubbio. Del resto da noi è un dibattito che va avanti da secoli, quello tra slavofili e occidentalisti».

E lei sta dalla parte degli slavofili.

«Sto dalla parte di Puškin, che era al tempo stesso slavofilo e occidentalista. La soluzione non è chiudersi nell'isolazionismo, né copiare ciecamente l'Occidente. Dobbiamo tornare all'idea di Andrej Sakharov: 'le convergenze'. Studiare l'Occidente, senza abbandonare le nostre tradizioni nazionali. Prendere quello che c'è di buono dall'esperienza capitalistica, senza ripeterne errori e crimini, e senza perdere il meglio dell'esperienza socialista. Qualcosa di positivo c'era anche lì».

Non crede che l'americanizzazione stia vincendo ovunque?

«Io la chiamo 'standardizzazione', o 'mcdonaldizzazione'. Ma non penso che sia impossibile fermarla. Neppure in America: non tutti gli americani pranzano da McDonald's, non tutti sono come John Wayne. Dire che l'America è l'impero della volgarità è sbagliato come sbagliava Reagan a liquidare l'Urss come l'impero del male. La verità è che nel mondo di oggi è in corso una guerra mondiale tra la volgarità e la cultura: un conflitto che si combatte in politica, nelle arti, in tutti i campi della vita umana».

In Russia c'è chi ha nostalgia dello zar.

«Siamo andati dalla rimozione dello zarismo alla sua idealizzazione. A Mosca hanno appena inaugurato un monumento a Nicola II. Benissimo, l'ultimo zar morì tragicamente per mano dei bolscevichi, l'assassinio suo e della sua famiglia fu un crimine, una cosa orrenda. Ma anche Nicola II era un assassino: non uccise nessuno con le sue mani, ma la sua indifferenza fece così tante vittime che già nel 1905 il popolo lo ribattezzò lo 'zar sanguinario'».

E c'è chi ha nostalgia di Stalin...

«Non tutti quelli che sventolano la bandiera rossa e i ritratti di Stalin rivogliono il gulag. Bisogna capirli: sono persone anziane, disperate, povere, infelici. Ricordano Stalin come il loro comandante supremo nella vittoria contro il nazismo, hanno subìto la sua propaganda tutta la vita».

Di chi è la colpa della guerra in Cecenia?

«I ceceni accusano Mosca e non si riconoscono colpevoli di niente, i russi fanno la stessa cosa. Ma nei conflitti etnici, come nelle guerre civili, non è mai colpevole una sola parte. Bisogna applicare il principio di Dostoevskij: tutti sono colpevoli di tutto».

Che cosa succederà se il comunista Zjuganov vince le elezioni presidenziali?

«Io penso che non vincerà, e poi qualunque cosa succeda non credo che Eltsin cederà il potere. Ma mettiamo che Zjuganov vinca. Se avesse un buon programma, e gente di talento attorno, perché non votarlo? Il fatto è che il programma comunista è mediocre, pieno di incognite, di piani oscuri, minacciosi. E poi dietro Zjuganov c'è gente pericolosa, la stessa che attaccò la sede della tivù nella rivolta del 1993. Tuttavia nemmeno loro potrebbero cambiare il sistema, ormai è impossibile fare marcia indietro. Gli investitori possono stare tranquilli».

Allora qual è il rischio più grave?

«L'ipotesi peggiore è un capitalismo economico a braccetto con una dittatura politica, di qualsiasi colore. La mia speranza è che il voto si svolga in modo legale, democratico, non bisogna dare un precedente di illegittimità alla nostra giovane democrazia. Anche se i risultati delle elezioni fossero spiacevoli, questa è la cosa più importante: dobbiamo abituarci alla democrazia».

Che cosa pensa di Gorbaciov?

«È un grande personaggio, a lui sì che bisognerebbe fare un monumento. Quando qualcuno lo ha colpito con un pugno, durante la campagna elettorale, mi sono venute le lacrime agli occhi: colpire l'uomo che ci ha liberati dalle catene! Si vede proprio che nessuno è profeta in patria. Anche Michail Sergeevic [Gorbaciov], però, ha fatto quello che doveva, la sua ora è passata. Peccato che lui e Eltsin non si siano mai messi d'accordo, Gorbaciov poteva avere lo stesso destino di Jimmy Carter, che come ex presidente ha avuto più successo che come presidente».

E come giudica Eltsin?

«Ha avuto un grande ruolo nel golpe del 1991, ha salvato la Russia da un nuovo gulag, ma poi ha commesso tanti errori e anche lui ha fatto il suo tempo. Praticamente, queste elezioni sono l'ultima battaglia tra comunisti, tra clan dello stesso partito: Eltsin è un comunista che ha stracciato la tessera e rotto col passato, Zjuganov no. Alla fine credo che Boris Nikolaevič [Eltsin] vincerà: ha un forte istinto di sopravvivenza, è come un orso degli Urali, questo è il suo grande pregio. A volte fa cose terribili, ma poi in qualche maniera si riprende e si salva sempre».

Aleksandra Marinina

Quando è crollata l'Urss non la conosceva nessuno. Due anni dopo aveva già venduto due milioni di copie e non si è più fermata: sette dei suoi primi dieci romanzi polizieschi hanno occupato per mesi la classifica dei best seller. Aleksandra Marinina, pseudonimo di Marina Anatol'evna Alekseeva, smentisce da sola l'allarme lanciato dall'intellighenzia locale e da molti intellettuali di casa nostra dopo la fine dell'Unione Sovietica: cioè che il capitalismo avrebbe ridotto la Russia allo stato di una colonia culturale dell'Occidente, seppellendola sotto una montagna di spazzatura commerciale proveniente dall'estero. Sei anni dopo la caduta del comunismo, la realtà è assai diversa: certo, i russi non leggono più gli autori 'proibiti' dell'era sovietica, come Solgenitsyn, ma gli scrittori nazionali sono rapidamente tornati a dominare il mercato. E tra di loro è emerso un autentico caso editoriale: una giallista di sicuro talento, che ottiene il plauso dei critici e vende come Grisham o Forsyth. Un caso atipico, perché Marina Alekseeva continua a definire la sua attività di scrittrice «un hobby» e per il momento mantiene il suo lavoro di analista all'Accademia della Milizia di Mosca: «Non si sa mai», dice, «il successo potrebbe finire di colpo, così com'è cominciato». Ma è solo scaramanzia. Marinina ha la detective story nel sangue, poiché viene da una famiglia di magistrati e poliziotti. Sforna romanzi con il ritmo e la facilità di Simenon: uno ogni due-tre mesi, scrivendo la sera e nel fine settimana. Le tirature record non l'hanno resa ricca, perché in Russia l'editoria privata ha ancora mezzi limitati, ma probabilmente lo diventerà: sta per cedere alla tivù e al cinema i diritti delle sue opere, che a breve saranno tradotte in Gran Bretagna, Germania e Francia.

Insomma, l'eroina fissa delle sue vicende, una placida poliziotta di nome Anastasia, potrebbe diventare presto famosa come il commissario Maigret, che l'ha ispirata.

Marina Anatol'evna, perché firma i suoi romanzi Aleksandra Marinina?

«Perché nel '91, quando scrissi il primo, lo feci quasi per scherzo, per soddisfare un sogno adolescenziale. Temevo di essere un completo fallimento, di attirare le ironie di colleghi e amici: così ho preferito usare uno pseudonimo, in modo che nessuno potesse riconoscere in me l'autrice».

E come andò quel primo tentativo?

«Male. Fu pubblicato soltanto su 'Milicja', la rivista della polizia. Così come il secondo e il terzo. Tuttavia, ogni volta i redattori mi incoraggiavano a continuare: ci sei portata, dicevano, riprovaci. Ci ho riprovato, ed è successo quello che non avrei mai immaginato: ora sono una scrittrice di best seller!».

Da dove viene la sua passione di scrivere?

«Da quella di leggere. Da piccola, a otto, nove anni, restavo molto tempo sola in casa: i miei genitori avevano una grande biblioteca e credo di averla divorata tutta. Leggevo autori troppo difficili per la mia età: Maupassant, Zola, Checov... Ma ormai ero avvinta, e ho continuato a leggere incessantemente. Quando ho scoperto i gialli, è stato un colpo di fulmine. Nel '65 fu tradotto in russo per la prima volta Simenon, e da allora non mi sono fatta sfuggire una sola avventura del commissario Maigret. Ho letto Conan Doyle, Agatha Christie, i giallisti russi. Negli anni Ottanta poi sono arrivate le traduzioni di Ed McBain, Raymond Chandler, Rex Stout... Ora non perdo un libro di John Grisham».

Le andrebbe bene essere considerata l'Agatha Christie russa?

«Sarebbe un onore. Ma il mio preferito è Georges Simenon. Adoro lo stile e l'atmosfera dei suoi romanzi, mi piace il fatto che Maigret sia un uomo normale, che prende l'influenza, ha la passione per la buona tavola, e mostra sempre compassione per i delinquenti che sgomina. Per questo non amo Conan Doyle: Sherlock Holmes non prova pietà per nessuno, è un tipo gelido.

Quando sono stata a Parigi, ho cercato sulla mappa boulevard Richard-Lenoir e sono corsa a vedere la strada dove abita Maigret. Era proprio come nei romanzi».

Dove prende le idee per i suoi gialli? Nelle cronache dei giornali o negli archivi della polizia?

«Da nessuna parte, la trama è inventata di sana pianta. Ma non scrivo principalmente per raccontare un delitto: mi interessano di più le persone, le storie umane, i conflitti psicologici legati a un certo crimine. Anche se i miei sono gialli classici, tradizionali: all'inizio c'è un cadavere, bisogna scoprire il colpevole, che si nasconde e si mimetizza, la polizia cerca di acciuffarlo senza violare la legge, cosa che non riesce quasi mai, e infine l'enigma è risolto».

Delitto e castigo è il primo giallo della letteratura russa?

«In un certo senso sì. Ma è un giallo psicologico, perché il lettore conosce fin dall'inizio l'assassino: l'unico interrogativo è se il giudice Porfirij Petrovič farà confessare Raskòl'nikov».

Alcuni critici sostengono che la grande letteratura russa è morta, uccisa dalla narrativa commerciale esplosa con l'avvento del capitalismo: gialli, romanzi d'amore, di fantascienza...

«Non sono affatto d'accordo. La grande letteratura non muore mai: solo che magari i gialli vendono di più. Tutto qui. È un fatto naturale, comune a qualsiasi paese e regime. In ogni società quelli che vanno a sentire un'opera di Verdi sono l'uno per cento, e quelli che vanno a un concerto di Michael Jackson il trenta per cento».

Ma in Occidente c'è chi rimpiange un aspetto della Russia comunista, affermando che allora i giovani passavano le sere a declamare poesie e leggere Puškin anziché in discoteca o a leggere romanzi gialli...

«E quando mai è stato così? La maggior parte dei giovani russi ha sempre preferito la discoteca, o la sala da ballo, alle poesie. Puškin l'abbiamo letto tutti e studiato per anni a scuola, per cui appena eravamo a casa c'era voglia di qualcos'altro. Ma, ripeto, è una cosa normale ovunque. Forse che la maggioranza degli inglesi legge Wordsworth? Non credo».

Però è un fatto che si vedono pochi nuovi autori russi di narrativa, fuori dai succitati generi. Dov'è, chiedono tanti editori stranieri, il nuovo Pasternak?

«Sotto il comunismo gli scrittori di vero valore erano pochi come adesso. C'erano scrittori pubblicati, recensiti e sostenuti dalle autorità, ma non significa che fossero bravi scrittori: semplicemente, propagandavano il comunismo, perciò venivano appoggiati dal regime. Qualcuno chiede dov'è il nuovo Pasternak? E io rispondo: dov'è il nuovo Hemingway? Non mi pare che ultimamente sia apparso uno scrittore americano del suo livello. Questo, tuttavia, non vuol dire che la letteratura americana sia morta».

Eppure è così raro leggere un romanzo russo sulla realtà d'oggi, che sembrerebbe perfetta per la penna di un novello Dickens: ricchi e poveri, lusso sfrenato e ingiustizie...

«Bisognerà aspettare un novello Dickens russo, non nascono mica tutti i giorni. Ma mi permetto di far notare che qualche scrittore impegnato a descrivere la Russia d'oggi c'è: gli autori di gialli. Lì di realtà odierna ne trovate fin che volete».

Una visita a casa Tolstoj

«Come abbiamo potuto, io e questa casa, vivere così a lungo lontani l'uno dall'altra?». Così scriveva Lev Nikolaevič Tolstoj nei suoi diari, dichiarando tutto l'amore che sentiva per Jasnaja Poljana, la tenuta di campagna in cui era nato e in cui visse per 82 anni, facendovi sempre ritorno dai suoi viaggi, si trattasse del 'servizio' in una guarnigione di cosacchi a Sebastopoli, o di un soggiorno a Mosca o a San Pietroburgo.

La casa in cui Lev nacque, il 28 agosto del 1828, non c'è più. Era una grande costruzione di quaranta stanze che fu smantellata e venduta pezzo per pezzo dai suoi genitori in un momento di ristrettezze finanziarie. Oggi al suo posto c'è solo una targa in pietra che la ricorda. È rimasta invece la casa in cui visse quasi sino alla morte, conservata intatta come se lo scrittore potesse ancora tornare dalla fuga che lo portò a lasciare Jasnaja Poljana nel mezzo di una notte, quella tra il 27 e il 28 ottobre del 1910, per morire dieci giorni dopo nella stazioncina ferroviaria di Astàpovo (anch'essa oggi trasformata in museo), inseguito da una figlia, dal medico, dalle lettere della moglie, e da una corte di contadini, cocchieri, servitori e amici adoranti.

Ho visto riunirsi qui tre generazioni di Tolstoj, compresi pronipoti e parenti lontanissimi, giunti dall'America, dalla Francia, dall'Italia, dalla Svezia, e da tutta la Russia. C'era l'ottantasettenne contessa Vera Tolstoja, l'unica che possa ricordare com'era Jasnaja Poljana quando suo nonno Lev era vivo, prima di essere travolta come gran parte della famiglia da una diaspora provocata dalla rivoluzione bolscevica e dalla guerra civile tra 'rossi' e 'bianchi', che la portarono a un esilio senza fine, cantante in un night club parigino, commessa in una profumeria di New

York, interprete per la Voice of America a Washington, e infine pensionata sulle spiagge della Florida. C'era il nipote Serge, un medico di Parigi; il pronipote Pjotr, agricoltore svedese; il pronipote Luigi Albertini, discendente, oltre che dai Tolstoj, anche dal mitico direttore del «Corriere della Sera». C'era il pronipote Nikita Tolstoj, docente all'università di Mosca, e persino l'omonimo Lev Tolstoj, un colonnello del Kgb che oggi dirige il servizio di protezione degli alti dirigenti dello Stato sovietico e dei leader stranieri in visita in Urss.

Il clan dei Tolstoj visita ogni angolo di Jasnaja Poljana: il grande parco di querce, pini, olmi, betulle, il laghetto in cui Lev amava fare il bagno d'estate e pattinare in inverno, le scuderie, mantenute come dovevano essere un tempo, con i cavalli pronti per essere sellati o per trasportare carretti di fieno lungo i viottoli della tenuta, la scuola che il conte fece costruire per i figli dei suoi contadini, le isbe degli stallieri, gli alloggi per la servitù, la panchina in legno grosso e rozzo su cui lo scrittore sedeva in solitudine, i campi in cui slanciava il suo cavallo al galoppo.

Per molti, il ritorno alla casa dello scrittore è stato un'occasione per protestare contro le oppressioni imposte dall'avvento del comunismo a tutta la famiglia; e nella nuova Urss che rifiuta Lenin e Marx, il loro *j'accuse* è diventato assolutamente legittimo. «La gran parte dei Tolstoj furono costretti a lasciare la Russia durante la guerra civile, perché combattevano per i 'bianchi', era una questione di vita o di morte», dice Nikita Tolstoj, il pronipote professore. Dodici dei tredici figli dello scrittore si dispersero per il mondo, dopo la morte della madre, Sonja, nel 1919, fuggendo in Jugoslavia, Francia, Italia, Svezia. Soltanto uno, Sergej, il primogenito, continuò a vivere in Russia, dove morì, a Mosca, nel 1947. «Tutti abbiamo ereditato qualcosa dal conte Lev Nikolaevič», dichiara il pronipote Pjotr, il contadino: «tutti abbiamo la fronte spaziosa, gli occhi blu, tendiamo ad essere alti, e abbiamo una visione ottimistica della vita». Qualcuno, come Ilja Tolstoj, nota altre rassomiglianze: «Tutti amiamo la libertà, come l'amava lui». A loro si sono uniti i contadini dei villaggi vicini, accorsi apposta all'ex tenuta aristocratica del conte per festeggiare la loro venuta, come facevano i servi che erano i loro avi. Depongono mazzi di fiori sulla tomba di Tolstoj, situata nell'angolo più quieto e suggestivo del bosco di betulle che si stende per oltre 300 ettari intorno alla casa, nel punto esatto prescritto dallo scrittore.

Non c'è lapide, monumento, croce: nulla. Nemmeno, per sua precisa volontà, il nome. Tolstoj lasciò istruzioni molto dettagliate: «Non voglio nessuna cerimonia, solo una bara di legno». Lo scrittore austriaco Stefan Zweig la definì «la tomba più modesta del mondo»; ma anche le tombe di Checov e Bulgakov, al cimitero moscovita di Novodevičij, sono di una semplicità assoluta: una piccola pietra grezza, il nome e le date, a fianco dei fastosi mausolei di modesti accademici, generali senza battaglie, poeti semisconosciuti, quasi a indicare che il fasto di una lapide è inversamente proporzionale alla grandezza del personaggio che protegge. E secondo questa regola Tolstoj ha voluto andarsene come il più grande di tutti, tanto grande che non importa nemmeno ricordare il nome di chi giace sotto quella terra.

Questa casa era per Tolstoj, come scrive il grande giornalista Alberto Cavallari in *La fuga di Tolstoj*, il suo romanzo-biografia degli ultimi giorni dello scrittore, «la casa del compromesso». Il compromesso «tra passato e presente. Tra le sue rivolte e le sue rassegnazioni. Tra la moglie avida di denaro e il sogno francescano. Tra il mondo contadino che non era più quello della sua infanzia e la città delle fabbriche che rifiutava. Tra la sua vita coi mugiki poveri e la sua vita prigioniera di una famiglia dispendiosa, di una corte fatta di trenta-quaranta persone, figli ricchi, alcuni viziosi, arroganti, amici adulatori, servi, lacchè. Tra un'esistenza selvatica, fatta di ore allo scrittoio, di cavalcate nella foresta, di marce nel fango, di frugalità, di attività manuale nei campi, e una fama di grande scrittore che rendeva migliaia di rubli di diritti d'autore».

Tolstoj fuggì dall'amore possessivo della moglie e, come scrisse nella sua lettera d'addio, dal peso di una vita in «criminali condizioni di lusso insensato in mezzo alla miseria di tutti coloro che lo circondano». Ma per quanto sia possibile immaginare la miseria dell'epoca, l'odierno visitatore di Jasnaja Poljana non ha l'impressione di un «lusso insensato». La casa, a due piani, bianca, col tetto verniciato di verde, è di una semplicità estrema. È la casa di un intellettuale, colma dei suoi ventiduemila libri in trenta lingue, prova di un'insaziabile curiosità e di un'infaticabile voglia d'apprendere; la casa di un uomo che amava la terra e la vita contadina. Tolstoj viveva praticamente in tre stanze, la grande sala da pranzo in cui riceveva i suoi ospiti, come Turgenev e Maksim Gorkij, per serate di musica e lettere (quasi una copia della sala della sua casa di Mosca); il suo studio, con la scrivania coperta di libri (i *Saggi* di Montaigne in francese in bella vista) e di carte, la seggiolina da bambino dove si sedeva per tenere i suoi occhi dalla vista debole il più possibile vicino ai fogli, e il divano in pelle su cui era venuto al mondo; e la camera da letto, piccola, con un letto ancora più piccolo, dove è difficile immaginare il grande corpo del conte Lev (la moglie Sonja dormiva nella stanza accanto).

«Tremo all'idea della morte di Tolstoj», scriveva Anton Checov nel 1900, dieci anni prima della scomparsa dell'autore di *Guerra e pace*, «in parte perché gli voglio bene, in parte perché ammiro il modo in cui crede anche se non condivido ciò in cui crede e in parte perché la sua immensa autorevolezza sembra giustificare tutte le speranze e le aspirazioni riposte nella letteratura. Con Tolstoj vivo, la cruda, svergognata vanagloria viene tenuta nell'ombra; senza di lui, il mondo letterario sarebbe come un gregge senza pastore, un caos privo di speranza». Ammoniva nel 1908 il poeta Aleksandr Blok: «Se scompare il sole, se Tolstoj muore, se l'ultimo genio se ne va, che sarà di noi?». Isaac Babel usò un'iperbole diventata famosa: «Se il mondo potesse scrivere, scriverebbe come Tolstoj». E Maksim Gorkij disse: «Dio e Tolstoj sono due orsi chiusi nella stessa gabbia».

Nelle sue memorie, Gorkij rivela un altro 'compromesso' che Tolstoj gli aveva confidato in una delle loro lunghe conversazioni a Jasnaja Poljana: «Libertà è quando tutto e tutti sono d'accordo con me. Ma in tal caso io non esisterei, poiché nessuno di noi ha alcun senso di se stesso, tranne che nei conflitti, nelle contraddizioni». E forse è proprio questo il segreto di Jasnaja Poljana e del fascino immutato che esercita: un luogo dove sembra accettabile che nel proprio animo convivano liberamente idee e desideri in perenne conflitto.